地理实验设计与教学案例

Geography Experiment Design and Teaching Cases

张 海 编著

蘭州大學出版社
LANZHOU UNIVERSITY PRESS

图书在版编目（C I P）数据

地理实验设计与教学案例 / 张海编著. -- 兰州 : 兰州大学出版社, 2017.12（2025.9重印）
ISBN 978-7-311-05266-9

Ⅰ. ①地… Ⅱ. ①张… Ⅲ. ①中学地理课－实验－教学参考资料 Ⅳ. ①G633.553

中国版本图书馆CIP数据核字(2017)第295140号

责任编辑 马继萌 梁建萍
封面设计 郇 海

书 名 地理实验设计与教学案例
作 者 张 海 编著
出版发行 兰州大学出版社 （地址:兰州市天水南路222号 730000）
电 话 0931-8912613(总编办公室) 0931-8617156(营销中心)
网 址 http://press.lzu.edu.cn
电子信箱 press@lzu.edu.cn
印 刷 甘肃发展印刷公司
开 本 787 mm×1092 mm 1/16
成品尺寸 185 mm×260 mm
印 张 15
字 数 314千
版 次 2017年12月第1版
印 次 2025年9月第6次印刷
书 号 ISBN 978-7-311-05266-9
定 价 35.00元

前　言

地理实验是中学地理课程的重要组成，是深受学生欢迎的地理课程内容。地理实验教学是基于地理实验而开展的教学活动，是深化地理课程教学改革的重要方向，同时也是提升地理教师专业发展水平的重要内容，更是全面培养学生地理核心素养、加强“地理实践力”的重要途径。当前，地理实验教学已成为国内外地理师资培养、培训和研究的重要领域。

本书缘起于2008年西北师范大学开始的教师教育改革项目。改革初期，我们筹资建设了两间数字化地理实验室，进行了地理实验教学的初步探索。2012年后，我们面向地理科学专业本科生开设了“中学地理实验设计”选修课程，为教育硕士开设了“中学地理实验设计与案例分析”课程，为部分“国培”学员开设了“中学地理实验教学专题”的培训课程。在此实践基础上不断丰富，形成了本书的基本框架和内容。2015年以来，我们在教学过程中对这些实验进行了逐一操作验证和反复改进完善，确保所选编的地理实验具有可行性、可重复性和可移植性。

全书分为地理实验教学理论研究、地理实验设计、地理教具开发与软件应用，以及地理实验教学案例四个部分。

理论研究部分先梳理了中学地理实验教学的发展历程和现状研究，界定了地理实验教学的概念，分析了其功能、类型与评价，然后按照实验操作主体的差异，分别探讨了地理实验教学的实施过程，最后介绍了常见的几类地理实验教学环境和地理实验教具。

实验设计部分是全书的重点。实验的选择不以大而全为目的，那样只能徒增师生负担，所以力求少而精，以期触类旁通，供老师们拓展移植后使用。全书包括绘图类实验、日地月三球实验、气象气候实验、水文实验、地质地貌实验、生物和土壤实验、部分环境问题实验、区域分析与规划实验以及人文地理考察，实验设计采用了统一表述格式。

1. 实验原理与目标。一方面旨在说明实验所依据的科学事实、规律或原理。另一方面重在阐明该实验的知识目标。由于各实验的技能、方法、情感态度与价值观等目标表述较为相近，所以对这几项目标予以省略。

2. 实验器材。由于标准化的地理实验设备很少，所以本书列出的可替代器材较多。有的实验器材（如计时器、计算器、手表，甚至量角器、指南针等）可用相关手机APP替代，但为了保证实验器材的广泛性，本书仍然予以列出。对于较好的新型装备或独特软件则在“注意事项”部分专门说明。

3. 实验步骤。说明实验操作的具体环节和先后顺序。部分实验步骤需要连续进行，可能占据两个课时，甚至半天或一天的时间。

4. 实验分析。说明引导学生关注的实验现象及其发生部位，辅助观察实验和记录数据的表单，简要的数据处理方法等。此部分还有一些引导学生思考的问题，可以在实验原理和实验结论中找到解释。

5. 实验结论与应用。说明学生做完实验后分析结果所得的结论。个别实验由于操作环境和变量难以控制，其结果可能并不一致，教师需要引导学生耐心重复实验。应用说明了该实验与地理课程的年级、章节或模块之联系、与其他实验之联系。

6. 注意事项。一是说明了实验适用于学生操作或教师演示，二是列出了可能影响实验结果的步骤或因素，三是指出了实验可能遇到的安全问题，以及进一步的拓展实验。

7. 参考文献。说明了该实验设计参考的资料来源。此处侧重学术期刊文献，而对教师早已熟知的各类地理教科书不再注明。同时，因为部分二次引用文献并未注明实验设计的原始出处，所以本书只列出了其中相对详细的来源。

教具开发部分介绍了一些简单地理教具的制作过程和使用方法，表述格式与实验设计类似。软件应用部分简要介绍了两款地理教学软件。

教学案例部分呈现了将书中设计的地理实验应用于教学活动的一些案例，侧重展示学生作品、教学实施环节、教学评价方法以及教学反思等等。期望这些案例能够抛砖引玉，为广大教师开展地理实验教学提供些许借鉴。

本书由张海主持，并分工协作编写而成。张海完成了第一部分，其中马建宁、牛科强参与了第一章第一、二、三节的部分内容。第二、三、四部分由张海、刘永香、王泉灵、雷超、李亚倩撰写，郭文媛、任常成、刘志杰、张鑫、郭亚明、吴捷、张亚平、吴玉廷、张晓丽等老师提供了部分案例。折灵飞、钱永强、李琦绘制了大部分插图。杨可、董菁、侯美娟、闫慧芳、王佳音、陈清楚、王海燕、王玉欢、罗一潇、白芳、马玉玲、唐建宏、王皓、黄露露和李旭亮等同学参与了部分实验的实施验证。西北师范大学地理与环境科学学院张勃教授审查了实验设计的科学性。在此，向上述同学、老师和专家敬表谢意。

本书主要面向地理师范专业本专科学生和研究生教学，也可作为中学地理教师继续教育培训教材和教学参考资料。作为对地理实验教学的一次探索尝试，我们虽付诸全力，但相信书中难免还有错误与不足之处，恳请广大读者批评指正。

张　海
二〇一七年冬于西北师范大学教育学院

目　录

第一部分　地理实验教学理论

第二部分　地理实验设计

第三部分 地理实验教具开发与软件应用

第四部分 地理实验教学案例

第一部分
地理实验教学理论

理论部分首先概述性地介绍了地理实验教学的发展变迁,在此基础上分析了地理实验教学的概念、类型和功能,并梳理了课程标准中有关地理实验的要求。之后从教师演示实验、学生操作实验和地理考察学习等三个层面讨论了地理实验的实施问题。最后分别论述了地理实验的教学环境和教学工具。

第一章　地理实验教学概述

第一节　地理实验教学的发展变迁

地理实验是地理课程改革的重要组成部分，是落实地理课程目标的重要抓手。地理实验教学则是促进地理课程与教学改革的重要方向，是全面提高学生地理素养和综合素质的重要途径，也是促进地理教师专业发展的重要内容。

一、国外地理实验教学简述

实验既是科学研究的一项基本方法，也是科学知识自身的重要组成。地理实验是地理课程体系不可或缺的重要组成部分，也是当前世界地理教育改革研究的一个焦点领域。从17世纪中叶夸美纽斯倡议在学校开设地理课，并提出地理也可以“利用模型图像，制造范本或模型，以供教学之用”[1]的设想至今，地理实验教学的思想已经孕育和发展了三百多年。18世纪，裴斯塔洛齐提出了具体的实验教学建议，可以先让儿童观察用黏土塑造成的有关地理模型，然后再教会他们使用地图。[2]19世纪，地理课程已开始在德国和法国的中学占据重要地位。然而，地理课程长期被视为关于世界的事实的知识，甚至是“不相关联的支离破碎的大杂烩”[3]，对其蕴含的原理的认识相对迟滞，使得地理实验教学未能得到长足发展。直到20世纪中期，随着现代学校制度的重建，地理课程的地位与价值才被重新厘清，地理实验教学开始正式步入地理课程。

20世纪中后期，西方科学教育课程走向综合化，STS、STEM等一些新的课程理念相继提出，进一步推动了实验与地理课程的融合。70年代提出的STS课程（科学science、技术technology与社会society三个英文单词的简称）受到西方教育界的重视。STS教育强调对现实生活有关问题的解决，“教学起点应该来源于学生日常生产生活中的问题以及影响当今社会发展的重大主题（农业、能源、信息、资源环境、人体与健康以及材料六个领域）”，在问题解决中，学生可以尝试用实验、资料分析等多种途径来解决问题。[4]地理课程横跨自然与人文科学两大学习领域，非常适宜开展科学知识和社会问题交融的STS课程，如荷兰开发的“荷兰环境教育方案”（Dutch Environmental Project）。同时，在地理课程渗透STS教育，也为实现科学、技术和社会的融合提供了很多的实验机会，例如有学校开展的校园湿地计划。[5]

新世纪以来，STEM（科学、技术、工程、数学的英文首字母缩写）逐渐成为一种新的教育尝试，其目的是倡导由问题解决驱动的跨学科的理科教育，促使未来人才适应当今知识经济全球化水平、复杂性和合作性不断增强的大趋势。[6]而近期，许多学者认为，不同学科间的协同作用有助于更深层、更全面的学习，而人文艺术在创造性思维技能的培育中起着重要作用，呼吁从STEM向STEAM转变。[7]“A”代表艺术（art），但也有国家将arts的涵盖范围扩大至包含人文教育在内的更为广阔的领域，例如韩国将培养这些素养的教育称为整合型人才教育。[8]无论STEM或STEAM，它们都非常重视跨学科课程的整合，这与地理课程综合性的特征相一致，为地理实验课程提供了新的实践场域。

当前，许多西方国家普遍重视地理实验课程，重视培养学生通过观察、实习、调查、运用图表和数据分析地理问题的技能和能力。例如，在英国，野外实习、考察早已成为中学地理教育不可或缺的重要组成部分，在不同地区分别设有许多城市研究中心和野外实习中心。[9]美国的地理课程标准[10]对学生的操作性技能提出了许多具体要求（如绘制简要地图），强化使用适当的地理工具和技术。美国地理教师也较为偏重实验的教学方法。[11]美国初中“科学探索者”系列教材介绍了大量的地理实验案例，高中科学发现者系列地理教材的每个章节都配有类型丰富的地理实验，如迷你实验、探索实验和技能实验等。[12]德国巴伐利亚州的地理课程在11年级专门设有“参观旅行：就地学习和应用”的内容。[13]日本的地理课程专门设置了地理见习等活动课程。[14]日本教育课程审议会修订的地理教材基本方针提到，“通过与自然直接接触的观察活动、实验，提高学生的好奇心和探究心”，“几乎所有的课题内容都涉及观察、实验，它们与学习知识融为一体”。[15]

二、我国地理实验教学的发展历程

在我国，地理实验教学始自地理课程进入现代学校教育体系之后。从清末到民国期间的一系列教育政策文件都将参观考察和调查作为地理学习的重要方式。清末颁布的《奏定初等小学堂章程》要求教师应“先自学校附近指示其方向子午、步数多少、道里远近，次及于附近之先贤祠墓、近处山水、间亦带领小学生寻访古迹为之解说……”[16]这是目前能看到的最早的有关地理实验的教学建议。民国时期的地理教育政策加强了对调查和考察类地理实验的重视。1922年“新学制”实施后颁布的《新学制课程纲要初级中学地理课程纲要》要求：“……将城市或乡村的各种实况，详细调查。”[17]1929年的《初级中学地理暂行课程标准》要求“以野外旅行为实地的观察”，1936年的《高级中学地理课程标准》要求“以野外旅行及各种实习或参观特种场所及展览会等为实地之观察”，1940年的《修正初级中学地理课程标准》要求“使学生野外旅行，及各种参观实习等，以为实地之观察”。[18]值得一提的是，民国时期已有学校借鉴美国道尔顿制，专门设立了兼具实验室功能的“地理试验室”。[19]

1951年，人民教育出版社将苏联地理教材进行改编后出版了《初中自然地理》教科书。该书设置了较多的地理实验，如“月食的模拟实验”“简单制作水准器，测量小山或高地高度”“地球公转、自转实验”等。[20]1956年颁布的《中学地理教学大纲（草案）》第一次明确使用了“实验”的术语，要求“研究四季变化的原因……这一部分教学，必须使用地球仪做实验”。[21]1960年的初中地理设置了“气象观测和天气预报”“水文观测”章节，提出了“测量斜坡相对高度、识别岩石和矿物、找矿、气象观测、水文观测等五大类”的要求，实际教学效果并不好。[22]此后一个时期内的地理教育受政治环境影响波动颇大，甚至一度倒退不前。

1978年以后我国教育开始回归正轨，逐步形成了以各类地理活动为主的地理实验教学体系。80年代前后颁布的多部地理教学大纲都要求加强课内外的地理活动。如1978年的《全日制十年制学校中学地理教学大纲（试行草案）》的第三部分建议，“教师……也可以组织对地理有兴趣的学生进行乡土研究（包括观测气象、测报地震），制作教具、编辑地理墙报等”。[23]1990年的《全日制中学地理教学大纲（修订本）》要求积极开展“天气观察、气候观测、地震预报、环境监测、野外观察、地理调查等活动”，且每学年不少于一次。2000年《九年义务教育全日制初级中学地理教学大纲（试用修订版）》和《全日制普通高级中学地理教学大纲（试验修订版）》都将“有利于启迪智能和参加社会实践活动”作为确定教学内容的原则。林培英等在《联合国教科文组织新编理科教学参考书（地学部分）》（1973）的基础上编译、修订了《国外中学实验——地理》一书，收录了大量的中学地理实验。

2000年以来，随着基础教育课程改革愈加重视能力培养，地理实验逐渐成为地理课程的一个核心组成部分，地理实验教学逐渐成为地理教学领域的热点问题。《全日制义务教育地理课程标准（实验稿）》和《普通高中地理课程标准（实验）》为中学地理实验教学的实施提出了具体要求，指出要“倡导自主学习、合作学习和探究学习，开展地理观测、地理实验、地理调查和地理专题研究等实践活动”。[24]2011年修订后的《义务教育地理课程标准》（2011年版）提到：“地理课程含有丰富的实践内容，包括图表绘制、学具制作、实验、演示、野外观察、社会调查和乡土地理考察等，是一门实践性很强的课程。”[25]与此同时，与课标相配套的教科书也编入了一些有代表性的地理实验，如湘教版高中地理教材提供了约12个地理实验。有学者设计和收集了地图系列、地球系列、地质地貌系列、气象气候系列、水文系列以及人文地理系列的107个初高中地理实验。[26]这些实验大多有较强的可移植性和可操作性，对地理实验教学具有重要价值。

通过梳理地理实验发展的脉络，可以发现，早期的地理实验教学以参观考察和调查为主要形式。20世纪80年代中期到20世纪末的地理实验教学以课外观察、观测类地理活动最为常见，而21世纪以来的地理实验明显多样化。相关的研究成果也表明，我国地理实验教学已经由最初的完全引入、翻译国外成果为主逐步转变为推出富有自身特色的研究成果，并且研究队伍不断壮大，研究内容不断深化，研究成果开始逐渐涌现。

与此同时，我国的地理实验教学也存在较多问题。一是地理实验教学的理论支撑研究不足。很多研究者只是将学习理论的内容加以借用和移植，形成许多概念，但没有与地理学科实验的独特性相结合，未能关注地理实验教学的一些元问题。例如实验教学对地理教学之独特价值是什么？地理实验教学的理论支撑来源有哪些？对于地理学科核心能力的培养具有怎样的深刻影响？这些问题未能充分研究，使得当前的地理实验教学难以形成完整的教学理论体系。甚至很多研究忽视了“地理实验”与“地理实验教学”的概念差异，常常将二者混为一谈。必须注意，与此相关的研究应该认真区别地理实验本身的活动属性和地理实验教学的方法属性。二是对地理实验教学功能认识不够。依据三维目标来研究地理实验教学的功能可能局限了对地理课程的社会功能的认识。同时，当前的研究几乎只注意到地理实验教学的正向功能，而忽略了其可能的负向功能。事实上，其负向功能更值得深入研究。三是已有研究更多地强调地理实验教学对学生发展的意义，但对于教师专业成长的意义却鲜有提及。四是地理实验教学研究没有形成对教学实践的强有力指导。例如，有关地理实验的分类很多，但对不同类型地理实验可以采用何种具体教学策略的研究甚少。再如，有关自然地理实验教学的案例研究较多，而人文地理和地理信息技术应用的案例研究很少。五是地理实验教学的实施研究较少，对实验教学技能关注不够。虽然有很多地理实验案例，但相应地将这些实验运用于课堂的教学案例却很少，一些地理教育的大学教科书也鲜有涉及。这使得许多地理教师知道有哪些地理实验，但却找不到可借鉴的地理实验的教学案例，也就难以提高其实验教学技能了。

第二节　地理实验教学的概念

一、地理实验

现代汉语中的实验一词的词义更多来源于英语 experiment。它来源于拉丁语中的“experiri”，也就是尝试、测试、检验的意思。《现代汉语词典》（第7版）对实验的解释是：“为了检验某种科学理论或假设而进行某种操作或从事某种活动。”实验是人类将经验上升为科学的主要实践活动，所以实验是科学研究的基础，一般也被称为科学实验。《辞海》提出，实验是根据一定目的，运用必要手段，在人为控制条件下，观察研究事物的实践活动。[27]此外，还要注意区分实验与试验。实验是检验某种科学理论或假设，是验证学理和假设的过程；而试验一词的英文为 test，是用来检验已经存在的事物，通过使用、试用来查看某事的结果或某物的性能。[28]

物理学、生物学、心理学以及许多社会学科都已形成了各自的实验研究传统，它们对实验一词的具体界定也有较多差异。地理学中常用的实验方法是宏观与微观研究相结合的，宏观研究是经验性和具体性的，常常需要收集大样本以便展示现象的变异性，而微观研究是抽象的和理论的，包括小样本和找到宏观研究背后的因果机制。[29]20世纪末，我国学者提出建立地理实验学[30]的构想是一种微观层面的考虑。随着信息技术的发展，地理学的宏观实验研究日趋增多，对学科发展起到了重要的推动作用。

中学地理教育的相关研究，主要是从教育学和教学法的视角来厘清和界定地理实验的含义的。目前，对地理实验的概念界定主要有两种观点：一是认为地理实验是根据地理教学的目的，利用仪器、模型、设备等，人为地控制或模拟自然地理事象，排除干扰，突出主要因素，在有利的条件下认识地理基本原理的有效的教学手段；[31]二是认为地理实验是指通过观察、观测、演示、制作、绘制、调查等地理活动方式，认识、探究地理事物、现象和过程等的地理实践教学活动。[32]这两个概念都明确了地理实验的活动属性，不过要注意将地理实验作为教学手段来理解则属于教学活动的范畴（也就是地理实验教学），而地理实验是一个科学事实，这也是地理实验与地理实验教学的不同之处。同时，笔者认为地理实验有两层含义：一是广义上指包括了地图和表格绘制、地理观察、地理观测（如水文和气象观测）、地理调查和地理考察等在内的所有活动；二是狭义上专指控制一定实验条件，验证实验假设的科学探索和学习活动。这一类实验设计一般需要说明因变量、自变量和假设，并且不同实验者采取相同步骤都能得到相同实验结果。在中学地理教育阶段，我们更多采用广义地理实验的概念，而将狭义界定仅仅在某一特定类别的地理实验中考虑。

中学地理实验的内容主要来源于地理学的知识体系。但它不同于高校或科研机构指向科学研究的地理实验，而是以实现地理教学目标为指向原则。所以，中学地理实验需要对地理学提供的地理实验进行一定改编，甚至将那些看似不必探讨的地理事实重新设计为实验。例如北半球某地看北极星的仰角等于当地的纬度，大学教科书只对此进行简单数理推算就可以明确这一事实，但在初中教学中，请学生在夜晚实地观察测量北极星的仰角，再对比当地纬度，学生能产生更深刻的印象。再如大学教科书通过热力、气压变化过程的逻辑推导介绍热力环流现象，但中学教学更需要给学生呈现这一变化过程的直观的具体现象。

二、地理实验法

（一）实验法

《教育大辞典》对实验法有两种解释：一是从科学研究视角定义为“在控制情境下，操纵一种变量，观察另一种变量，从而发现其间因果关系以验证预定假设的研究方法”；二是从教学方法的视角定义为“在教师指导下，学生通过独立操作仪器设备获得知识的教学方法”。教学论的相关学者大多采用第二种观点进行概念界定。例如：

实验法是学生在教师的指导下，利用一定的仪器设备进行独立作业，通过观察事物的变化获取知识的方法。[33]

实验法是在教师的指导下，利用一定仪器设备，在一定条件下引起某些事物或现象的发生和变化，使学生在观察、研究和独立操作中获取知识，形成技能技巧的方法。[34]

一般认为，实验既是自然科学领域学习活动的内容，也是最主要的学习和研究方法之一。所以，实验法被广泛地用于自然科学类学科的教学活动。实验法在教学中具有一系列优点，如“学生亲自参加实践活动，印象深刻；可培养学生正确使用仪器进行科学实验的基本技能和科研能力，养成严谨求实的科学态度和科学精神；发展学生的观察、思维和创造力”。其一般步骤是：（1）提出实验题目和明确任务；（2）规定实验操作程序；（3）学生动手实验，教师检查；（4）进行小结并做出结论。

（二）地理实验法

地理实验法也常称为地理实验教学法或地理实验教学方法。曹琦认为，地理实验法是运用一定的器材和设备，人为地使所要学习的地理事物和现象及其变化过程表现出来，以获得和验证地理知识的方法。[35]陈澄认为，地理实验教学方法是指学生在教师的指导下通过实验得出结论，从而完成既定学习任务的教学方法。[36]

因为研究视角的不同和一些时代因素的局限，这些概念界定存在一些微小差异，但都基本认同地理实验法是一种教学手段或教学方法，其本身存在学生的实践与教师的指导两项主体活动，需要器材、设备等外部条件的支持，还是地理学习过程不可或缺的内容与方法。实验是一种科学实践活动。通过实验以发现或证明某些未知或预期结论的方法就是实验法。所以从更为概括的视角来看，“地理实验法”的概念只是将实验法应用到地理教学中而已，其概念本身与中学的物理实验法、化学实验法、生物实验法更多的是内容上的不同，而并没有什么本质的区别。因此，我们暂不对这一概念进行陈述性界定，以免弄巧成拙，造成晦涩难懂的情形。

三、相关概念辨析

在相关文献中，还经常出现“地理实验教学”“地理实验教学法”和“地理教学实验”的表述。

“地理实验教学”是指以地理实验为载体，采用实验法进行的教学活动。例如，为了让学生理解热力环流的过程，教师进行了热力环流实验并以此进行讲解的教学活动。地理实验教学是地理教学的重要内容，也是地理教学的一种特殊教学组织形式。它有别于传统地理教学以教师、学生、教科书为要素的组织形式，而是涵盖了传统课堂内外（教室、实验室、操场或校外等）与实验有关的教学活动，与学生动手操作有关的活动。

“地理实验教学法”通常是指地理实验法。但实验法就是一种公认的教学方法，“实验教学法”的表述自身即存在语义重复，所以应该避免使用“地理实验教学法”的术语。

“地理教学实验”一词包含了完全不同的两重意思。一方面可以理解为应用于地理教学过程的地理实验，和上文所说的“地理实验”同义。另一方面指对地理教学过程进行的实验研究，例如甲班（讲授法为主）和乙班（探究法为主）的教学成效的实验研究。这一术语既不严谨，也容易引发歧义，建议尽量避免使用。

第三节　地理实验教学的类型

依据不同的分类标准可以将地理实验划分为很多类型。最常见的分类有以下几种：

一是按照地理学科内部差异的不同分为自然地理实验和人文地理实验。也有人进一步按照实验内容的不同再次分类。如曹琦将地理实验分为地球系列地理实验、气象气候系列地理实验、水文系列地理实验、地质地貌地理实验、地图系列实验、生物和土壤系列实验、人文地理系列实验等七类。[37]

二是按照实验地点的不同分为课内地理实验和课外地理实验，也就是在课堂教学过程中的实验和课堂教学外的实验。还可以在此基础上按照实验场所进一步分为两类：一类是学生在地理实验室或地理专用教室等专门场所进行的实验，一般有专门的实验装置、器材，例如三球仪；另一类是学生根据教科书或教师指引，在非专门实验环境开展的实验，如自己制作教具。后一类实验目前较少，在此不做过多讨论。

三是按照实验者的不同分为教师操作的实验和学生操作的实验。教师操作的实验也常被称为演示实验，具体指教师操作讲演、学生观察分析的实验。演示实验能够更好地突出实验现象，示范实验操作技能和规范，对实验条件、实验环境的要求较低，成本也小。学生操作实验又可分为学生独立操作实验和分组合作实验。学生操作实验赋予学生更多的参与体验机会，能够更有效激发学生的学习兴趣，是学生自主学习和探究学习的重要途径。

四是按照使用的仪器和材料的不同分为真实实验和模拟实验等等[38]，也有的书称为直接实验和模型实验。模拟实验基于相似理论。例如我们可以把个别现象的研究方法推广到相似的现象上，也可以研究实验室内缩小的（或放大的）模型，或者用人工的方法再现自然界的某一现象，以及用相似的材料来模拟某一现象。在模拟实验中，实验手段直接作用于模型而不作用于真实的地理事物。

我们也可以根据实验是否利用了实体材料而分为真实实验和虚拟实验。前者指在自然或实验室环境下，利用真实的仪器、设备进行的地理实验教学。学生通过感官获得了真实的直接体验。而后者是指随着现代地理科学和计算机数字呈现技术的发展，许多可以采用仿真模拟或多媒体技术模拟的形式进行的实验。如有公司将互联网技术应用到中学化学、物理、生物实验课程中，开发了旨在提高学生实验操作能力和实验探究能力的“同步实验室（虚拟仿真实训实验系统）”。[39]此外，目前较流行的虚拟现实技术可以借助头戴型显示器、耳机、传感器等设备，给人的视觉、听觉和触觉带来身临其境的感官体验。不过这种实验形式虽然可以得到与真实实验相同的结果，但毕竟非科学事实的真实反映，因此更多的时候是实验条件难以得到满足时不得已而为之的替代方法。

五是按照实验目的的不同分为探索性实验和验证性实验。前者指实验者并不知晓实验结果和实验过程而进行的实验。如本书第六章介绍的苹果种植区位选择实验。后者指实验者已经知道实验结果和实验步骤，而重在验证实验原理的正确性或操作过程的合理性的实验。例如教学过程中展示的热力环流实验。与此相类似的划分还有几种。如夏志芳按照实验目的不同将地理实验分为析因实验与重现实验。前者指在知道某些地理事物之“果”的基础上，由“果”追“因”的实验，后者指为了再现某一地理事物的运动、变化的规律而做的实验。[40]段玉山按照学习内容进程将地理实验分为地理感知性实验和地理验证性实验。前者指安排于学习内容之前的实验，目的是使学生通过实验获得对学习内容的初步感知。后者指安排于学习内容之后的实验，目的是使学生通过实验验证所学原理的正确性。[41]张卫青、徐宝芳按地理实验的层次不同将地理实验分为验证性实验、设计性实验、综合性实验。验证性实验是验证课堂所学理论的实验。设计性实验是指给定实验目的要求和实验条件，由学生自行设计实验方案并加以实现的实验。综合性实验是指实验内容涉及本课程的综合知识或与本课程相关知识的实验。[42]

可以将这些分类汇总如下（见表1-1-1）。

表1-1-1　地理实验类型

学者	分类标准	实验类型
……	实验者不同	教师演示实验、学生操作实验
	实验地点不同	课内地理实验、课外地理实验
	学科属性不同	自然地理实验、人文地理实验
	实验内容的不同	如大气实验、水实验、地貌实验等等
袁书琪，等	仪器和材料不同	真实实验、模拟实验
夏志芳	实验目的不同	析因实验、重现实验
段玉山	学习内容进程	地理感知性实验、地理验证性实验
张卫青、徐宝芳	实验层次不同	验证性实验、设计性实验、综合性实验

前述的三种常见分类，便于帮助教师直接和简易区分实验本身的特点，但对于教学方法的选择和指导学生学习的作用有限。后述的几种分类能够更好结合地理学习过程的特点，为教学设计过程提供直接指导，为教学策略的整体选择提供有力的参考依据。

第四节　地理实验教学的功能

大多研究都依据地理课程目标的三个维度（知识与技能、过程与方法、情感态度与价值观）来研究地理实验教学的功能。如徐宝芳认为地理实验教学的教育功能依次是地理技能教育方面的功能、能力教育方面的功能、地理知识教育方面的功能，以及情感、态度、价值观教育方面的功能。[43]也有一些研究更为重视地理实验教学对学生学习方式和学习过程方面的影响。如夏志芳认为地理实验教学有效地培养了学生的观察力、想象力、动手能力，激发了学习的内驱力。[44]朱雪梅认为地理实验教学可以模拟展现地理演化过程，转变学习方式、提高学习能力，有效培养学生的科学素养。[45]王建梅认为地理实验教学还培养了学生科学的研究方法，发展了自主学习与合作学习能力。[46]除了一般实验教学具有的直接获取知识、验证知识、培养技能之外，地理实验教学对于学生情感、态度、价值观的教育具有更重要的功能。几乎所有的研究都认同实验能够激发学生的地理学习兴趣。还有学者强调地理实验教学能够培养学生正确的审美观念，培养他们感受美、鉴赏美、创造美的能力。[47]

以上内容指出了地理实验对地理教学的许多有益之处，但却忽视了可能存在的不足。如果借助教育功能的认识框架，我们可以更系统地将地理实验的功能分为正向功能和负向功能两大部分。

一、地理实验教学的正向功能

地理实验教学的正向功能不仅仅在于实验得到了预期的正确结果，更重要的是获得结果的过程，这是学生的经历和体验得以丰富的过程。这一过程能够让学生对地理知识产生非常深刻的理解，逐步形成科学的思维模式，初步掌握基本的科学方法。

（一）促进学生理解和掌握知识

中学地理课程存在大量较为抽象的知识，特别是初一和高一年级的自然地理内容，是地理学科中对抽象思维能力要求较高的知识。而这两个年级的学生一般正处于抽象思维快速发展的阶段，初中生的抽象思维能力在很大程度上还需要经验的支持。[48]因此，地理学习过程必须有意识地丰富学生的直接经验和体验。地理实验能够形象地呈现教学内容，丰富学生的感性认识并上升为理性认识，通过参与互动获得体验和理解，进而有效支持学生的抽象思维过程。正所谓："我听了，忘记了；我看了，记住了；我做了，理解了。"

地理实验有助于学生转变学习方式。地理实验为学生检验和验证地理知识提供了可视化的科学事实。传统的地理教学过多地强调了死记硬背、机械训练的接受学习方式，忽视了学生学习的主体性地位。通过地理实验的方式，学生能够主动参与到学习之中，通过动手操作获得更为生动的经验体验，提升学习的层次水平和质量。地理实验还强化了学习过程的重要性，地理实验并不局限于得到正确的实验结果，更侧重于得到实验结果的探索过程以及建构这些知识的过程。

（二）提升学生的科学素养

"在基础教育阶段，科学素养教育应是学校理科教育的重要目标。"[49]富有科学素养的学生长大后未必都成为科学家，但他们会具备像科学家一样分析问题和解决问题的科学逻辑。地理实验教学能够从以下几个方面提升学生的科学素养。

1.培养学生的科学思维能力

地理实验以最直观的形式提升了学生的形象思维能力，在实验过程中通过概念、判断、推理等思维形式，应用比较、分析、综合、抽象、概括等思维方法促进了知识建构，由此进一步培养了学生的逻辑思维品质。地理教学实验能够有效培养学生的科学意识，鼓励他们根据已有的知识、经验对实验结果做出猜测和假设。正如胡适所提倡的"大胆的假设，小心的求证"，而假设的提出培养了学生发现问题的意识。地理实验还有助于培养学生的批判思维能力。科学技术的进步对社会发展具有双重作用。学校教育"一方面要激发和维持人们对科学技术的兴趣，因为科学技术对人类生存是至关重要的；另一方面又要培养人们清醒的意识，赋予青少年必要的标准以正确评价各种科学方法的影响，各种可能的解决方案以及应该避免的危险等"。[50]地理实验以直观的形式提供了训练反思能力的机会。对于地理实验的副产物，以及失败的实验可能造成的危害，地理老师都可以引导学生将问题方法，以辩证的观点考虑其后果或潜在影响。例如做完水土流失实验可以进一步延伸思考，水土流失带来的有利方面有哪些？黄河上游的水土流失为下游三角洲提供了肥沃土壤，三角洲面积不断扩大带来新的土地资源。再例如，水电站、核电站突出的能源效应背后可能潜藏着巨大的环境风险。节约和循环利用实验材料的过程能够让学生意识到资源的有限性，更深刻理解并运用人与环境协调发展的观点看待环境问题。

2. 培养学生科学观察的方法

"授之以鱼，不如授之以渔。"掌握科学方法能使学生的发展受益终生。科学的研究方法是科学研究的必要前提，但科学方法的掌握不能以灌输式的知识传授方式获得，必须依赖于学生的参与和体验过程，在实践中通过训练不断掌握和提高方法的应用水平。而地理实验恰好为学生提供了实践的平台，是学生获得科学研究技能的基本途径。例如通过实验中的具体操作学会观察、学会比较、学会记录、学会分析和陈述实验结果。

首先，实验教学是培养学生的观察技能的重要途径。自然科学将观察视为科学研究的基本方法。地理学发展的早期，以观察描述为主的地理考察、地理探险是地理研究的主要方法。在社会科学家看来，观察同样是科学的基础。[51]很多地理知识都是来自于敏锐的或者长期不懈的观察。对于许多不易控制和难以改变其条件的地理过程主要依靠观察方法。丹麦天文学家第谷凭借坚持不懈地观察最终奠定了近代天文学的基础。德国气象学家魏格纳在病床休息之余观看挂在墙上的世界地图，敏锐地意识到大西洋两岸的轮廓非常吻合的现象，后来进一步实地考察提出了"大陆漂移说"。[52]我国地理学和气象学的奠基者竺可桢先生正是通过多年的物候观察才创立了中国现代物候学。

苏联教育家赞科夫发现[53]，后进生普遍表现出观察力薄弱，观察事物表面化，不能充分辨别差异，有时候是"视而不见""听而不闻"。在检验观察力水平的测验中，实验人员拿鸟的标本让他们观察和描述，后进生根本不会仔细观察标本，只能叫出标本的部分名称，说不出它们的特征。观察也是停留在表面上不能从多方面进行说明。"语言的描述也非常贫乏和肤浅"，描述时"显而易见的不连贯和不系统"……所以赞科夫说，通常，成年人总是责怪儿童因思想不集中而在作业里弄出许多错误。其实，根本原因常常是没有培养儿童的观察力，导致儿童观察力薄弱。

观察不仅仅是通过感觉器官去感受，更注重与此相伴的积极的思维加工活动。观察是一种技能，可以通过训练得到提高，到达一定程度时，观察会成为学生潜意识的习惯行为。地理观察的结果通常用文本或图片描述的形式呈现，如地图。文字常常难以全面、准确和详细描述地理事物，图片是文字描述方式的最佳补充。

地理实验教学应该培养和发展学生的观察能力，培养良好的观察习惯。有的观察要先提出观察点，引导学生去观察特定部位，如岩石纹理、土壤剖面；有的需要注意观察顺序，如热力环流要先注意垂直方向的气流运动，再观察水平方向的气流运动和环流运动；有的观察需要进行比较，如通过比较日食和月食的形成过程来探讨日、月、地的关系；还有的要按照时间顺序连续观察，如观察太阳高度角在一天、一个季度或一年内的变化。再如月相教学中，老师往往用尽各种办法演示、讲解月相的形成过程，促进学生的理解，但不少学生虽能理解月相的形成原理，却难以答上灵活的考题。为此，老师可引导学生每天在固定时刻和地点观察月相，拍成照片（或绘制简图），连续记录一个月后，形成了完整的月相变化图，这样学生就能较好地掌握月相变化规律。

3.培养学生的动手操作能力

实验是手、脑协调并用，身体多感官参与完成的活动，是培养学生的动手能力、解决实际问题能力的重要路径。

首先，培养学生正确使用仪器的能力。例如地球仪的转动应该是自西向东转，不能用肉眼直接通过天文望远镜观测太阳（除非有专用特制滤镜），百叶箱的高度必须在距离地面约1.5米处，如果需要物理、化学等仪器设备（如显微镜、温度计、酒精灯等）时还应该遵守相关仪器的操作规范。

其次，培养学生装配仪器的能力。目前可供选择的标准化地理实验仪器并不多，大部分地理实验需要学生在教师指导下，自己安装和调试实验设备。若遇到实验故障时还需要学生具备分析其原因和排除故障的能力。

再者，培养学生实验操作和记录数据的能力。目前的大多数地理实验操作较为简单，一般采用文字描述现象，或制作数据表格、地图、示意图的方式来记录地理信息。学生要理解绘图思维，形成初步的绘制图表能力。学生在实验中及时记录观察到的现象及相应的数值变化。

最后，培养学生得出实验结论的能力。根据记录到的地理信息，学生还应该能正确分析实验现象，综合处理各种信息，培养一定的地理信息提取、加工能力。还要注意在讨论和交流的基础上得出实验结论。例如，将等高线模型的数据绘制成等高线地图，分别绘制三幅图片来概括热力环流的三个阶段（展示三个图片和三个阶段）。

（三）激发学生的学习动机

不同于教科书所提供的信息以静态的方式呈现，地理实验以形象、生动、直观的形式提供了真实的动态刺激，更容易吸引中学生的注意并唤起他们的好奇心。“好奇心最先表现为一种生命力的外流，一种丰富的有机体能的表露。”[54]好奇心是科学之母[55]，是激发学习者学习兴趣的重要力量，是引起学习者求知动机的重要驱力。

不同类型的实验能够激发学生不同程度的动机水平。观看演示实验，能够使全班学生集中精力，专注于课堂教学内容，学生在观察之余不禁会产生自己操作的强烈欲望，甚至还有学生会形成较强烈的外部学习动机，希望在同学面前能够展示实验过程。

在学生动手操作实验中，学生亲身体验，身体多感官均投入其中，实验过程能够带给学生满足和兴奋的情感体验。地理学习动机也将在此实验过程中不断得到强化，如果在此基础上，学生自主进行探究性实验，更有助于激发他们的学习动机。例如生成了对知识本身感兴趣的内部学习动机，这种动机水平更为稳定，能够对学生的学习产生长期的稳定影响。

（四）形成科学态度与正确价值观

地理实验教学能够培养学生坚持实事求是、严谨求实的科学态度。1941年，竺可桢先生在《科学之方法与精神》中谈到近代科学的目标就是探求真理，这就是科学的精神。半个世纪后的1991年，诺贝尔奖获得者丁肇中谈到，在今天一般的教育里，我们需要培养实验的精神，不管研究科学还是人文学，或者在个人行动上，都要保持一个怀疑求真的态度，要靠实践来发现事物的真相。[56]但探究真理的科学实验过程往往并非一帆风顺，很可能需要反复多次的求证过程，这能够使学生深刻感受到科学研究的辛苦、科学成果的来之不易。直到取得预期结果时，成功的喜悦会在学生心中油然而生，他们也会更加珍惜科学成果，更尊重科学事业。有的时候，同一个实验也可能要一丝不苟地重复多次才能得到稳定结果，重复的实验过程恰好培养了同学们敢于面对挫折，更勇于反思和不断改进的毅力。天文迷亨利·施瓦布对太阳进行了连续17年的认真观察，绘制的太阳表面的图片塞满了书柜，但他并未发现他要找的“火神星”。然而他认真分析了17年的图片，却惊奇地发现了太阳黑子11年的运行周期。

地理实验教学能够培养学生的创新精神。钱学森问道：“为什么我们的学校总是培养不出杰出人才？”很多学者都归因于我们的教育缺乏创新能力。我们常说，“创新是一个民族进步的灵魂，是国家兴旺发达的不竭动力”。地理实验正好提供了不同于传统地理教育的学习内容，赋予了学生更为自主和自由的学习空间，使他们可以验证课本上的知识，也可以按照自己的想法去设计新颖实验，形成创造性思维方式，生成对创新的不懈追求。

地理实验教学也促成了学生正确价值观的形成。实验蕴含的实证的科学思维方式有助于破除伪科学或封建迷信思想。如哥白尼通过长期天文观测提供了“日心说”的直接证据，推翻了长期盛行于古代欧洲的“地心说”。科学家对彗星运动周期及其成分的研究表明它并非灾难预兆，让我们消除了对彗星的恐惧。结合我国气候和太阳高度角的知识，可以理解古代北方民居大多坐北朝南的科学道理，破除对我国古代堪舆学（风水术）的迷信解释。

班级内的实验课程还可以让学生意识到团结协作的重要性，有助于促成班级“勤于思考，善于分享，乐于合作，勇于创新”的班级文化氛围。

二、地理实验教学的负向功能

实验教学也存在一些弊端，对学生发展可能造成负面影响。第一，过于强调实验虽然有利于发展学生的形象思维能力，但如果实验设计不当，反而可能剥夺了逻辑抽象思维能力的培养机会。第二，实验较严格甚至苛刻的要求可能使学生产生畏难、厌倦的情绪，多次重复的过程可能让学生感到过于辛苦，反而阻碍了他们的学习兴趣。第三，验证性实验过多而设计类实验较少，可能限制学生创造性能力的发挥。第四，相较于传统课堂教学知识传授的高效，实验教学可能耗费较多的课堂学习时间。第五，实验效果一般难以准确定量评价，因此不少教师和学生不重视实验操作的规范性，使实验过程流于形式。

此外，对教师而言，地理实验教学意味着需要投入更多精力和时间，课堂管理难度也变得更大。因此，很多“教师虽然能够认识到实验教学的重要性，但他们在实际教学中总会以各种理由或借口不做实验、少做实验、‘讲实验’、变更学生实验为教师演示等等”。[57]

第五节 地理实验教学的依据

地理实验教学的理论依据主要来自教育学和地理学的相关理论，实践依据是地理课程与教学的研究成果。当前，在我国学生发展核心素养框架下，地理核心素养中关于地理实践的理论阐述已成为支撑地理实验教学的直接理论依据，而地理课程标准以及相应的地理教科书仍然是地理实验教学的直接实践依据。

梳理已经颁布的地理课程标准的内容，相关具体表述如下。

一、《义务教育地理课程标准》（2011年版）有关地理实验教学的表述

第一部分 前言

一、课程性质

地理课程含有丰富的实践内容，包括图表绘制、学具制作、实验、演示、野外观察、社会调查和乡土地理考察等，是一门实践性很强的课程。

第二部分 课程目标

一、知识与技能

掌握阅读和使用地球仪、地图的基本技能；掌握获取地理信息并利用文字、图像等形式表达地理信息的基本技能；掌握简单的地理观测、地理实验、地理调查等技能。

第三部分 课程内容

一、地球与地图

1. 开展地理观测、动手制作等活动。例如，观察不同季节（或一天内）太阳光下物体影子方向和长度的变化；用乒乓球或其他材料制作简易地球仪模型。

2. 利用泡沫塑料、沙土等制作地形模型。

二、世界地理

1. 开展拼图游戏、模拟演示等活动。自选实验教材或使用计算机，模拟海底扩张、大陆漂移。

2. 开展参观、观测、体验等活动。例如，参观当地的气象台（站）或大气环境监测站；使用测量仪器，观测气温、降水和风向。

第四部分 课程资源开发与利用

一、建设学校地理课程基本资源库

教科书以及教学所需的地图库、地理挂图、地理模型、地理标本、实验器材、图书资料、电教器材、教学软件、教学实践场所等，都是学校重要的地理课程资源。

可以自制各种地理教具、学具，开发各种地理教学软件，不断扩大地理课程资源库的容量，提高地理课程资源库的质量。有条件的学校可以配备地理专用教室、地理园等，以适应社会发展、科技进步和地理教学自身发展的需要。

二、利用学生学习的经验资源

教师应鼓励和指导学生组织地理兴趣小组，开展野外观察、社会调查等活动。

二、《普通高中地理课程标准》（2017年版）有关地理实验教学的表述

二、学科核心素养与课程目标

（一）学科核心素养（第四条）

地理实践力，指人们在考察、实验和调查等地理实践活动中所具备的意志品质和行动能力。考察、实验、调查等是地理学重要的研究方法，也是地理课程重要的学习方式。

（二）课程目标（第四条）

学生能够运用所学知识和地理工具，在室内、野外和社会的真实环境下，通过考察、实验、调查等方式获取地理信息，探索和尝试解决实际问题，具备活动策划、实施等行动能力。

四、课程内容

（一）必修课程

地理1

【内容要求】

1.4 通过野外观察或运用视频、图像，识别3～4种地貌，描述其景观的主要特点。

1.9 通过野外观察或运用土壤标本，说明土壤的主要形成因素。

1.10 通过野外观察或运用视频、图像，识别主要植被，说明其与自然环境的关系。

1.12 通过探究有关自然地理问题，了解地理信息技术的应用。

【教学提示】

指导学生运用体验、观察、观测、实验、野外考察等方式开展地理实践活动。

【学业要求】

学习本模块之后，学生能够运用地理信息技术或其他地理工具，观察、识别、描述与地貌、大气、水、土壤、植被等有关的自然现象；具备一定的运用考察、实验、调查等方式进行科学探究的意识和能力（地理实践力）。

地理2

【教学提示】

注重社会调查等方法，联系生活实际，解决现实问题。

【学业要求】

学习本模块之后，学生能够运用地理信息技术或其他地理工具，收集和呈现人口、城镇、产业活动等人文地理数据、图表和地图(地理实践力)。

(二)选择性必修课程

选择性必修1　自然地理基础

【教学提示】

注重运用现代地理信息技术、模拟实验、野外考察等方法,提高学生解释地理事物和现象与认识自然环境的能力。

选择性必修2　区域发展

【学业要求】

学习本模块之后,学生能够运用地理信息技术或其他地理工具,通过案例分析、数据采集、实地调查等方式,比较、归纳不同区域发展的异同(地理实践力)。

选择性必修3　资源、环境与国家安全

【教学提示】

组织学生开展社会调查和专题探究。创设多种教学情境,诸如资源短缺、环境恶化的模拟情境,调查家乡的资源、环境问题,讨论节约资源和保护环境的重要意义,树立“绿水青山就是金山银山”的理念。

【学业要求】

学习本模块之后,学生能够运用地理信息技术或其他地理工具,或实地调查身边的资源、环境状况,分析问题及成因,有理有据提出可行性对策(地理实践力)。

(三)选修课程

选修1　天文学基础

【内容要求】

1.1　在星图、天球仪上认识主要星座,辨认四季星空的主要星座,说出一些星座的地理导向意义。

1.7　绘制太阳大气的圈层结构图,说明太阳活动及其对地球的影响。

【教学提示】

组织学生观测星空,指导学生阅读星图,通过参观天文馆、天文台和请科学家做讲座等方式,提高学生对天文学的兴趣,激发探索宇宙的愿望。让学生掌握天象拍摄的基本方法,制作简单的天文模型,如月相变化模型。

选修3　自然灾害与防治

【教学提示】

创设自然灾害危害的模拟性情境,引导学生树立科学的灾害观与减灾意识,探讨针对某一灾害发生前、发生时和发生后应采取的防灾减灾措施。

选修4　环境保护

【内容要求】

4.4　学会水质采样方法及方案设计，学会用简易方法检测水质。

4.5　针对某一具体区域，设计水资源保护方案。

4.11　学会土壤采集方法和方案设计，了解土壤污染的检测方法，以及常见污染土壤的修复方法和技术。

【教学提示】

鼓励学生走访调研，如调查学校附近农田农药、地膜、化肥的使用，以及垃圾分类情况；采集农田土样，分析土壤污染情况。采集河流水样，测试水污染状况，提出水资源保护方案。建议学校配备地图或遥感影像，采集水样、土样的基本设备，以及测试水、土、气样本的试剂、试纸、称量工具等。

选修6　城乡规划

【教学提示】

可以运用有关资料，开展城乡规划的模拟活动，让学生以规划者的身份，提交规划方案，开展比较评价。

选修8　地理信息技术应用

【内容要求】

8.5　学会在地理信息系统软件中进行简单的条件查询，分析地理要素的分布规律。

8.6　学会使用地理信息系统软件制作人口、资源分布等相关专题地图。

8.10　学会运用全球定位系统(GPS)或北斗等卫星导航系统进行定位、路径查询等操作。

选修9　地理野外实习

本模块主要包括四方面内容：考察工具的应用，野外观察、发现与欣赏，野外地理信息获取与样品采集，考察报告撰写与交流。

【内容要求】

9.1　学会运用多种手段收集和提取地理信息，设计野外实习方案，了解野外生存常识。

9.2　运用地理工具在野外进行定向、定位并获取野外地理信息。

9.3　阅读地形图、地质构造图以及遥感图像等，识别主要地形区、基本地质构造和地貌特点。

9.4　观察某地区地质、地貌、植被、土地利用方式等景观要素，绘制示意图及剖面图，分析影响景观形成的主要因素，以及景观要素间的相互关系。

9.5　学会在野外观察、测量和分析地质、地貌基本形态的方法，并采集样品。

9.6　识别主要造岩矿物和常见岩石，认识不同性质岩石对地貌发育的影响。

9.7　在野外观察某种地貌，推断其形成过程。

9.9　学会社会调查的基本方法，并进行城乡实地调查，识别不同土地利用方式及特点。

9.10 学会撰写野外考察报告并进行汇报交流。

【教学提示】

帮助学生在实践体验中学习地理知识和技能，了解野外生存的常识，提高防避各种灾害的本领。在校园周边和野外环境中，指导学生阅读各种地理图像，运用不同地理工具，观察描述地理现象，提出地理问题，获取地理信息，取证、分析并论证形成过程。

五、学业质量标准

（二）学业质量水平（有关地理实践力水平的描述）

水平1：借助他人的帮助，能够使用遥感影像等地理信息技术手段和其他地理工具，对地貌、土壤、植被等自然要素和相关自然现象进行初步观察，并设计简单的实验；能够收集人口、城乡、产业、文化等方面的人文地理信息，开展社会调查；能够在地理实践中理解和接受不同的想法，表现出合作的意识、求真的态度与应用知识的能力。

水平2：与他人合作，能够使用遥感图像等地理信息技术手段和其他地理工具，对地貌、土壤、植被等自然要素和相关自然现象，深入观察，并设计实验，作出简要解释；能够对人口、城乡、产业、文化等方面的人文地理事象，设计和实施社会调查，作出简要的解释；能够在地理实践中表现出独立思考的意识、求真求实的科学态度，以及灵活运用知识的能力。

水平3：与他人合作，设计和实施较复杂的地理模拟实验和考察方案，并独立、熟练地运用地理信息技术分析相关自然地理事象；能够搜寻不同类型区域的统计信息，收集相关区域发展规划，参与区域发展问题的调查；能够查阅相关政策法规文献，尝试运用所学知识，对某区域的资源合理化利用和生态环境保护提出构想；能够在地理实践中主动发现问题、探索问题，保持求真、求实的科学态度。

水平4：能够独立设计科学的地理模拟实验和考察方案，利用地理信息技术及相关工具、材料，分析与处理相关数据与信息，对地理事象进行科学解释与评价；能够搜集不同类型区域的统计信息，收集相关区域发展规划，设计区域发展问题的调查方案；能够有针对性地开展野外资源、环境调查，描述某区域存在的资源和环境问题，并结合已有资料，对解决区域资源和环境问题提出建议；能够在地理实践中表现出较强的行动能力。

六、实施建议

（一）教学与评价建议（第二条）

加强地理实践，地理实践是支持学生地理学科核心素养发展的重要手段。地理教学应将实践活动作为教学的重要方式之一。

（四）地方和学校实施本课程的建议

1.地理课程资源的建设

（1）校内地理教学的环境条件建设

注重地理图书、地图、挂图等图书资源建设，收集包括国内外地理教科书、地理图册、挂图、地理填充图、地理教学参考书、地理练习册等。注重地理教具、学具的开发，包括地理教学图件、地理教学标本(如土壤、矿物与岩石标本)、地球仪、等高线地形等模型、天文望远镜、天球仪等地理教学器材等的配备建设。加强地理园、气象观测站、天象馆、天文台、地理橱窗、地理实验室等方面的建设。根据学生选课、走班教学等要求,逐步建设地理专用教室,研制相关地理课程的地理实践手册,如地理户外活动设计、地理模拟实验手册、社会调查方案等,从软硬件两个方面完善地理教学条件与环境。

(2) 地理实践活动装备的配置

要逐步配备专门适用于中学的"水、土、气、岩、化石"标(样)本的采集、测试工具、实验资源包(箱)。要建设相关采集、记录、测试的实验手册、使用说明、课程案例、数据等文本或数字资源。有条件的学校要专门建设校园气象等环境数据的监测站点或专门实验室。

要逐步配备野外实践的基本工具,如测绘定位工具设备、传统罗盘、望远镜等;用于野外采挖、收集、储存、保存的工具;野外安全工具、设施装备等;相关区域的等高线地形图、遥感图像等。

(3)数字化课程资源的开发

加强数字化地理课程资源建设,逐步建设专门的地理学科数字化课程资源,如地理信息系统(GIS)、全球卫星导航系统(GNSS)(北斗或GPS)、遥感(RS)辅助教学系统,数字气象站平台系统,天文望远镜遥控观测平台系统,野外实践(水、土、气、岩)采集分析与显示系统等。研发地理课程情景资源库、课程实例或案例。

(4)地理实践基地的建设

建立各种校外地理实践基地。通过挂牌、共建、共同开发等措施进行实践基地的建设。校外实践基地包括地理野外实习基地、公共图书馆、气象台、天文馆、地质馆、海洋馆、科技馆、展览馆、少年宫、博物馆、植物园、动物园、主题公园以及有关政府部门、科研单位、大专院校、工厂、农村等。

2.地理师资队伍的建设(第三条)

地理实验员的配置,根据课程实施需求和具体课程资源的规模,建议配备地理实验员,以满足选课走班教学、开设校本课程、课程资源的管理(维护和使用)、地理实验等的需要。

第二章　地理实验教学的实施

地理实验教学的实施主要有课堂实验教学和野外（校外）地理考察。课堂上的地理实验教学一般会预设“实验目的”“实验环境”，进行“实验操作”，最终以“实验报告”的形式发表“实验结果”。其实施过程大体可分为实验设计、实验准备、实验过程和实验评价等四个阶段。教师演示实验和学生操作实验因活动主体不同，所以实施过程也有一些差异。地理考察几乎涉及课堂学习的所有地理知识，它要求学生走出校园，在真实的地理生活中直接体验，学习地理知识并学以致用，解决实际问题。地理考察分为考察设计、考察实施和考察评价三个阶段。在此，我们先简要介绍教师演示类地理实验，然后重点讨论在实验室环境下的学生操作实验，最后再论述地理考察活动的实施。学生操作实验和地理考察活动是当前地理教学改革的重要方向。

第一节　教师演示实验的实施

演示实验一般是地理课程中具有典型代表性的实验，它适用于以下五类情况。一是难度高、操作复杂的实验，学生独立操作很难完成或得出正确结果。如模拟洋流成因和分布规律的实验。二是有一定危险性的实验，如果由学生直接操作可能引发人身安全事故，所以需要教师演示或者教师先示范操作一遍再由学生实施。如火山喷发实验、酸雨危害实验。三是成本较高的实验，如果学生独立操作可能需要大量耗材，成本过高，学校难以负担，也可能非常容易损坏实验设备。四是需要教师示范的实验，通过教师逐步演示说明实验要点，培养学生的实验技能。如热力环流实验。五是需要引导学生学会观察方法的实验，如流水侵蚀实验、地转偏向力实验。

教师演示的作用大致分为四类。一是在新课导入时，通过新奇、有趣的实验引发学生的兴趣和思考，进而发现问题和提出假设，引入本节课学习内容。例如模拟自流井实验，学生感到非常吃惊，产生了强烈的认知冲突，进而将注意力全部集中于教师的教学内容。二是在教学过程中，通过直观的实验引导学生理解所学概念或原理性知识，变抽象为形象。如演示大气降水的成因、新月形沙丘的形成、模拟板块运动等。三是在复习、巩固和拓展学习阶段，通过综合性实验深化和扩展学生的学习过程，开拓学生的创新思维。如温室模拟实验、如何减少土壤侵蚀等。四是引导学生克服畏难情绪，感受实验乐趣和产生情感共鸣。例如等高线绘制模型，月相变化，三球仪演示日、地、月关系的实验等。

教师演示过程需要注意五个问题。一是要特别注意培养学生的观察方法，引导学生学会观察演示实验。具体来说，要注意观察仪器设备的特点和安装要点，注意观察顺序，注意特定区域发生的现象、现象变化的过程，注意做好数据记录或现象描述，学会从数据或现象中分析得出结论。二是要采用相对大号的实验仪器，增大刻度，使用对比度较大的背景或声音，调动学生的多感官参与学习。要注意部分演示实验对光照强度要求严格，例如昼夜交替和昼夜长短变化的演示只能在弱光环境中进行。三是演示过程中，要避免“自己演示、自己讲解、自己提问、自己回答、自己思考”的“一言堂”的教学困境，通过言语和非言语的互动提醒学生参与观察和思考，边讲解边演示。例如“请大家看中心部位”，“请注意颜色”，“请观察烟的运动方向”，也可以用激光笔或手势反复指向实验设备、在实验反应的部位画圈等。四是实验时要吸引全体学生的注意力，将无关用具放在演示区域之外。五是教师一定要课前试做实验，减少实验失误。否则，多次重复实验既浪费了宝贵的课堂教学时间，还可能导致学生对实验的科学性产生怀疑。如果实验失败，也应该及时分析可能的原因，负责地向学生说明情况，不可搪塞应付或牵强解释。

第二节　学生操作实验的实施

一、实验设计

实验设计是决定实验的科学性、教育性以及能否成功的关键。有学者认为地理实验教学要符合必要性原则、针对性原则、科学性原则、可行性原则和完整性原则[58]，应具有典型性、简易性和启发性[59]。还有人认为传统地理实验教学中，教师处于主导地位，通过实验教学向学生传授地理知识，忽视了学生的主体创造性，应该使“学生在教师的指导下自主设计、操作、总结实验，教师仅是实验的指导、协调和帮助者”。[60]也有研究在反思的基础上提出了地理实验教学设计的具体策略：（1）提高教师执行课程标准的自觉性；（2）突出地理实验的科学性；（3）突显地理实验的针对性；（4）注重地理实验结果分析的灵活性；（5）重视地理实验教学的生成性；（6）关注地理实验教学的主体性。[61]可以看出，地理实验设计的首要原则是科学性和可行性。地理实验必须符合基本的科学知识，符合地理课程特点和学生认知发展特点。其次应该有简易性。即实验材料要便宜可得，实验操作要简单，步骤清晰，实验操作时间不能过长（连续操作时间不超过1～2个课时为宜）。此外还应该有预设性，实验设计之时应该能根据实验原理和实验假设，对实验可能的结果有一个预先的判断。

学生是学习的主体，他们依据地理问题设计实验固然有益于提高他们的综合素质。但在当前，地理实验研究并不成熟的前提下，哪些地理问题能用实验法还处在研究阶段，那么此时过多强调学生设计实验的能力，不仅会加重学生的学习负担，还反而可能会挫败他们的学习信心，成为徒劳无益之举。因此，笔者认为现阶段的地理实验设计应该以教师的实验设计为主，鼓励学生适度开展探索性实验设计。以下也将主要论述教师如何设计学生操作实验。

（一）实验设计的程序

学生操作实验一般关注学生学习的难点和易产生模糊观念的内容，如自然地理部分的热力环流、月相的形状、山顶和山谷的日较差变化等。实验多是成功率高、危险性小的非演示类实验。实验设计的程序如下：

第一，要确定实验目标，清晰陈述研究问题。“实验要有一个适当的目标，以作为整个探索过程的向导。”[62]教师需要研读课程标准和教材，分析学生的学习特征，确定这个实验要达到哪些教学目标，然后清晰地阐述目标与问题。

第二，要列出问题涉及的多个变量，厘清变量之间的关系。观察型实验涉及的变量一般较多，但大多不要求探究变量之间的因果联系。例如辨别岩石的实验涉及岩石的颜色、形状、硬度等等。也有的实验虽然涉及变量不多，但其重点在于探讨变量之间的关系。此时必须明确谁是自变量，谁是因变量。例如水土流失实验的重点在于坡度、植被覆盖、降水强度等自变量对水土流失（因变量）的影响。变量之间可能会相互影响，存在交互作用。所以为了研究的可靠性，每次还需要控制其他变量不变。例如研究坡度对水土流失的影响时，要保持植被覆盖和降水强度不变。

第三，做出假设。这是科学研究实验的一般要求。地理课程中一些简单的观察实验不需要这一步，例如观察矿物标本和辨别方向。不过验证实验都要做出严格的假设。验证性实验的假设通常是实验所依据的科学原理或者其反例（实验将否定反例）。假设说明变量之间的关系，可以是相关关系或因果关系。但要注意，相关关系并不能直接推断出因果关系，还必须做出逻辑论证或实验证明。例如，“坡度与水土流失的程度密切相关，降水强度越大，水土流失越严重，植被覆盖程度是影响水土流失的重要因素”。

第四，撰写实验操作步骤。详细步骤是实验的“产品说明书”，说明实验进行的次序流程，先做什么，再做什么，最后干什么以及怎么做。操作步骤越详细，学生阅读实验设计后进行实验的成功率越高。建议教师能设计与操作步骤相对应的实验流程图。为了规范实验数据和便于分析，还应当绘制实验数据记录表作为附件。验证性实验应当增加预习教科书的环节，熟悉实验流程；而探索性实验则不必，以免限制学生思维。

第五，确定实验分析方法。例如观察哪些现象？收集哪些实验数据？如何绘制图表？如何整理数据和得出结果。

第六，做出实验结论，比较实验假设。实验结论可能支持或否定假设，如果多次实验和广泛的实验都与实验结论相同，那么实验结论会成为一项科学事实。无论验证性实验还是设计性实验，在设计实验时，教师需要提前考虑实验可能出现怎样的结果，这些结果会支持还是会否定当前的假设。一般情况下，中学地理验证性实验的结论与实验假设相一致，但探索性实验可能会多样化。

如果完全由学生自行设计实验，教师一定要先特别说明实验要解决的问题（或实验目标），再交代清楚安全注意事项、操作具体要求等等。通过自己设计和实施实验，学生能够更深刻理解科学实验的基本方法，可以学会通过不断地改变实验条件，改进实验仪器，进而取得预期实验结果。当然，有的实验也可以让学生先按照一定步骤去做，做完了再去探讨其设计的原理等等。

（二）避免的误区

首先，实验设计要注意避免科学错误。不能让一些不具备实验特质的实验成为得不出科学结论的“魔术表演”。[63]例如有教师将喷花类烟花放置在火山模型中模拟火山喷发。这个实验看起来和火山喷发有点相似，但它是由明火引燃爆炸物所致，和火山喷发时内部承压喷射出来的机理并不一致。一些有关地转偏向力的实验也存在科学性问题。例如地转偏向力对水槽排水的漩涡影响是很微弱的，远不及水槽中其他扰动因素（水槽壁形状、排水孔的形状、水体并未完全平静，以及一些流体力学要考虑的因素）的影响。而马桶中水流的旋转方向的例子更不恰当，因为大多数马桶在生产环节就已经确定了水流喷射方向（特别是虹吸式马桶）。

其次，要避免简单移植大学地理实验。大学地理实验更注重科学方法的训练，而中学地理实验要求较强的教学特性，特别是要兼具直观性、知识性和趣味性等多重因素。例如大学的岩石标本分析种类繁多，但中学只涉及几个常见类别。大学的水污染分析要用到气味、温度、浑浊度、pH值、电导率，以及氮、氧、细菌等多个指标，但中学一般只关注前四个可见的和易测的指标，偶尔会用简单仪器或试剂直接测量化学需氧量（COD）。

再者，要避免替代实验。有的教师过于重视知识的直接掌握，而将实验教学简单视为一种耗时费力的教学方法或学习方法，因此实际教学时常常用其他手段进行替代设计。例如用语言“讲实验”和用黑板“画实验”来代替做实验，以多媒体动画演示或播放视频替代实验。替代设计虽然表面上看似提高了知识教学的效率，但实际上忽视了实验教学中技能和方法训练的重要性，也剥夺了学生参与实验的情感体验，削弱了学生学习的积极性，并不利于知识的深入理解和长期掌握。

二、实验准备

实验前的准备可能会花费比实验还要长的时间。这和教师备一堂课要多花几倍上课时间是一个道理。

首先，教师要认真阅读实验设计。其目的在于弄清实验的目的、原理和步骤，特别要注意实验步骤的先后次序，有时候还应明白某一步骤的作用。

其次，给学生布置预习任务。要求学生预习实验设计，明确实验目标，了解基本的实验步骤和预期出现的实验结果。提前准备实验记录纸或实验报告单。

再者，准备实验器材。要熟悉实验所需要的器材及其具体使用方法。实验器材准备就绪后，还应对照实验设计或教材再逐一检查一遍。如有易损器材，可多准备一套。如果需要组装成套教学仪器，可以借鉴物理和化学实验仪器装配的正确顺序：由下而上，从左到右，先主后辅。实验完毕拆卸顺序正好相反。

最后，摆放在实验台上的仪器，应该将同类摆放在一起，前低后高面向学生，既美观整齐，又方便取用。若有必要的话，可以将实验流程图贴在实验台。

不同学生参与地理实验的态度通常有很大差别。如有的兴趣浓厚、主动参与、乐于动手、善于思考，也有的反应平淡、被动应付，乃至敷衍了事或畏难而躲避。这是正常现象，教师要加以正确引导。

三、实验过程

第一，认真操作。实验前在大脑里将主要的实验步骤过一遍，复杂实验可以对照实验步骤逐步操作。实验操作时严格遵守实验规范，应该尽量一次成功，不要反复做。不随便打扰别的同学，不轻易用别人的东西，用时先打招呼。在日常实验操作中培养良好的实验习惯和严谨的工作作风。

第二，做好记录。实验过程中的各种现象、数据应该及时、准确记录，记录过程不能夸大或缩小实验现象，更不能“编凑数据”。记录内容要写在配套的实验记录册或实验记录卡上，待实验结束后再分析整理成实验报告。对于一些简单的地理实验，也可以直接记录在实验报告册上，或者只记录简单结果即可。

第三，数据整理和结果分析。实验后一定要及时处理数据，做好制表或者绘图工作。需要注意，不管实验结果是否符合预期，都应该准确记录和认真分析其原因。事实上，实验过程中所发现的新的或未曾预料到的实验现象，可能恰好是教学拓展的重要方向，也是激发学生探究兴趣最佳的学习材料。

第四，实验完毕后要整理实验器具。整理实验台，清理实验废料，清洗仪器并将药品、仪器归位。这些不仅便于下一次的实验准备和更方便开展实验，也有益于实验室的安全。

四、实验评价

实施评价是实验教学研究的重点之一。在中高考越来越重视地理实验考题的背景下，很多研究开始关注实验教学法对教学质量的影响。不少研究通过教育实验的方法发现，采用地理实验教学法的班级的教学质量显著高于普通班（未采用地理实验教学法）。[64]不过，对地理实验教学的评价方法的研究却很少。有研究构建了地理实验学习的三类评价指标体系（演示类，绘制地理模型类，地理考察和地理调查类），并在每一类指标体系下进一步分设二级指标。[65]

（一）评价内容

对于教师演示实验，可以同时评价教师的实验技能和学生的实验观察能力、分析能力。对于学生操作实验，评价重点一般为学生的实验能力。鉴于教师的实验技能是大学教育阶段研究的重点，所以在此我们重点关注后者。

对学生实验能力的评价一般包括实验设计能力、实验操作能力、实验分析能力、实验报告撰写能力等各个方面。实际教学中未必每次都要实施面面俱到的评价，可以只选择一个或几个方面。

考查实验设计能力和实验分析能力，应该将重点放在学生的思维发展层面。鼓励学生的创新思维，可以不给出实验的具体步骤，让学生自主合作探究，但一定要科学严谨地解释实验结果。

考查实验操作能力的重点是操作的规范性。要熟练使用中学地理实验教学基本仪器，知道相关仪器的操作规范，严格遵守实验规范，避免安全风险。例如，能够熟练操作地球仪——地球仪应该自西向东转，而不应该反转。指南针的使用，应该水平放置。天文望远镜使用完毕要盖好镜头盖，观测太阳黑子时，不可直视目镜。气象百叶箱设置必须符合规定高度。

考查实验报告撰写能力，要求实验报告撰写应当符合报告撰写规范、过程记录完整、结果分析准确到位，文字逻辑清晰、语言表达严谨。教师要避免有的学生照抄教材或实验指导手册上的原理、步骤，测测数据，画画曲线，应付了事，应当鼓励学生大胆地提出质疑和实验改进意见。需要注意，实验操作开始之前就需要学生填写实验报告了，实验过程中要随时做好记录，实验操作结束后要及时整理、完成和提交实验报告。

地理实验报告

实验题目					
姓名		班级		组别	
【实验目的】					
【实验原理】					
【实验器材】					
【实验步骤/实验过程/实验现象】					
【实验结果】					
【实验结论】					
【学生自评】					
【教师评价】				成绩	

附页：可粘贴在此

图1-2-1　地理实验报告参考式样

（二）评价方式

实验教学主要有实验报告、纸笔测验和表现性评价等三种评价方式。相较而言，实验报告是对实验设计、实验过程与结果的文字性描述，是一种间接评价方式，难以反映真实的实验过程和学生的实验技能水平。所以实验报告一般只能作为实验成绩评定的一部分，而纸笔测验和表现性评价应用更广。表现性评价关注实验操作的过程，是最能够真实反映学生实验能力的评价方式。然而事实上，受制于评价的人力成本和时间成本，表现性评价常常不得不让位于纸笔测验。

1.纸笔测验

纸笔测验是最传统的测验和评价方式，适合于考查实验的设计原理、方法、步骤和错误原因分析。试题题型可以是客观选择题或主观陈述题，但一般若能结合实验图示最好。下面第1题是一个典型的初中学业水平测试中的客观试题，第2题是一个主观陈述测试题。

第1题　请观察实验图片。用打开的手电筒模拟“太阳”，将地球仪放置在手电筒前方，拨动地球仪，演示地球自转。请问：

（1）关于实验过程，叙述正确的是

A. 摆放地球仪时，北极指向北方

B. 自东向西拨动地球仪

C. 此时，光线直射赤道

D. 灯光能照亮地球的大部分

（2）此实验能较好地演示

A. 昼夜交替　　　　B. 四季变化

C. 五带的形成　　　D. 影子长短的变化

图1-2-2　实验图示

第2题　请设计一个实验，测定操场上某点的东南西北方向。请写出实验用材、实验步骤，并绘制示意简图辅助说明。提示：可以利用日影。[66]（参见本书第五章第二节“某地方向的测定实验”）

纸笔测验成本较低，但难以有效测量学生的实验能力，特别是具体的实验操作能力。其一该回答文字很可能是学生背记的实验方案，但阅卷者无法核实。其二学生回答可能表述详略不一，使阅卷人难以准确评分。如某一题，有的同学回答较详细“模拟地球自西向东自转”，也有的只回答“转动地球仪”而未说明转动方向。阅卷人很难判断哪一位同学能做对这个实验。因此，实验教学评价最好采用表现性评价。

2.表现性评价

表现性评价（performance test）要求被试完成一项任务而不是回答问题，它是对学生更直接的技能测验。[67]音乐、美术、体育和科学、通用技术等课程通常采用这一评价方法，有的语言科目也采用这一方法评价学生的表达能力。地理课程标准提出了许多适合表现性评价的教学建议，例如做一次模拟大气温室效应的小实验、模拟设计某地区交通运输线路和站点的布局方案等。

对地理实验进行表现性评价时，可以参照Linn和Gronlund关于科学实验的评价表来选择具体的评价技术，如评价“程序性知识”宜用纸笔测验，评价“设计实验技巧”宜用产品检核表。[68]

表1-2-1 科学实验运用的表现性评价类型组合

精熟内涵类别	评价实作的实例	评价技术或类型
实验程序知识	叙述相关实验程序 辨识器材及使用方法 鉴定实验瑕疵	纸笔测试 实验辨识测试
设计实验技巧	计划、设计实作实验	产品评价(检核表)
做实验技巧	选取器材 安排布置器材 做实验	表现性评价(评定量表)
观察与记录技巧	叙述使用过程 报告正确测量 组织和记录结果	产品评价(分析报告)
分析结果技巧	辨识重要关系 辨识数据缺点 陈述正确结论	产品评价及口试
工作习惯	有效运用器材 快速完成工作 清理工作场所或操作台	表现性评价(检核表)

资料来源:M. D. Miller,R. Linn&N. E. Gronlund: *Measurement and in Teaching*(10th ed.). Upper Saddle River,NJ:Merrill,2009,p. 284. 转引自李坤崇:《教学评估——多种评价工具的设计及应用》,华东师范大学出版社,2011年,第148页。

采用表现性评价首先要确定评价目标，例如是评价学生的实验设计能力、实验操作能力还是实验分析能力等。其次要确定表现任务，也就是能够评价的事实证据。例如，学生能够按照正确方向转动地球仪，能够正确计算太阳高度角。再者还要制定评分规则，是分类计分求和还是等级判定。例如，学生的操作只是按部就班式模仿，还是要达到熟练操作基础上的灵活运用。最后，教师按照事先确定的量表进行观察评价，评定学生成绩。

表现性评价方式工作量大，耗时费力，更受到实验场地和条件的限制，且评分较为主观，相对纸笔测验缺乏稳定的信效度。有时候，表现性评价也会借鉴指数量表的形式实现简化操作。如以下案例，将给定的器材制作成地球仪模型。参照核查项目对学生的表现进行评价，把“是”或“否”作为评价结果。

表1-2-2 表现性评价核查示例

	核查项目	是(√) 否(×)
1	经纬度标注正确	
2	东西经标注正确	
3	日界线标注正确	
4	零时区标注正确	
5	地轴的倾斜方向正确	
6	地球仪制作精美	

资料来源:罗荣琴:《表现性评价在地理教学中的应用》,载《贵州教育学院学报》2007年第2期。

第三节　地理考察学习的实施

地理学一直有着野外实习、旅行学习的传统。这种传统对中学地理课程及其学习方式也产生着深刻影响。21世纪以来，我国地理课程改革不断提高地理考察学习的重要地位，并将其视为加强地理实验教学和增强地理实践能力的重要路径。2016年12月，教育部等11个部门发布《关于推进中小学生研学旅行的意见》，明确提出加强这一校外教育活动形式，“促进书本知识和生活经验的深度融合”。这为加强中学地理学科特有的考察学习活动提供了良好契机。

一、考察设计

其一，确定考察区域和路线是考察设计工作之首。不同于专业科考活动是依据科考目标决定考察地域，中学地理的考察区域需要兼顾更多因素。首先是与学生学习进程的联系。所选区域不仅要有助于“温故”——验证、理解课堂上所学的知识，解决考察中遇到的地理问题，更要促进“知新”——获得不同于室内课堂学习的新收获，进一步延伸和拓展教科书上的知识，这其中可能既有正例又有反例。其次，区域覆盖要素的多样性。例如地貌类型多样、动植物种类丰富、工农业类型齐全或城镇历史悠久等。如果侧重自然地理，则首选能反映垂直地带性的高山、能溯源而上的河流。如果侧重人文地理，则沿大城镇向乡村一线行进考察为最佳。最后，考察路线的安全性和可行性。例如没有危险的鸟兽蛇虫出没，没有频发的暴洪、滑坡等自然灾害。所需的人力、财力和时间是学校和学生能力范围之内的。如果有条件的话，建议设计野外宿营机会。看似简单的户外住宿，实则对学生的户外生存能力、互助合作能力大有裨益。选线工作可以让学生先自行规划，再由老师指导确定，这样就将选线工作变成了参与式的探究学习过程。

其二，兼顾学生知识、能力与情感态度的协调发展来确立考察目标。传统课堂以学习间接知识、抽象知识为主，而在自然界面对的更多是直接知识，这两类知识的学习方式并不相同，只有将二者有机联系才能真正实现有效学习。此外，考察目标的确立还要结合地理教学特有的学科价值，如在户外实践中提高生存能力、磨炼意志，在田野研究中去思考人地关系、探究区域发展的可持续之路等等。

其三，确定考察步骤。一般依据考察路线确定考察要素的顺序。自然地理要素要考虑地质、地貌、气候、水文、土壤、植物和动物等。人文地理要素常常包括人口、城镇村落、工农业生产、交通等。为了提高考察效率，应该选定几个观察点集中考察某些特定要素。

其四，选择考察方法与学习工具。考察活动主要涉及讲授法、参观法和实验法等三种常用的教学方法。野外考察的讲授更多是讲解和借助实物的讲演，教师需要准备好扩音设备，有效吸引学生的注意力。要应用好参观法，必须提前制定发放学习记录单，方便学生边走边学，及时将观察到的现象书写或绘制在记录单上，否则，很可能走马观花，没有实质性收获。实验法应该以动手观测实验为主。建议教师提前为同学们准备一张实习地图，告知路线、主要观察地点及相应的学习内容。

此外，还要做的就是管理组织和后勤保障工作。带队教师应该先行踩点一次，确定具体观察点和安全工作预案。野外实习的师生比应当按照一位教师对应一个学生大组的比例而定。在坡度大、邻水、狭窄的地区，要增加教师，做好安全监护工作。后勤保障主要是准备好仪器用品、生活用品、通信装备、食物和水，预估经费预算，确定紧急联系方式等等。

上述工作完成后就可以形成考察计划。当然，以上几方面需要共同考虑，统筹决定，绝对不可偏重一方。

二、考察过程

考察实施阶段，主要做好以下几项工作。

第一，引导观察。地理野外考察的对象往往看似平常，实则蕴藏着沧海桑田变迁的宏大道理，隐藏着人类生存发展的内在规律。若无有经验的专业人士做向导，一般人大多“走过、看过，仍然一无所获”。因此，野外考察中地理教师一定要做好观察的指导工作。一是用眼睛多看、细看，寻找所观察地理现象的主要特征，与课堂上看到的有哪些相同点，有什么不同点。例如有时候还要用放大镜、便携式显微镜近距离观察，用地质锤敲击岩石，观察内部结构。二是多感官参与观察。在确认安全且无毒无害的前提下，鼓励学生通过触摸、挤压、捏揉和鼻嗅、嘴尝（植物叶、果）等多种方式感受地理事物。三是要善问。遇到疑惑先自己猜想可能是什么，可能的形成过程和原因是怎样的，然后再与同学和老师讨论。不要不经思考的“一看就问”和信口胡“问”。

第二，做好记录。一方面要做好书面记录。准确记录观察时间、地点，学会野外工作常用的速记方法。不便用文字记录的，尽量尝试先画出草图，难以绘制的可以先拍照记录再带回去整理。绘制草图的方式比看照片更能帮助学生认识、理解、提炼地理事物的特征。另一方面要做好标本采集。收集标本既是带回去深入学习的需要，也是培养学生地理学习兴趣的重要手段。收集标本时要用专门工具，如标本盒、标本夹等，要同步装入标本采集标签。禁止采集珍稀动植物、矿物标本，更不能在保护区未经同意采集标本。

第三，培养技能。一是使用工具的技能。如何用罗盘、地质锤、GPS等，在实践中去操作学习远远胜过课堂上简单的说教模拟。二是野外生存技能和求救本领。荒野求生看似离我们很远，但实际上却是每个人都应该了解的基本生存法则。例如在河谷地带遇到山洪，应该向哪个方向逃生？迷路时如何辨别方向并确定自己的位置？如何制造和发出求救信号？三是合作学习能力。要通过教师引导，让学生认识到明确分工、各司其职、相互配合是野外工作取得成功的关键，“合作共赢”更是人类社会组成的重要基石。四是问题解决能力。实践出真知，真知再指引新的实践活动。考察现场是提出问题并鼓励学生学以致用、设计解决方案和进行验证的最佳场所。

三、考察总结

考察结束或回到学校后，应该尽快进行总结。一般包括整理标本、观测数据、文字记录、归类仪器设备、撰写考察报告和感想体会。中学生的考察报告要适当简短，重点说明观察到的现象和事物，以及由此得出的结论。写感想不仅是教师实施情感态度评价的重要依据，更是促进学生的自我反思与成长的有效路径。

考察总结的另一个重点是分享学习。应该组织分享汇报会，请同学们汇报自己的考察报告，考察感受，以期彼此互相启发，共同成长。将考察结果做成海报、展板或网页在校内外分享展示，也是促进学生学习自豪感和集体荣誉感的好办法。

此外，教师也需要对活动设计、教学效果和自身的指导工作进行反思评价。

第三章　地理实验教学环境

有的地理实验教学可以在课堂同步进行，但更多的地理实验只有在专门的实验教学环境中才能取得良好的教学效果。近年来，随着地理教学改革步伐的加快和基础教育投资的加大，我国许多地方的学校都兴建了一批地理实验室、地理教学专用教室或地理园，为地理教学提供了优越的实践平台。

一、普通教室

中学普通教室大多以秧田式布局为主，一般适合大部分的教师演示实验和学生自行操作的简单实验。由于教室空间的限制，教师演示实验要特别留意后排同学的参与机会，还要避免地理实验占用过多时间，影响课堂教学任务。此外，仪器设备应该方便携带和挪动，确保没有安全隐患。对于教室内的学生操作实验，需要重点考虑课堂组织和管理问题。一般不要用太多仪器设备，能以学生手头现有的纸、笔、书等工具完成最好，有的时候也可以发放乒乓球、橡皮泥或地球仪等简单物品。大部分的绘图实验适宜在普通教室内进行。

二、地理专用教室

目前，地理专用教室有两种，一种是泛指各种专门用于地理教学活动的教室，并无特定的技术规范或要求标准。这类教室也常被称为地理教室、地理实验室、地理演示室、多媒体地理专用教室等等。此类教室的环境布置和设施差异通常很大。有的仅仅是在普通教室的基础上增加了地理元素的装饰，有的看起来更像是一间地图、地理模型和地理标本的展室，还有个别地方建成了融合GIS等技术的现代化实验室。另一类是特指一些企业开发建设的地理专用教室，由于采用了数字星球系统等大量电子设备，因此也被称为“数字化地理专用教室”。它是一种全新的地理教学设施，是数字化校园建设的重点之一。“数字化地理专用教室”便于教师将信息技术与传统课堂教学相整合，方便学生熟悉、接触与操作常规地理教学模型和仪器，有利于开展各类室内地理实验教学活动。数字星球系统采用三维球面成像可视化技术，整合了平面与立体、静态与动态的地理教学资源，实现了三维可视化教学。

当前大多数的地理教室的环境设置较为相似。一般多以自然色调进行环境色彩设计。最常见的布局是以蓝色或蓝白色调布置屋顶（蓝天或星空），以黄色、绿色、黑色或深蓝色为桌椅色调，四周墙壁以白色调为主，张贴或悬挂各种地理挂图。功能分区也较为相近。一般分为教学演示区、学生活动区、资源陈列区和成果展示区。侧重地理实验功能的地理教室还应有专用的实验准备室或准备区。有的地理教室功能分区较多。如上海格致中学的“数字化地理专用教室”有8个功能分区，分别为教学演示区、学生成果展示区、学生阅览区、听课区、学生活动区、教学陈列区、地理信息展示区、教学管理备课区。[69]

表 1-3-1　常见数字化地理专用教室的布局、设施与功能

教室布局	设施设备	承担功能
教室前方	地理组合台演示柜,其中包含地图、光电演示仪、磁性书写白板、地球仪、月相仪,同时配合教室专用的讲台、投影屏幕以及控制台等。	主要的目的是满足教师教学的需要,可以控制教室室内的仪器设备
教室中部	学生桌椅、板凳	承担课堂教学的核心功能
后部	天体运动演示专用仪器,如飞碟式三球仪等	学生探究学习和实验观察的活动区,也可烘托整个教室的地理氛围
有窗一面	地理专用模型以及其他小型演示模型等,如地貌模型、地质构造模型,模型也可以储藏于窗前的储物柜中	主要是为了讲述典型的地貌特征、地貌类型以及地质构造的相关知识
另一侧	大型中国地形模型、世界地形模型,语音立体地图	直观呈现中国和世界的地形地貌特征
顶部	光电星象仪和太阳系模型等天文演示仪器和模型,蓝色星空背景	用于天文内容的演示和教学

表格根据以下资料整理而成:(1)崔海玉:《综合型地理专用教室构建中的几个关系》,载《中国教育技术装备》2006 年第 4 期,第 47-49 页。(2)数字化地理专用教室介绍 http://www.chinaedustar.com/page/to_news.do?newsId=795&navId=16

地理专用教室必须配备专门的安全防护设施。学生个人保护设施主要有口罩、护目镜、橡胶手套、围裙等。实验室安全设施主要有冲洗设备、通风设施、消防设备等。

三、地理园

地理园是指在教室以外，利用户外的自然环境建立地理学习场所。对自然地理来说，其“研究对象是人类赖以生存的地表环境，大自然是自然地理学最好的最直接的实验室”。[70]各类地理学习场所都可以称为地理园，如气象站、天文台、小型植物园等等。不过，中学地理教育所说的地理园一般专指中小学校园内用于地理课程教学和实践的特定场所。一般放置有天文、气象、土壤等观测仪器（如百叶箱、风向风速仪、雨量筒、蒸发器、日晷等）和各种地理模型。

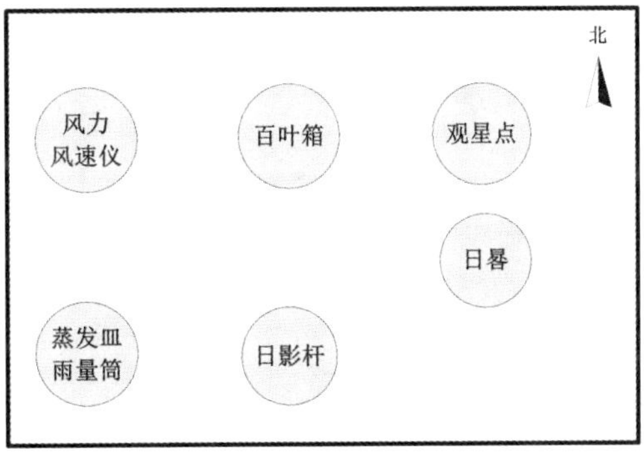

图 1-3-1　简易地理园示意图

较之地理专用教室，地理园具有很多优势。一是课程资源开放性，可以允许同学们随时自由学习。二是空间优势突出，可以陈列更多地理模型或开展地理观测实验。三是更接近真实的自然环境，可以有效利用太阳、月亮、北极星、风等真实地理事物。四是便于固定的地理观测实验，例如定点观测太阳高度角、风速、风向、土壤和动植物等。定期观察一个特定地点的变化，能使低年级学生意识到地球在不断变化并且有一定规律。[71]五是安全性较高，如室内做火山喷发模拟实验会产生呛人气味，甚至危害同学健康，但在室外做实验会减轻危害。此外，地理园还具有美化校园环境的功能。但要注意，地理园中露天陈列的模型和仪器设备长期经受风吹雨淋可能容易受损，要对其进行保护和定期维修。

当前一些学校的地理园建设出现了偏差。一是将地理园建成为单一的地理模型陈列和展示场所，忽略了开展实验研究的功能。二是过多强化了地理教学的预设性，而忽视了地理教学的生成性。如陈列设施很多，但学生可以动手操作、体验的设施很少。事实上，地理园里可以开展许多类型的地理实验。比如测量太阳高度角的实验是在一天之内完成的。如果在固定的地理园中，也可以放在一学期或一学年的时间范围内进行观测，让学生通过比较学习体会太阳的回归运动。

当前，我国的地理实验教学与发达国家或地区相比仍存在较大差距，特别是课程理念、政策要求和教科书编制等方面。实验教学对提升学生学习地理的兴趣，对转变地理教学方式具有不可忽视的重要价值。希望地理教学研究者和广大地理教师更好地互动合作，在今后进行积极的理论探索与实践耕耘，生长出地理实验教学研究的丰硕果实。

第四章 地理实验教学工具

教具（teaching aids）是教学过程中可借以辅助教学活动的用具。传统教具有教科书、标本、模型、图表等，现代化教具有电影、电视、投影、录音、录像、计算机等设备。在此，我们主要讨论除了黑白板、投影设备、教科书、配套用书等之外的辅助地理实验教学活动的专门工具。

从制作来源看，这些教具可归为自制教具和标准化教具。早期学校教育规模较小，教具只能依靠教师个人开发。现代学校教育体制确立后，自制教具明显难以满足大量学校的规模化需求，标准化生产教具成为必然选择。目前，由工厂依据政府或行业质量标准批量生产的教具，其科学性、规范性较好，占据着市场主流。根据教育部发布的《教学仪器设备产品一般质量要求》（标准编号：JY 0001—2003）[72]，地理实验涉及的标准化生产教具主要有以下五类。

(1)教学仪器设备(teaching instrument and equipment),主要指在教学中使用的器具和装置,如地球仪。

(2)演示实验仪器(demonstrating instrument),主要由教师操作示范演示指导学生观察的教学仪器,如数字星球系统。

(3)学生实验仪器(hands on instrument by students),主要由学生操作进行实验的教学仪器。

(4)模型(models),用人工方法制作的模拟自然界某种(类)物体和物质的形态、结构或运动规律的教学仪器。模型产品应重点突出、轮廓正确、比例适当、自然逼真、结构简明,有利于对实物的理解。在形态、色泽、体态、质感各方面应逼真。应着色正确、鲜明、协调,勾画线条有方向趋势,不应溢出界外,在正常使用保管条件下,无显著褪色。

(5)标本(samples),将自然界中的实物,按一定的要求进行加工处理,以便观察和长期保存的教学仪器。岩石和矿物标本要取材典型、特征明显、大小适当,标注齐全、完整、正确。生物化石、海洋生物、昆虫分类、植物腊叶标本要注明采集地。

根据《教学仪器和教学设备产品型号命名方法》(标准代号:JY 0026—1991),地理课程(天文地理学)涉及的实验仪器代号为A,具体有专用仪器(A)、模型(AM)、标本(AB)。如JY 104—82,意为依据1982年教育部颁布的第104号标准生产的教具。规范的教学仪器的使用说明一般应包括产品名称、型号和规格,执行标准代号和名称,生产厂名称、电话、邮政编码和详细地址等。

根据这些标准化教具在教学中的具体功能，我们将其简单概括为三类。一是实物教具，如各种动植物、矿物标本。这类教具来自于自然界的真实物体，具有真实、直观的突出特点。二是模型，如地球仪、三球仪、水循环演示板等。它们是对真实事物或地理知识抽象概括后的替代物品，是地理学习的间接工具。模型只是改变了原来物体的形状、材质、大小比例等非本质特点，放大、透视或凸显了与教学直接相关的特征。三是教学活动必需的操作性工具，如实物类的望远镜、指南针、GPS，虚拟类的GIS相关软件等。前两类教具不仅可以辅助教学，而且它们自身也是重要的课程内容。第三类教具自身并非教学内容，但会使用这些工具却是完成地理实验的重要条件。

第一节　标准化地理教具

一、实物教具

1.岩石、矿物、化石标本

中学常用的岩石标本套装一般包括岩浆岩类（如花岗岩、玄武岩）、沉积岩类（如砂岩、页岩、砾岩、石灰岩）和变质岩类（如大理石、汉白玉、板岩、片麻岩）。常用的矿物标本套装一般包括石膏、石英、长石、云母、煤、磁铁矿、黄铜矿、石墨、孔雀石等二十余种矿物。化石标本一般多为重塑的模型。

有关标本的具体信息还可以查询“国家岩矿化石标本资源共享平台”（http://www.nimrf.net.cn）。该平台是由中国地质大学（北京）、中国地质博物馆、中国科学院古脊椎动物与古人类研究所、中国科学院南京地质古生物研究所、中国地质科学院矿产资源研究所、中国地质大学（武汉）、吉林大学等七家单位联合成立的地学领域岩矿化石数据中心。资源平台收藏了13.3万余件具有科学价值的岩矿化石标本资源。网站可以查询到标本信息、古生物化石群专题、典型矿床专题、珠宝玉石特色专题、地学专题、相关视频，还有在线的系统矿物学查询系统和全球各国及地区的岩矿化石标本资源网链接。

该平台的姊妹网站“中国数字植物标本馆”（http://www.cvh.ac.cn/）、“国家动物标本资源平台”（http://www.nzmc.org/）也有许多资源值得地理老师关注。

2.土壤标本

我国的土壤资源丰富，类型众多。中学阶段一般只选取一些典型的，易识别的土壤标本。如红壤（南方丘陵）、紫色土（四川盆地）、水稻土（江南水乡）、黄棕壤（分布广泛）、黄土（西北黄土高原）和黑土（东北平原）等。

二、模型教具

地球仪。地理课程最重要、最基本的模型教具。由底座、球体和地轴构成。相比平面地图而言，地球仪没有长度、形状和面积的变形，是最接近真实地球的地理模型。目前新型的磁悬浮地球仪取消了地轴，增加了自动旋转功能，更接近宇宙中的地球运动形式。

三球仪。由三个分别代表太阳、月亮和地球的小球组成，三球之间用机械齿轮连接带动。地球、月亮在自转同时进行公转。三球仪可以直观形象地演示地、月、日之间的运动关系，说明日食、月食、昼夜交替、四季更替等地理知识。三球仪的运行要求光线较暗的环境，手动操作过程一定注意运动方向是自西向东，防止反向。

天球仪。人们将看到的球形天空假想为一个以地心为球心，以任意远为半径的球体[73]，据此制作的模型即天球仪。天球仪便于表述各种天体的坐标和演示、计算一些天文问题。因为选择了不同的天球坐标系和不同的制作方法，所以市面上的天球仪类型较多。目前中学使用较多的是透明塑料球体的天球仪，塑料上标明了天极、子午圈、地平圈、星座和星云等。对于不同的观测目的，使用者还要先做出纬度、方位和时间的校正。

三、操作性教具

大部分地理实验所需的操作工具都已经实现了自动化操作。但对于中学阶段的学习而言，让学生通过传统的机械仪器了解其工作原理，更有助于学生的知识建构和思维发展。对于部分软件，只要会用即可，并不需要了解其开发过程。以下简要介绍一些常用的操作性教具。

天文望远镜。包括折射式、反射式和折反射式等三种类型，其价格、性能和操作方法差异很大。此处不做详细介绍。使用天文望远镜时可以借助如下软件获取天体的位置信息。“天文望远镜移动天文台”（Mobile Observatory，http://www.zima.co/）是一款适用于手机的天文观测的辅助软件。它提供了大量天文信息，还可以模拟观测太阳系、各大行星和整个星空。相似的软件还有Star Walk，Redshift，星图（Star Chart），stellarium mobile和Google Sky Map。

指南针和GPS。指南针是地理学的传统工具，使用简单，但要注意磁偏角的问题。GPS接收器已经被广泛应用在手机和各种导航服务上。GPS可以获得所在地点的经纬度、海拔等基本信息。

地质锤是野外地理考察的基本工具，用来敲击、破碎、清理岩石。一般是锤柄一体，一端呈长方形或正方形，另一端根据用途不同呈尖嘴或平嘴（楔形）。平嘴设计用来清理岩石表面，或者沿岩石分层的方向劈开岩石。尖头多用来劈裂较坚硬的岩石。

气象观测工具，包括百叶箱、气压计、风向风速仪、雨量器和蒸发器等。百叶箱用来观测空气的温度和湿度，安装在距地面1.25米高处，其内置的温度计和湿度计的感应部分（球部中心）距地面1.5米。百叶箱的门开在箱体北侧，一般可以直接读取温度和湿度数值。湿度计、气压表和气压计的工作原理略显复杂[74]，建议中学地理实验一般直接读取自动化仪器的数值即可。风向风速仪工作原理简单，制作也相对容易。风向标一般由头部、水平杆和尾翼组成，其重心应当落在支撑的转动轴上。风速仪类似一个小风车，可以根据转速来判断风速大小。标准的气象站要求风向风速仪架设在10米以上高处。在校园内为了便于观测，一般架设在3米左右，周边无遮挡的高处即可。雨量器是测降水量的专用工具，由一个漏斗、一个储水瓶和一个外套筒组成。储水瓶中的水要转移到量杯中测量。蒸发器是计算蒸发量的工具，通常是一个口径20厘米、高约10厘米的金属圆盘，外侧有铁丝罩。这两个仪器相对简单，教师可以引导学生模仿制作。

第二节　自制地理教具

早期提出自制教具主要是为了解决教学难点。夸美纽斯鼓励采用可见的实物教学并提出了直观性原则，他在《大教学论》中谈到科学的教法时指出：“假如事物本身不能得到……我们可以制造范本或模型以为教学之用。”[75]后来，蒙台梭利开发的教具深刻影响了20世纪的儿童教育。民国时期，我国已有学者编制了教具开发的指导书，其中更有用乒乓球和铁丝制作“太阳系说明器”的案例。[76]中华人民共和国成立之后的较长时期内，教育人士都曾大力提倡自制教具，主要是为了缓和当时教学仪器的短缺，仿制课堂演示用的仪器。[77]现在能查询到的有陆漱芬编著的《地理教学设备及教具制造》[78]和江苏进修学院编的《地理教具介绍》。后者呈现了24种地理教具制作方法和7种挂图绘制方法。[79]同期，我国还引进了苏联学者斯卡斯聂夫主编的《中学地理教学经验》[80]，该书也介绍了许多地理实验和教具制作经验，一些教具设计至今仍然经典实用。21世纪以来，随着教育条件的大幅改善，通用教具基本满足了日常教学需要，自制教具开始不受重视。当前阶段，学生学习的个性化需求日益受到重视，不同学生面对的学习难点存在差异，这是统一的教材、教具难以全部满足的。因此，自制教具以其贴近教学直接需要的优势再次受到重视。

自制教具一般由教师手工制作，取材易得，功能简单，使用便捷，并不过分追求精确测量和坚固耐用。也有的教师改进通用的标准化教具，增添功能，转而成为工厂标准化仪器的来源。最常见的自制教具的材料是泥和纸。用泥土或石膏加适量水搅拌即可塑造各种地理模型。小型的泥塑模型可以直接用橡皮泥。将废旧报纸浸泡水中，捣碎捞出，加入少量胶水也可方便地堆塑各种模型。待模型风干后，粘贴注记，用毛笔或刷子涂抹水彩颜料即可。

如果由学生来制作完成这些教具并应用于学习过程，可以称此为学具。学具是一种特殊的教具，能够有效激发学生的学习动机，培养学生的动手能力。例如，读图辨别方位是初中地理教学的难点，但一位教师带领学生当堂自制一个辨别方位的小教具，在突破教学难点的同时，也很好地调动了学生的兴趣。将十字图标的中心套在甲地上空，就可以直接读出乙地在甲的哪个方位了。

自制教具存在的明显不足在于，其设计制作由教师或学生个人完成，没有经过专业人士检验，那么它是否符合科学原理？是否有助于解决教学中的难点？是否提高了教学质量？这些都需要进行具体评价。此外，自制教具的使用寿命也是一大不足。

第一部分注释

［1］［捷克］夸美纽斯：《大教学论》，傅任敢译，教育科学出版社，1999年，第143页。
［2］吴式颖：《外国教育史教程》，人民教育出版社，1999年，第307页。
［3］杜威：《民主主义与教育》，王承绪译，人民教育出版社，2001年，第228页。
［4］周仕东、郑长龙：《STS问题解决中的科学探究与技术设计》，载《课程·教材·教法》2005年第5期。
［5］秦福来：《STS教育在高中地理课程中的体现与实践》，载《地理教学》2015年第1期。
［6］唐小为、王唯真：《整合STEM发展我国基础科学教育的有效路径分析》，载《教育研究》2014年第9期。
［7］王悠然：《美学者建议中小学添加艺术课程》，载《中国社会科学报》2015年6月3日。
［8］李协京：《韩国STEAM教育：整合培养科技创新力》，载《中国教育报》2015年6月3日。
［9］毕超：《中英两国地理教学大纲的比较研究》，载《北京教育学院学报》1995年第2期。
［10］注：美国的地理课程标准是由National Council for Geographic Education（简称NCGE，一个非营利组织）开发的。
［11］王英、王民：《从1989～2000年美国地理杂志文章看美国地理教学方法的侧重》，载《学科教育》2003年第10期。
［12］［美］F.赫斯等：《地理：地质学、环境与宇宙》（上册），许珺等译，浙江教育出版社，2008年。
［13］陈澄、樊杰：《全日制义务教育地理课程标准解读》，湖北教育出版社，2003年，第32页。
［14］张超、段玉山：《地理教育展望》，华东师范大学出版社，2002年，第49页。
［15］李曼：《新编日本地理教材特点及主要内容》，载《地理教学》2004年第6期。
［16］璩鑫圭、唐良炎：《中国近代教育史资料汇编·学制演变》，上海教育出版社，1991年，第296页。
［17］课程教材研究所：《20世纪中国中小学课程标准·教学大纲汇编：地理卷》，人民教育出版社，2001年，第52页。
［18］课程教材研究所：《20世纪中国中小学课程标准·教学大纲汇编：地理卷》，人民教育出版社，2001年，第92页。
［19］参见庄尧年等：《对于初级中学地理科之意见》，转引自杨尧：《中国近现代中小学

地理教育史》，陕西人民教育出版社，1991年，第66页。
[20] 课程教材研究所：《新中国中小学教材建设史1949—2000研究丛书：地理卷》，人民教育出版社，2010年，第21-22页。
[21] 课程教材研究所：《新中国中小学教材建设史1949—2000研究丛书：地理卷》，人民教育出版社，2010年，第109页。
[22] 课程教材研究所：《新中国中小学教材建设史1949—2000研究丛书：地理卷》，人民教育出版社，2010年，第154页。
[23] 王悠然：《美学者建议中小学添加艺术课程》，载《中国社会科学报》2015年6月3日。
[24] 教育部：《普通高中地理课程标准（实验）》，人民教育出版社，2003年。
[25] 教育部：《义务教育地理课程标准》，北京师范大学出版社，2011年。
[26] 徐宝芳、张卫青：《中学地理实验教学研究》，陕西师范大学出版总社有限公司，2010年，第3页。
[27]《辞海》（第六版彩图本），上海辞书出版社，2009年，第2061页。
[28] 宗淑萍：《“实验”与“试验”辨析》，载《编辑学报》2009年第5期。
[29] 萨拉·L. 霍洛韦、斯蒂芬·P. 赖斯、吉尔·瓦伦丁：《当代地理学要义：概念、思维与方法》，商务印书馆，2008年，第31页。
[30] 马蔼乃：《论地理科学的发展》，载《北京大学学报》（自然科学版），1996年第1期。
[31] 夏志芳：《地理实验与学生智力发展》，载《课程·教材·教法》，1987年第2期，第47-49页。
[32] 徐宝芳、张卫青：《中学地理实验教学研究》，陕西师范大学出版总社有限公司，2010年，第12-16页。
[33] 刘舒生：《教学法大全》，经济日报出版社，1993年，第117页。
[34] 李秉德、李定仁：《教学论》，人民教育出版社，2001年，第195页。
[35] 曹琦：《中学百科全书：地理卷》，东北师范大学出版社，1994年，第6页。
[36] 陈澄：《新编地理教学论》，华东师范大学出版社，2006年，第90页。
[37] 曹琦：《中学百科全书：地理卷》，东北师范大学出版社，1994年，第6页。
[38] 袁书琪：《地理教育学》，高等教育出版社，2001年，第172-178页。
[39] 在虚拟实验平台，学生可以学习实验原理、实验步骤、实验注意事项等，也可以仿真操作实验，系统将根据操作给予即时评价。
[40] 夏志芳：《地理实验与学生智力发展》，载《课程·教材·教法》1987年第2期，第47-49页。
[41] 段玉山：《地理新课程教学方法》，高等教育出版社，2003年，第43-46页。
[42] 张卫青、徐宝芳：《中学地理实验类型与内容设计》，载《内蒙古师范大学学报》

（教育科学版），2005年第10期，第103-106页。

［43］徐宝芳、张卫青：《中学地理实验教学研究》，陕西师范大学出版总社有限公司，2010年，第34页。

［44］夏志芳：《地理实验与学生智力发展》，载《课程·教材·教法》1987年第2期，第47-49页。

［45］朱雪梅、吴敏：《从新课程标准谈地理实验教学》，载《中学地理教学参考》2005年第7-8期，第19-20页。

［46］王建梅：《让学生从实验中体会对生活有用的地理》，载《地理教育》2011年第9期，第8-9页

［47］徐宝芳、史利杰：《中学地理实验与实习教育功能研究》，载《内蒙古师范大学学报》（教育科学版），2005年第10期，第101-102页。

［48］林崇德：《发展心理学》，人民教育出版社，1995年，第381页。

［49］魏冰：《“科学素养”探析》，载《比较教育研究》2000年增刊，第105-108页。

［50］［伊朗］S. 拉塞克等：《从现在到2000年教育内容发展的全球展望》，马胜利等译，教育科学出版社，1996年，第85、154页。

［51］艾尔·巴比：《社会科学研究方法》，邱泽奇译，华夏出版社，2009年，第12页。

［52］尹传红：《“门外汉”魏格纳》，载《中国科学报》2014年8月8日，第18版。

［53］此段话均引自李醒东、赞科夫：《论差生和差生教育》，载《外国教育研究》1997年第5期，引用时略作修改。

［54］杜威：《我们如何思维》，伍中友译，新华出版社，2010年，第27页。

［55］范曾：《科学家的好奇心》，载《学习时报》2008年1月21日。

［56］《应有真正的格物致知精神——国际著名科学家、诺贝尔物理奖获得者丁肇中的讲话》（摘要），载《瞭望》1991年第44期，第20-21页。

［57］魏冰：《中学理科课程中实验教学的若干问题探析》，载《全球教育展望》2010年第9卷第7期，第78-82页。

［58］黄锦春：《地理实验教学原则刍议》，载《中学地理教学参考》2010年第12期，第33-34页。

［59］雷鸣：《实验法在高中地理教学中的应用》，载《地理教育》2001年第3期，第22页。

［60］肖艳：《比较视角下高中地理实验教学有效性研究》，载《地理教育》2010年第11期，第6-7页。

［61］朱学尧：《试论高中地理实验教学的优化策略》，载《地理教学》2008年第8期，第37-44。

［62］《应有真正的格物致知精神——国际著名科学家、诺贝尔物理奖获得者丁肇中的讲话》（摘要），载《瞭望》1991年第44期。

[63] 雷鸣:《精选实验内容彰显实验教学价值》,载《中学地理教学参考》2010年第3期,第8-9页。

[64] 此类实证论文较多,可参见金姝兰、金威:《地理实验对中学地理教学影响的实验研究》,载《广西教育学院学报》2004年第6期,第84-87页。史利杰:《中学地理实验教学内容与教学模式研究》,内蒙古师范大学硕士学位论文,2007年。姜乔:《高中地理实验教学资源开发与利用的实验研究》,东北师范大学硕士学位论文,2009年。周琛:《初中地理模拟实验内容及实施策略研究》,内蒙古师范大学硕士学位论文,2010年。费月:《高中地理实验教学研究》,东北师范大学硕士学位论文,2011年。

[65] 孙俊梅:《高中地理实验学习评价指标体系构建》,内蒙古师范大学硕士学位论文,2008年,第1-22页。

[66] 马莉莉:《地理实验试题的命题意图、解析与训练》,载《地理教学》2006年第12期。

[67] [美] 吉尔伯特・萨克斯:《教育和心理的测量与评价原理》,江苏教育出版社,2011年,第24页。

[68] 李坤崇:《教学评估——多种评价工具的设计及应用》,华东师范大学出版社,2011年,第148页。

[69] 段玉山:《信息技术辅助地理教学》,高等教育出版社,2003年,第30-32页。

[70] 王建:《现代自然地理学实习教程》,高等教育出版社,2006年,第1页。

[71] [美国] 米歇尔・本特利、克里斯汀・艾伯特、爱德华・艾伯特:《科学的探索者:小学与中学科学教育新取向》,洪秀敏译,北京师范大学出版社,2008年。

[72] 教学仪器标准化技术委员会:《教学仪器设备产品一般质量要求》(JY 0001—2003)。

[73] 金祖孟:《地球概论》,高等教育出版社,2012年,第6-7页。

[74] 水银气压计的原理很简单,空盒气压计的使用要求较多,通常还需要校正后使用。国内物理课程介绍较多,一些国外的中学地球科学读本会介绍其原理。参见Frederick K. Lutgens、Edward J. Tarbuck、Dennis G. Tasa著:《观念地球科学4・天气天文》,范贤娟、黄静雅译,远见天下文化出版股份有限公司,2012年,第10-11页。

[75] [捷克] 夸美纽斯:《大教学论》,傅任敢译,人民教育出版社,1957年,第153页。

[76] 王国元:《小学各科教具自制法》,商务印书馆,1948年,第10页。

[77] 王久海、石春胜:《坚持自制教具促进物理教学改革》,载《学科教育》2000年第3期。

[78] 陆漱芬:《地理教学设备及教具制造》,上海地图出版社,1954年。

[79] 江苏教师进修学院:《地理教具介绍》,江苏人民出版社,1957年。

[80] [苏联] 斯卡斯聂夫:《中学地理教学经验》,人民教育出版社,1956年。

第二部分

地理实验设计

这一部分介绍了55个自然地理实验和8个人文地理实验。分别为绘图类实验、日地月三球实验、气象气候实验、水文实验、地质地貌实验、生物和土壤实验、环境问题实验、区域分析与规划实验，以及人文地理相关的调查。对于相似的实验和可能的实验变式，在实验设计下的注意事项里做了拓展介绍。实验设计的表述格式为实验原理与目标、实验器材、实验步骤、实验分析、实验结论与应用、注意事项、参考文献。

第五章　自然地理实验

第一节　绘图类实验

实验1　绘制地球的圈层结构图

一、实验目标

1.说明地球的内部圈层结构。

2.举例说明地球的外部圈层，直观展示其与地球内部圈层结构的位置关系。

二、实验器材

白纸（A4纸）、彩笔、直尺、圆规。

三、实验步骤

1.将A4白纸对折两次找出纸张的中心，以该中心为圆心，分别以9.4cm、6.4cm、6.3cm、6.2cm、6cm、3.4cm为半径画出6个3/4的圆弧，余下的1/4圆为空白，用来写文字注记。

2.用下列颜色分别填充相应区域，具体数值范围如下。

表2-5-1　地球圈层结构图的长度范围

<table>
<tr><td>名称</td><td>地核</td><td colspan="2">地幔</td><td>地壳</td><td>水圈、生物圈</td><td>大气圈</td></tr>
<tr><td>绘图
数值范围</td><td>0～3.4cm</td><td>3.4～6.3cm</td><td>软流层
6～6.3cm</td><td colspan="2">6.3～6.4cm</td><td>6.4～9.4cm</td></tr>
<tr><td>颜色</td><td>红</td><td colspan="2">黄</td><td colspan="2">棕色、深蓝色、绿色</td><td>淡蓝色</td></tr>
</table>

3.用黑色粗笔描出莫霍界面和古登堡界面。莫霍界面约在6.3cm，古登堡界面在3.4cm。

4.地壳、水圈、生物圈可用一条棕、蓝、绿点交错的虚线表示，岩石圈（地壳和软流层之上的上地幔）只用文字注明即可。

5.标出各圈层的实际深度数值和文字，做出图例，完成该图的绘制。

四、实验分析

1.根据绘图结果描述地球的内外部圈层结构。

2.划分地壳、地幔和地核的依据是什么?

五、结论与应用

结论：

地球的圈层结构包括内部圈层和外部圈层。根据地震波在地下不同深度传播速度的变化，一般将地球内部分为三个圈层：地核、地幔和地壳。地壳与地幔以莫霍面为界，地幔与地核之间以古登堡面为界。地核最厚，地壳最薄（其平均厚度为17km）。外部圈层则包括相互影响的大气圈、水圈和生物圈。

应用：

该实验适用高中地理“地球的圈层结构”相关内容的教学。

六、注意事项

1.该实验为学生操作实验。

2.地球的圈层结构图看似简单，但绘图过程容易出错，不仅要掌握各个圈层之次序，更要把握好其比例。也可另选其他大小的纸张，按此比例重新确定绘图尺度。

实验2　绘制风向玫瑰图

一、实验目标

1.学会绘制风向玫瑰图。

2.举例说明风向玫瑰图表达的当地盛行风向信息。

二、实验器材

白纸（A4纸）、铅笔、红笔、直尺、量角器、圆规。

三、实验步骤

1.打开天气网（www.tianqi.com）的历史天气栏目，输入地名。查询当地某年各月份的风向统计数据，并统计出全年各个方位风向（分8个方位）的次数，填入表2-5-2。

表2-5-2　风向统计表

风向 / 次数 / 月份	北	东北	东	东南	南	西南	西	西北
1								
2								
3								
4								
……								
12								
总计								
风向频率								

注：总计为每个风向12个月次数的总和。各个风向的次数应当包括静风发生次数（此处未列入统计表），故当年累计总次数（风向的总观测次数）平年应为365次，闰年为366次。

2.根据所得数据计算出当地当年的风向频率，填入表2-5-2。

风向频率=该风向出现的次数／风向的总观测次数×100%

3.在白纸中间稍下方确定原点，画出风向坐标轴，标出东西南北方向。再利用量角器，每隔45°画出东北、东南、西南和西北四条坐标线并标注方向。

4.在8条坐标线上以1cm为间距，分别标记出五个点，用圆规连接相等值的点（如图2-5-1）。即以圆心为零点，一个间距代表20%，最大为100%。

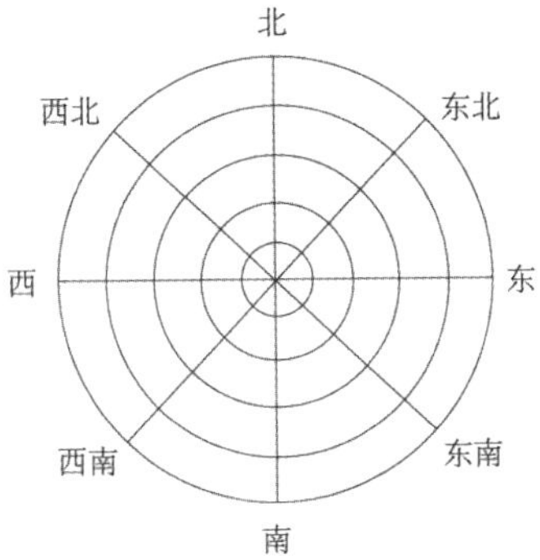

图2-5-1　风向玫瑰图底图

5.在图中的相应位置上依次标注各个风向的频率，用红笔将八个点以直线连接，即得到了当地当年的风向玫瑰图。

四、实验分析

1.结合生活中的观察，预测绘制出的图中盛行风向是什么？

2.结合当地污染企业的布局，试分析其布局是否合理？

五、结论与应用

结论：

1.该实验没有固定结论，绘制完成后方可得出具体结论。

2.在给定的时间段，出现频率最多的风向即盛行风向。

应用：

1.该实验适用于高中地理“产业区位选择”和“城乡布局和规划”等的相关内容。

2.该实验结果可应用于当地城市规划和建筑布局。也可进一步学习绘制风速玫瑰图。

六、注意事项

1.该实验为学生操作实验。

2.可以查找更精确的数据来源（中国气象数据网），绘制出16个方位的风向玫瑰图。

七、参考文献

[1] 王建庄，余秀娟.风向玫瑰图的精确绘制［J］.广东气象，2010（5）.

[2] 段红梅，匡方毅，等.用Excel雷达图制作多彩色风玫瑰图的实用技巧［J］.安徽农业科学，2012，40（1）.

实验3 绘制等高线地形图

一、实验原理与实验目标

实验原理：

将地面高程相等点的连线投影到平面上，并按照一定比例缩小即可绘制成等高线图。在实际测绘操作中，常常生成多个不同高度的虚拟水平面，用此平面与实际地形的交线来生成等高线地形图。

实验目标：

1.说出等高线的绘制过程。

2.将地图与实际景观进行空间的转换，建立起空间立体感。

二、实验器材

1张塑料片、500g黏土、1个两侧标有刻度的有盖透明盒子、1支激光定位笔（或记号笔）、1L水、1个500mL手持量杯、食用色素（蓝）。

三、实验步骤

1.用黏土捏成包含山顶、山脊（含陡坡、缓坡）、山谷、鞍部、陡崖等地形的山地模型。

2.将完成的模型置于盒内，盖上盒盖，并将塑料片放在盒盖上。

3.保持激光定位笔垂直于盒盖，在塑料片上用激光定位笔画出山体底边轮廓。

4.在透明盒子里滴入食用色素，注入清水至2cm处，用激光定位笔在塑料片上画出模型周围水的轮廓。

5.注入清水至4cm、6cm、8cm、10cm……深度（直到下一次加水完全淹没模型为止），分别用激光定位笔画出模型周围水的轮廓。

四、实验分析

1.在绘制好的等高线地形图上找出山顶、山脊、山谷、鞍部、陡崖等。

2.根据绘制出的等高线地形图，说明坡度陡缓与等高线疏密程度的关系。

五、结论与应用

结论：

1.等高线闭合，数值从中间向四周逐渐降低，表示凸地形（如山峰、山地、丘陵等）；数值从中间向四周逐渐增大，则表示的是凹地形（如盆地、洼地等）。

2.等高线的弯曲部分向高处凸出为山谷，向低处凸出为山脊。一对山谷线与一对山脊线的交汇处表示鞍部。

3.数条高程不同的等高线相交于一处时，该处的地形部位为陡崖。

4.等高线密集的地方表示该地坡度较陡，等高线稀疏的地方表示该地坡度较缓。

应用：

该实验适用于初中地理“地形图的判读”和高中地理“阅读地形、识别地形区”等相关内容教学。

六、注意事项

1. 该实验为学生操作实验。

2. 在勾画模型轮廓时保持激光定位笔垂直于盒盖。

3. 与此相类似的实验很多。例如取黏土制作的假山模型、半个土豆、苹果或冷藏过的馒头（要有一定硬度），用刀等距离平行切开，沿切面边缘描绘出的闭合曲线即等高线。

七、参考文献

［1］田洪梅，赵艳. 在“做中学”等高线地形图的判读［J］. 地理教学，2012（22）.

［2］中教启星股份有限公司产品资料：等高线制作实验光盘，2015.

实验4　根据等高线地形图制作地形模型

一、实验原理与实验目标

实验原理：

等高线用闭合曲线表示实际地形的高程变化，同时也可以分析等高线图，还原出大致的地形模型。等高线图的垂直比例尺越大，还原出的地形模型就越接近实际地形。

实验目标：

1. 能够通过对等高线概念的理解，解释等高线与地形之间的关系。

2. 说明地形图与实际景观之间的空间关系。

二、实验器材

1支记号笔、1张塑料片、500g黏土、剪刀、刻度尺、等高线地形图（只选取一组凸起的山地模型）。

三、实验步骤

1. 确定每层地形模型的高度为1cm，相当于图上一个等高距。

2. 将塑料片覆盖在等高线图上，用记号笔将最外侧等高线描在塑料片上。

3. 沿描出的线将塑料片剪下来，用1cm高的黏土覆盖塑料片，制作第一层地形模型。

4. 重复步骤2～3，制作出第二层地形模型，将其堆叠在第一层模型之上。

5. 重复步骤2～4，依次制作出第三层、第四层……地形模型，边制作边堆叠，完成模型制作。

四、实验分析

1. 各层地形模型之间是缓坡还是台阶状的？为什么？

2. 分析坡度的陡缓与等高线的疏密程度的关系。

五、结论与应用

结论：

可以依据等高线地形图还原近似地形，但由于等高距的尺度问题，还原后的地形为台阶状，无法还原出真实地形的平缓山坡。

应用：

该实验适用于初中地理“地形图的判读”相关内容教学。

六、注意事项

1.此方法只适用于还原凸起的山地，而不易制作凹陷的盆地。

2.建议所选地图的等高距变化不要太大。如在A4纸张大小还原地形，建议地图上不要超过10个等高距。否则，制作的山体模型可能不稳固。

3.步骤3中黏土应铺满塑料片，不要在中间留出空间，以防塌陷。

七、参考文献

［1］赵璇.中学地理实验教学资源开发研究［D］.南京师范大学，2012.

［2］黄莉敏.地理模拟实验教学与实践“地形与地貌”模拟实验［J］.中学地理教学参考，2014（11）.

实验5　绘制地形剖面图

一、实验目的

1.了解地形图的基本知识，掌握读图方法。

2.能够根据地形图分析地势起伏和坡度变化状况，学会绘制地形剖面图。

二、实验器材

比例尺为1∶2500万左右的中国地形图、方格坐标纸、三角尺、铅笔、橡皮。

三、实验步骤

1.学生在教师指导下判读地形图，在图上选择有代表性的地形变化区域。

2.沿32°N标出一条剖面线。找出剖面线与等高线的所有交点，依次标记1、2、3、4……

3.剖面图的水平比例尺与地形图的比例尺相同，垂直比例尺应当较水平比例尺扩大5～20倍。具体倍数以能够直观呈现地形变化为准。

4.在地形图的正下方确定一条与剖面线等长的水平基线（坐标系横轴）。

5.画横轴的垂线（坐标系纵轴），刻度间隔与图中等高距相同。纵轴代表的最大高度为10000m。

6.利用三角尺从步骤2确定的各点向下引垂线，交于剖面图中相应的高程点（对照纵轴刻度数值判断），依次标记为1’、2’、3’、4’……

7.将1’、2’、3’、4’……这些交点依次连成平滑的曲线。

四、实验分析

沿32°N绘制的中国地形剖面图中有哪些地貌类型?

五、结论与应用

结论:

在沿32°N的中国地形剖面图中，西部地势高，平均海拔在4000m以上，最高点接近7000m；向东海拔陡降，大约在1000m至2000m之间，内部起伏不大；再向东地形平坦，海拔不足100m。

应用:

1.该实验适用于区域地理部分“地球与地图”的教学。

2.通过地形剖面图，可以确定地形区、河流等地理事物的位置特征。也可以更直观地看出某条线上地面的起伏和坡度的陡缓，有助于了解野外考察时观察点的透视情况。例如有考题给出一幅等高线地形图，问图中A点站立的人能否看到B点。很多教师感到此类题很难讲解。建议可以让同学们将AB两点直接相连，沿此线段绘制剖面图来判断。

六、注意事项

1.该实验为学生操作实验。

2.垂直比例尺大小的确定可参照纸张的大小，即剖面图可以完整绘制在半张或一张纸上。

七、参考文献

［1］王建.现代自然地理学实习教程［M］.北京:高等教育出版社，2006:47-49.

［2］杨凯元.利用等高线地形图绘制剖面图的方法［J］.中学地理教学参考，1981（1）.

［3］柏传业.地形剖面图的绘制与运用［J］.试题与研究，2007（18）.

［4］高梅.地形图与剖面图剖析［J］.中学地理教学参考，2005（10）.

实验6　绘制学校地图

一、实验目的

明确地图的基本要素，学会绘制平面地图。

二、实验器材

学校航拍照片（可用谷歌地球图片代替）、白纸、铅笔、彩笔、米尺、量角器。

三、实验步骤

1.教师打开谷歌地球软件，搜索学校位置，引导学生从谷歌地图上读取学校所在地的基本数据，如经度、纬度、海拔、方向等。

2.给学生每人发一张谷歌地球截图，给定比例尺，勾画出校园轮廓（只需要外墙边界）。

3.在外墙轮廓上选定学校大门的两个门柱为参照点，用量角器（水平仪更为精确）

确定第一栋建筑相对该点的方位，用米尺丈量第一栋建筑到外墙的垂直距离。

4. 用米尺丈量第一栋建筑的边长，用比例尺换算成图上距离，然后以简图形式标注在校园轮廓图上。

5. 以此类推，确定其他建筑相对第一栋建筑的方位、距离，均换算成图上距离后，绘制于图上。

6. 完善绿地、操场、大门等区域，并用不同的颜色表示不同的建筑，加图例说明。

7. 在图中加注图名、比例尺和方向等基本要素。

四、实验分析

1. 如何根据比例尺和实际距离计算得出图上距离？

2. 如何减少绘图的误差？

3. 如何准确确定某一个建筑的方位？

五、结论与应用

结论：

最终完成的地图应该包括方向、比例尺、图例和注记。确定方位时通过两个参照点定位某一栋建筑可以减少测量误差。

应用：

该实验可应用于七年级“认识地图”相关内容的教学。

六、注意事项

1. 该实验为学生操作实验。

2. 建议将学生分组，每组只测量一栋建筑，之后将各组的图叠加绘制，即构成学校的总图。如果学生已经学完三角函数，可以借助三角函数测量计算距离。但绘图为平面图较好，计算高程略显复杂。

3. 如果学生熟练计算机操作，可以利用Microsoft Office Visio软件，直接根据谷歌地图的底图，勾画主要建筑，绘制成图。初中生也可以直接用Visio提供的建筑图标绘图。如果学校有GIS相关的操作软件，也可以尝试用GIS软件绘图。

4. 如果校园面积较大，建议用GPS或手机地图软件测量长度。还可以在轮廓图上标出主干道路作为测量基线，以降低难度。

七、参考文献

［1］邱秀玉.绘制并评价学校平面图——实践探究活动调研报告［J］.中学地理教学参考，2003.

［2］王春梅.培养初中生地理绘图能力的实验研究［D］.内蒙古师范大学，2013.

实验7　绘制学校防灾地图

一、实验原理与实验目标

实验原理：

防灾地图是为了达到防灾减灾目的而开发的专题地图，也被称为灾害风险地图。它凭借直观形象的优势在防灾减灾中发挥了巨大作用。防灾地图一般要求在地图底图（平面简图、地形图等）上用文字、图像标识该区域灾害风险分布、逃生路线、安全地点等重要信息。学校防灾地图大多以小区域、大比例尺出现，无关地理要素较少。

实验目标：

1.能够说出当地的主要灾害类型及其减灾措施。

2.识别并准确使用防灾地图上的信息。

二、实验器材

白纸、铅笔、彩笔。

三、实验步骤

1.教师引导学生讨论本地区易发的自然灾害类型。

2.将学生分成小组，各组选择不同的自然灾害类型，分析此类灾害在校内和附近的易发地点、危险源、逃生路线、安全避难地点等。

3.教师提供标注了学校基本轮廓信息的学校底图。

4.请同学们用红色点或带状图形（如矩形、条带形状等）标注灾害易发地点，用橙色表示可能的次生灾害地点（如天然气管道、高压线网等地），用绿色标注逃生路线，用绿点表示安全避难地点。

5.标注与防灾减灾相关的设施、机构等，如消防栓、医院诊所、保安室（或公安局、派出所）、可供直升机起降的平台空地等。还可进一步标明上述机构的电话。

6.标注食物、求救工具和干净饮用水的存放地点。

7.教师指导各小组之间交流讨论，进一步完善防灾信息，制作成图。如有必要并且可行的话，也可以将各组的防灾地图合并为一幅。

四、实验分析

1.学校及其周围易发的自然灾害主要有哪些?

2.用哪些符号和颜色来区分图上各种信息?

3.别的小组的同学能读取你们小组标注的信息吗?

五、结论与应用

结论：

绘制的防灾地图应该符合科学常识，减灾措施应当可靠可行。危险源、逃生路线、安全场所必须标注清晰。

应用：

该实验适用于高中地理“自然灾害与防治”的教学，也适用于八年级“自然灾害”相关知识的教学。

六、注意事项

1.该实验为学生操作实验。

2.对于高中生，教师可提供学校及附近社区的地图，扩大绘图区域范围。也可以利用地图背面介绍基本的防灾减灾常识。

3.建议在每年的“全国防灾减灾日”（5月12日）前后开展此项活动。

4.不同灾害的危险源、逃生路线和避难地点差别较大。部分学生对于次生灾害的理解可能存在困难。

学校内常见的高危险源可能有围墙、电源电线，学校周边的高危险源包括煤气管、高压线与变电站、工地等。常见的逃生避难场所有广场、绿化带、车库和地下室（人防工程）等。建议教师引导同学列表整理常见灾害，以免混淆防灾对策。以暴雨和地震为例，简要列表示例如下。

表2-5-3　灾害防治表(示例)

灾害类型	高危险源	逃生避难场所
暴雨(内涝)	车库、地下室、地铁、下沉式立交桥、下水井、低洼处、土坯墙、老旧房屋、电线电源、大树(雷阵雨时易遭雷击)、广告牌等	高地、屋顶、坚固建筑物顶部等
地震	车库、地下室、建筑物、煤气管、高压线与变电站、工地、围墙	操场、广场(下方无地下设施)等开阔地带
……		

七、参考文献

［1］张英.我们需要防灾地图吗［J］.城市与减灾，2012（5）.

［2］中国减灾编辑部.绘制风险地图助力社区防灾［J］.中国减灾，2011（23）.

第二节　日、地、月相关实验

实验1　星空观测实验

一、实验原理与实验目标

实验原理：

将人们看到的恒星和星座标在球形模型上即简易的天球仪模型，将天体在球面上的分布投影到平面上即星图。国际上一般将全天分为88个星座，星空观测就是依据星图按图索骥，找出亮星。

实验目标：

1.认识主要星座、行星，特别是典型的亮星。

2.知道重要星座的分布格局和变化规律。

二、实验器材

天球仪、星图、手电筒、望远镜。

三、实验步骤

1.教师在观测之前利用天球仪和星图讲解主要星座的方位，演示不同纬度的地区、不同季节看到的星座都不一样。介绍内容应当包括银河、大熊（北斗七星）、小熊（重点是北极星）、仙后（W星座）等最基本的星座和亮星。

2.先用肉眼区分行星和恒星。

3.先找到北斗七星所在的大熊座（勺子形），再顺势找到北极星所在的小熊座，最后寻找仙后座（字母W形状）。

4.根据季节和当地纬度，寻找学生感兴趣的其他星座。例如春季星空可以寻找大熊座、狮子座和巨蟹座，夏季星空的天鹅座（大十字形）、天鹰座（重点是牛郎星）和天琴座（重点是织女星），秋季星空的仙后座、飞马座，冬季星空的猎户座等。

5.在肉眼观测的基础上，选择相应时间，利用天文望远镜观测金星、火星、土星和木星等行星。

6.选择不同季节分别进行观测、比较。

四、实验分析

1.如何区分行星和恒星？

2.为什么不同季节的星座分布不同？

3.哪些亮星是终年可见的？

4.观测星空能说明地球是球形的吗？

五、结论与应用

结论：

1.行星（主要指水、金、火、木、土）一般比恒星亮，且不闪烁。金星是天空中除日月外最亮的星，黎明前出现在东方（启明星）或在黄昏时出现在西方（长庚星）。火星的光偏红，在黄道带中除心宿二和毕宿五外，再没有其他红色的亮星。木星的光为乳白色，亮度仅次于金星，比任何恒星都要亮。土星的光为黄白色，较暗，用天文望远镜可以看到美丽的光环。

2.由于地球不停地公转，所以不同季节星座的出没情况不同。

3.在北半球，北极星是终年可见的，且位于正北方向。各个星座基本围绕北极星旋转运动。

4.在地球不同位置观测到的恒星与水平地面的夹角并不一样。如看北极星的仰角数值等于当地纬度值。若地球是平的，那么地表各地看到的北极星与地面的夹角应该是相同的。

应用：

1.该实验适用于高中地理中天文知识的拓展内容。

2.在日常生活中可以用北极星定位或指示方向。

六、注意事项

1.该实验为学生观测实验，但需要教师指导观测过程。

2.教师向学生强调星图的东西方向和地图的左右方向相反。

3.选择“天空不明不暗”的晴朗无云的夜晚，没有高大障碍物且光污染较少的空旷处。可以选择月初或月末，避开满月。

4.一般肉眼可见的只有金星、火星、木星和土星。天王星、海王星和冥王星距地球较远，一般的低倍望远镜看不见。

5.手电筒便于指星，给手电筒上贴一张红色塑料或包一块红布，可以避免强光不小心照到眼睛引起的不适。

6.可以现场利用移动天文台和Google Sky Map等软件指引观星的方向。

七、参考文献

［1］王建.现代自然地理学实习教程［M］.北京：高等教育出版社，2006：16-17.

［2］余明.地球概论［M］.北京：科学出版社，2010：229-233.

［3］戚启勋.地球科学［M］.台北：文海学术思想研究发展文教基金会，1997：6.

［4］贾荷陵.四季星空观测［J］.中学地理教学参考，2004（7）.

实验2　月相观测实验

一、实验原理与实验目标

实验原理：

月球本身不透明、不发光，只能反射太阳光。在太阳照射下，月球总是被分为光明和黑暗的两个半球。月球被太阳照射到的明亮部分即在地球上看到的月亮。由于日、地、月三者相对位置的周期性变化，导致地球上看到的月亮也发生周期性盈亏圆缺的变化。月相是地球上能观察到的最显著的月球变化之一。

实验目标：

1.总结月相变化规律并解释其产生的原理。

2.掌握观察地理现象的基本方法。

二、实验器材

月相记录卡。

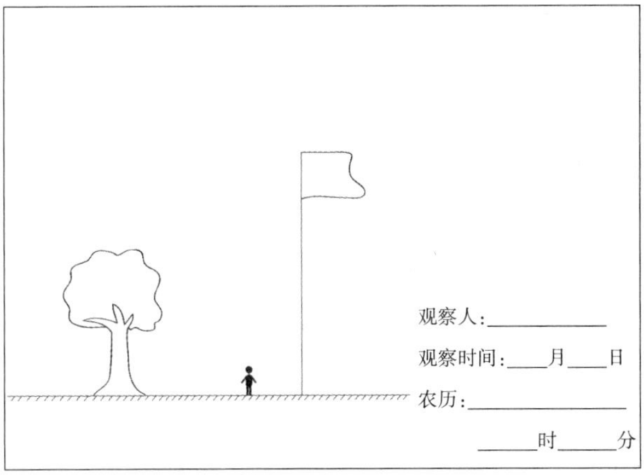

图2-5-2　月相记录卡

三、实验步骤

1.在室外选择一个固定观察点，附近应有典型参照物（不能遮挡月亮），如树木、旗杆等。

2.绘制观测记录的月相记录卡（参照图2-5-2，但图上参照物需要自己确定），并复印30份作为底图。

3.每天观察一次，将月相描绘在记录底图上，并注明时间、月相名称（如上弦月、望等）。坚持观察30天。

4.根据月相变化，推测大概形状和位置，补全因为阴天造成的空缺底图。

5.将所有记录纸装订成册，快速翻动，可以看到类似电影的播放效果。

6.根据本月的月相记录表推测下月的月相变化情况，并观测验证。

四、实验分析

1.为什么会产生月相变化?

2.月相变化有什么规律?

3.能否根据月相推测大致的农历日期?

五、结论与应用

结论：

1.月相变化有一定规律。上半月由亏转盈，凸面向西；下半月由盈变亏，凸面向东。比较典型的月相为朔、上弦月、望、下弦月，对应的农历日期大约为初一、初八、十五和二十三前后。

2.月亮出现的时刻每天推迟约50分钟，月相大致以29天为一个变化周期。

应用：

1.该实验适用于高中地理“月相”的相关知识。

2.学生可以利用月相推测出大致的农历日期。

3.月相的记忆口诀为“上上西西，下下东东”，即上弦月出现在上半夜，位于天空的西面，凸面朝西；下弦月出现在下半夜，位于天空的东面，凸面朝东。

六、注意事项

1.该实验为学生自行观测实验。

2.上半月的观测时间应该选在上半夜，而下半月的观测时间应该在下半夜。

七、参考文献

［1］任健美.自然地理实验与实习教程［M］.北京:气象出版社，2011：12.

［2］颜文景.“月相变化规律演示仪”的设计、制作和应用［J］.地理教学，2014（3）.

［3］李新玲，袁书琪.高中地理第一章《地球在宇宙中》第三节“月球和地月系”月相观测活动课教学设计［J］.中学地理教学参考，2000（2）.

实验3　月面观测实验

一、实验原理与实验目标

实验原理：

月球是地球唯一的天然卫星。地球上看到的月亮是月球反射太阳光后形成的明亮半球。月球表面的明亮部分是高地，称为月陆；黑暗部分是平原地带，称为月海。地球上还能看到月球表面分布着大量四周凸起、中间低凹的环形山。

实验目标：

1.认识月面形态。

2.通过实验识别月球表面的高地、平原和环形山。

二、实验器材

天文望远镜、月面记录表。

三、实验步骤

1.用圆规在A4纸上画一个尽可能大的圆形，过圆心做垂直的两条直径，标出南（上）北（下）西（左）东（右）。

2.在满月的夜晚，选择一个平坦开阔处，将望远镜放置在三脚架上，对准月亮。

3.依次观察月面上明亮的月陆和阴暗的月海，将明显的月海形状绘制在记录纸上。

4.寻找和观察环形山，如月球南极附近的第谷环形山，将它标注在记录纸上。

5.选择上弦月或下弦月前后，观察月面中部。

四、实验分析

1.在记录纸上绘制月球表面的月海和环形山。

2.学生可以将自己的观察结果与月面照片进行比较，了解月面上的一些地名。

3.上弦月或下弦月前后，在月面的山地附近，能看到什么？

4.月食能说明地球的形状吗？

五、结论与应用

结论：

1.月球表面分布着月陆、月海、环形山。

2.上弦月和下弦月前后，太阳光斜射，可以看到月面上山地的阴影。

3.月食发生时，地球的球形影子投影在月面上，表明地球是球形。

应用：

1.该实验适用于高中地理“地月系”的相关拓展内容。

2.观测月食的方法与此类似。

六、注意事项

1.该实验为学生自行观测实验。

2.观测月面时一般用较低倍率的目镜。

七、参考文献

［1］杨士弘.自然地理学实验与实习［M］.北京：科学出版社，2002：12.

［2］颜文景.“月相变化规律演示仪”的设计、制作和应用［J］.地理教学，2014（3）.

实验4　太阳黑子观测实验

一、实验原理与实验目标

实验原理：

太阳由炽热的气体组成，表面温度大约为6000K。太阳黑子是比光球层其他地方温度低，颜色较暗的区域。它是太阳活动强弱的重要标志。如果直接利用天文望远镜对太阳黑子进行观测，聚焦后的光线可能会导致观察者失明。所以通过天文望远镜将太阳的圆面投射到一张白纸上，就可以清楚地看到太阳表层的太阳黑子。

实验目标：

1.知道太阳黑子，能够说出太阳黑子的大致分布区域。

2.学会正确使用望远镜。

二、实验器材

天文望远镜、投影板、记录纸、圆规、铅笔、手表。

三、实验步骤

1.准备A4白纸，用圆规画一个尽可能大的圆形，过圆心做垂直的两条直径。

2.选择一个平坦开阔处，将望远镜放置在三脚架上，装好记录纸和投影板，对准太阳。

3.调整焦距，使投影屏上的日面轮廓清晰。

4.调整投影屏距离，使日面轮廓刚好充满记录纸上的圆圈。

5.观察黑子的形状和轮廓，用铅笔描出黑子轮廓。先画出大黑子群，再画单个小黑子。

6.在表2-5-4中记录所观察到的太阳黑子数目。

7.如果天气允许的话，可以在当天或者接下来的几天继续观察。每次观察都重复步骤1到6，并且记录太阳黑子的数量和形状。

四、实验分析

1.将观察到的太阳黑子数及其形状记录在下表中。

表2-5-4 黑子数据记录表

观测次序	黑子数	形状
1		
2		
……		

2.太阳黑子数发生了怎样的变化？

3.太阳黑子的形状发生了怎样的变化？

五、结论与应用

结论：

太阳黑子的形状和数量会随时间发生变化。太阳黑子常成对出现。

应用：

1.本实验适用于高中地理“太阳活动对地球的影响”相关内容的教学。

2.学生可以将自己的观察结果与科学研究网站（实验后参考文献）观测结果进行比较。

六、注意事项

1.该实验为学生操作实验，但教师必须现场指导。

2.实验过程中，不要直视太阳，严禁从望远镜中直视太阳，否则可能致盲。

3.投影板上观察到的方向和日面的方向正好相反。

4.有的望远镜提供了专门的太阳黑子观测程序和配套滤镜，其操作过程比上述步骤更简单。

七、参考文献

[1] 杨士弘.自然地理学实验与实习［M］.北京：科学出版社，2002：10

[2] 中国科学院国家天文台太阳活动预报中心（http://rwcc.bao.ac.cn/）

[3] 美国国家航空航天局（https://sohowww.nascom.nasa.gov/data/realtime/realtime-update.html）

实验5 地球自转演示实验

一、实验原理与实验目标

实验原理：

地球绕其自转轴自西向东旋转，从北极上空看呈逆时针旋转，从南极上空看呈顺时针旋转。地球自转过程中，地轴指向北极星方向。

实验目标：

1.准确描述并演示地球自转的方向。

2.说明地球自转的周期。

二、实验器材

地球仪、白板笔、实验记录单。

三、实验步骤

1.用白板笔标记出地球仪上的某一条经线（例如本初子午线），使其与地球仪支架重合。

2.从左向右（自西向东）缓慢拨动地球仪，当白板笔标注的经线与支架重合时即为一天。

3.分别从南北极上空观察地球自转方向，理解“北逆南顺”。

4.在实验记录单上画出地球仪的侧视图和南北极上空的俯视图，并标记地球自转方向。

表2-5-5 地球自转实验记录单

地球仪侧视图	北极上空俯视图	南极上空俯视图

四、实验分析

1.地轴的指向是否发生了变化？

2.从北极上空和南极上空看到的地球旋转方向有什么不同？

3.假定地球不公转，请以太阳为参照点，演示地球自转的一天。

五、结论与应用

结论：

1.地球自转的方向是自西向东，地球自转时，地轴的指向基本不变（指向北极星）。

2.从北极上空看地球自转是逆时针方向，南极上空看是顺时针方向。

3.以太阳为参考点，地球上的某个点自转一周的时间为一个太阳日。

应用：

1.该实验适用于高中地理“地球运动”相关内容的教学。

2.在俯视图中利用地球自转方向判读南北半球。

六、注意事项

1.该实验可作为教师演示实验和学生操作实验，建议2～4名同学为一组，使用一个地球仪，分组轮流演示。

2.实验演示中可去掉地球仪基座，方便学生从南极上空观察地球的自转方向。

3.演示时，部分同学可能对“自西向东”方向产生疑惑，教师在实验时要特别强调。

4.固定照相机，将取景框中心对准北极星所在的天空，长时间曝光（超过12小时）后的照片上，可以看到所有恒星的运动轨迹近乎圆形。这可以表明地球在围绕地轴自转。此外傅科摆也是证明地球自转的经典实验。该实验可进一步拓展演示太阳日和恒星日的区别（参见本节“太阳日与恒星日演示实验”）。

七、参考文献

［1］张秀娟.“地球的自转”教学设计［J］.中学地理教学参考，2014（8）.

［2］廖石生.新课程背景下的中学地理实践教学探究［D］.长沙：湖南师范大学，2011.

实验6　地球自转对地球形状影响的模拟实验

一、实验原理与实验目标

实验原理：

地球上每个地方都受到自引力和惯性离心力的作用。惯性离心力可以分解为垂直和水平方向的两个分力。水平分力指向赤道，在其作用下，物质有向赤道集聚的趋势，所以赤道略鼓出8km。到两极，自转速度和惯性离心力都为零，只有来自地球内部的引力，所以两极稍扁入14km。因此，地球自转使地球变成了一个赤道略鼓、两极稍扁的椭球体。

实验目标：

说明地球自转对其形状产生的影响。

二、实验器材

小纸条一张（长约40厘米，宽约1厘米）、小木棒（长约20厘米，直径小于1厘米）、胶水、剪刀。

三、实验步骤

1.将小纸条首尾相连粘成圆圈。

2.用剪刀在纸圆圈的上下相对的地方各剪一个小孔，小孔的直径略小于小木棒的直径。

3.将小木棒穿过两个小孔，用胶水将小木棒与一个小孔粘贴牢固，同时用木棒撑开另一个小孔，使其能自由伸缩。

4.逆时针快速转动小木棒，观察纸圆圈的形状变化。

四、实验分析

1.转动过程中，纸圆圈的形状发生了什么变化？

2.为什么会发生这种变化？

五、结论与应用

结论：

1.快速转动后纸圆圈变成椭圆。

2.地球在转动的过程中主要受到离心力的影响，成为一个两极稍扁、赤道略鼓的不规则椭球体。

应用：

该实验适用于高中地理“地球运动”和七年级地理“地球和地图”相关内容的教学。

六、注意事项

1.该实验为教师演示实验。

2.为节约时间，建议实验前将小纸条粘成圆圈，纸圈直径不能太小，形状尽可能为正圆，否则效果不明显。纸圈与小木棍的连接处一定要粘贴牢固，防止小木棍转动时纸圈脱落。

七、参考文献

［1］覃寿明，杨然.地球自转对地球形状影响演示仪［J］.中小学实验与装备，2007，17（2）.

［2］田津.高中地理教学探究性实验活动设计实做研究［D］.武汉：华中师范大学，2007.

［3］金祖孟.地球概论［M］.北京：高等教育出版社，2012:165.

实验7　昼夜交替现象演示实验

一、实验原理与实验目标

实验原理：

地球是一个不发光也不透明的椭球体。在同一时间，太阳只能照亮地球表面的一半，形成昼半球，而与太阳相背的半球则为夜半球。地球在不断自转过程中，会产生周期为一个太阳日的昼夜交替现象。

实验目标：

1.观察并理解昼夜交替现象。

2.比较南北半球昼夜分布情况。

3.识别晨昏圈（线）、晨线与昏线。

二、实验器材

地球仪、手电筒、彩笔、剪刀、硬纸板、圆规、直尺、胶带。

三、实验步骤

1.用手电筒平行照射地球仪，观察地球仪表面的昼夜分布。

2.用硬纸板做一个与地球仪直径相等的圆环，表示“晨昏圈”，并将晨昏圈套在地球仪上。

3.用手电筒照射地球仪，使光线与晨昏圈保持垂直，观察地球表面的昼夜分布情况。

4.将地球仪按自西向东方向轻轻旋转，观察地球上的昼夜变化情况，判定并标记“晨线（红线）”和“昏线（黑线）”。

5.分别从北极上空和南极上空俯视地球，绘制晨昏圈的平面图。

6.模拟二分二至日的昼夜变化情况，绘制晨昏圈的平面图。

表2-5-6　二分二至日观察图

北极上空看到的晨昏圈	南极上空看到的晨昏圈
夏至日晨昏圈的侧视图	冬至日晨昏圈的侧视图

四、实验分析

1.为什么会产生昼夜交替现象?

2.现实中的晨昏线与课本中的晨昏线有什么区别?

五、结论与应用

结论：

1.在同一时间内，太阳只能照亮地球表面的一半，因此出现昼夜现象。由于地球在不停地自转，因此昼夜不断交替。

2.昼夜半球的分界线叫晨昏线（圈），随着地球自转，从夜半球进入昼半球的分界线是晨线，从昼半球进入夜半球的分界线是昏线。

3.因为存在大气对太阳光的折射现象，所以现实中的晨昏圈是以带状的形式存在的。

应用：

该实验适用于高中地理“地球运动的地理意义”相关内容的教学。

六、注意事项

1.该实验为学生操作实验，建议3～4人为一组。

2.地球仪转动方向应该始终与地球自转方向保持一致。

3.教师要引导学生通过绘图分析，认识到从不同视角看到的晨昏线转换到平面图上，可能为直线、弧线或圆。这也是晨昏线教学的难点所在。

4.演示时应选择光线较暗的环境，避免外部光源的干扰。

七、参考文献

栾胜星.低成本实验在普高地理教学中的开发和利用［J］.地理教育，2011（9）.

实验8　地转偏向力验证实验

一、实验原理与实验目标

实验原理：

由于地球自转，地球表面的物体沿水平方向运动时，其运动方向会受到地转偏向力的影响而发生一定的偏转。在物理学上，地转偏向力常被称为科里奥利力或科氏力。

$$F = 2mv\omega \sin\theta$$

F为地转偏向力，v为物体的速度，ω为地球自转的角速度，θ为物体所在的纬度。

实验目标：

1.通过实验验证地转偏向力的存在。

2.举例说明地转偏向力对地球上运动物体的影响。

二、实验器材

圆形转盘、橡皮泥、直径1cm的吸管、直径0.6cm的黑色药丸、牙签、白纸。

三、实验步骤

1.将白纸剪成圆形贴在圆盘上，然后在纸上画出线条，并标出A、B、C、D四点。（如图2-5-3Ⅰ）

2.用橡皮泥做成长3cm、宽1.5cm、高1cm的坡状底座，将吸管置于坡面中部，在吸管距坡面上端约1/4处插入牙签，从顶口放进药丸。（如图2-5-3Ⅱ所示）

3.将步骤2中做成的装置先后粘在A、B、C、D处。当圆盘逆时针（似北半球）旋转的速度适当且均匀时，轻轻抽出牙签，观察小球的运动轨迹（应如图2-5-3Ⅲ发生右偏）。

4.重复步骤3，将转盘改为顺时针旋转，反复观察实验现象。

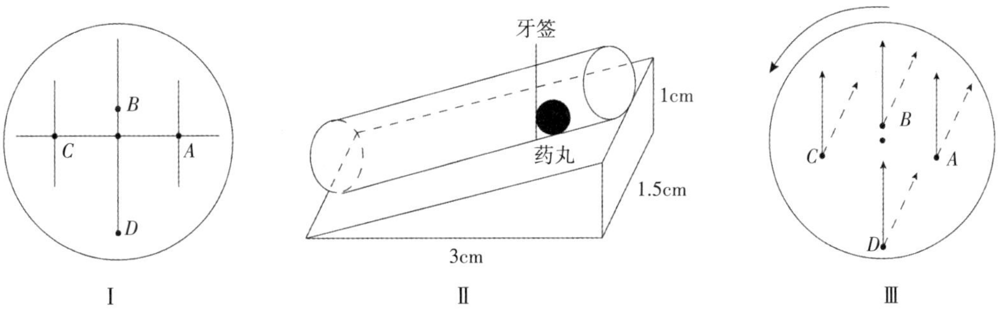

图2-5-3　地转偏向力实验示意图

四、实验分析

1.当转盘顺时针转动时，小球运动轨迹是怎样的？逆时针转动时，小球的运动轨迹呢？

2.为何会产生这种变化？

五、结论与应用

结论：

受地转偏向力影响，水平运动物体在北半球向右偏，南半球向左偏，赤道处无偏向。

应用：

1.该实验适用于高中地理“气压带和风带”相关内容的教学。

2.该实验结论可以解释一些生活中常见的现象，比如，平直河流两岸侵蚀程度不同、台风的旋转上升等。

六、注意事项

1.该实验为教师演示实验或学生操作实验。

2.应向学生说明圆盘转动与地球自转的实际差别很大。

3.实验应多次重复进行，避免外力干扰而产生误差。

4.地转偏向力的实验很多。例如傅科摆、在旋转圆盘上沿半径方向滚出的小球等等。在旋转木马的平台，让对向的两位学生向对方扔皮球，也能直观地体会到偏转现象。此类实验争议较大的也不少，例如水槽和马桶的下水旋转方向问题。有的实验设计容易导致中学生产生新的困惑。例如在圆形纸片上画出一条半径，请同学在纸片旋转时用笔从圆心向圆边描绘这条半径。但大多数同学很难控制速度，所以描出的线段不平滑。实验后，更有同学认为线条是笔受到变化的力（人的用力不同）影响而成，这和自由飞行的炮弹受力并不一样，也因此不理解实验结果。

七、参考文献

［1］蒋永元.关于地转偏向力实验教学的探索［J］.地理教学，2010（12）.

［2］朱爱华.“寻找”地转偏向力［J］.地理教学，2013（4）.

实验9　月球自转和公转的模拟实验

一、实验原理与实验目标

实验原理：

月球在绕转地球的同时也自转。月球的自转与它绕地球的公转，有相同的方向（向东）和周期（恒星月）。这样的自转称为同步自转。正是由于这个原因，地球上所见到的月球，大体上是相同的半个球面；而在月球的天空中，地球始终盘踞在天之一方。太阳、地球、月球处于特殊的位置时，太阳光线受到遮挡，形成日食和月食现象。

实验目标：

说明月球与地球之间的关系。

二、实验器材

三球仪。

三、实验步骤

1.用三球仪演示日、地、月之间的关系。

2.请一名学生模拟地球，教师模拟月球，在A位置时，教师面朝地球。

3.教师边自转边公转，在B位置时，教师自转了90°，也公转了90°，此时，教师依然面朝地球。

4.在转至C和D位置的过程中，教师始终面朝地球。具体如图2-5-4所示。

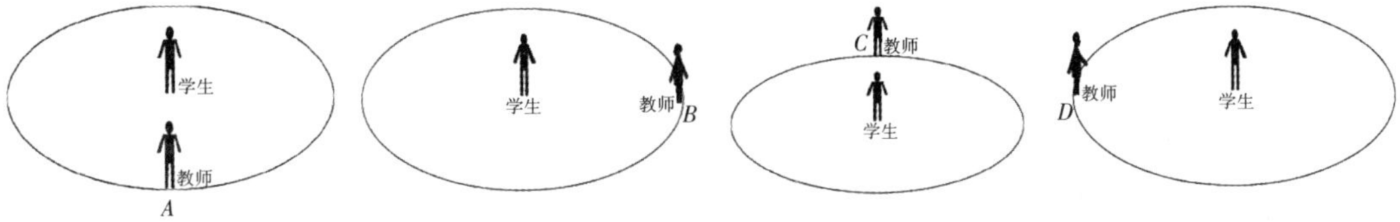

图2-5-4 教师演示三球仪示意图

四、实验分析

1.为什么月球始终只有一面对着地球？

2.月球的自转周期是多长时间？

3.结合三球仪的演示，试解释日食、月食是怎样产生的？

五、结论与应用

结论：

1.月球在绕转地球的过程中始终以同一半球面对地球。

2.月球的公转周期约为29日。

应用：

1.该实验可应用于高中地理有关地月系、日食、月食的内容。

2.同学们可以利用月相推算出大致的农历日期。

3.该实验可帮助学生理解月食、日食形成的过程。

六、注意事项

1.该实验建议为教师演示实验，三球仪可由学生自行操作观看。

2.该实验是假设地球处于静止状态，在演示之前需要说明。

七、参考文献

［1］潘红星.高中地理实验教学的几个问题［J］.地理教学，2011（15）.

［2］金祖孟.地球概论［M］.北京：高等教育出版社，2012:60.

实验10　太阳日与恒星日演示实验

一、实验原理与实验目标

实验原理：

以遥远的恒星为参考点，某地所在经线连续两次通过同一恒星与地心连线的时间间隔为23小时56分4秒，叫作恒星日；以太阳为参考点，某地所在经线连续两次通过日地中心连线的时间间隔为24小时，叫作太阳日。地球在太阳日转动的角度比恒星日多出59′。

实验目标：

区别恒星日和太阳日的时间差异，并解释其产生的原因。

二、实验器材

地球仪（建议使用较大规格的地球仪）

三、实验步骤

1. 在地球仪赤道上取一点*A*，最前排学生甲扮演太阳，同一列最后一排学生乙扮演遥远的一颗恒星。

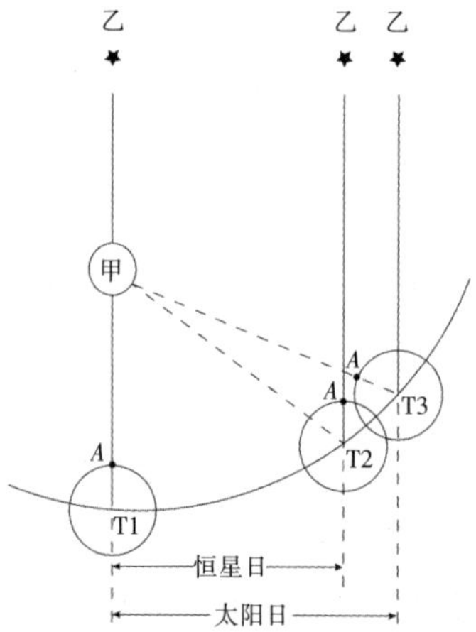

图2-5-5　恒星日、太阳日示意图

2. 转动地球仪使点*A*与太阳（学生甲）、某恒星（学生乙）位于同一条直线上（如图2-5-5中T1时刻所示），然后开始模拟地球绕太阳一边公转一边自转。

3. 当点*A*自转一周第二次正对恒星（学生乙）时，所用时间为一个恒星日（如图2-5-5中T2时刻所示），此时，点*A*并未第二次正对太阳（学生甲）。

4. 地球仪继续自转59′，直至点*A*第二次正对太阳（学生甲）时，所用时间为一个太阳日（如图2-5-5中T3时刻所示）。

四、实验分析

1. 在T2时刻，学生乙看到的*A*点正对着自己时，地球自转了多少角度？

2. 比较恒星日与太阳日在周期、自转角度方面的差异。

五、结论与应用

结论：

恒星日比太阳日略短，它是地球真正自转一周（360°）的周期。

应用：

1.该实验适用于高中地理“地球运动”相关内容的教学。

2.恒星日通常用于科学计算，太阳日通常用于日常计时。

3.此实验可做进一步探究，当地球只自转不公转或只公转不自转时，比较恒星日和太阳日的区别。

六、注意事项

1.该实验由师生共同完成。

2.甲、乙学生均面对A点，在实验过程中甲、乙的位置和朝向保持不变。

3.“地球”运动过程中，注意公转和自转的方向并记录各点的位置。

4.图上出现了三个“乙”的符号，但却只代表遥远的一个恒星，事实上乙的位置和方向并未发生变化。所以T1、T2、T3时刻的A点和乙的连线的夹角极小，可忽略不计。

5.可以用教室后方墙壁代替学生乙，相当于遥远的恒星。

七、参考文献

李丽.高中地理实验教学模式的探索［J］.中国教育技术装备，2012（17）.

实验11　太阳高度角测量实验

一、实验原理与实验目标

实验原理：

太阳高度角，简称太阳高度，指太阳光线与地平面之间的夹角。本实验所采用的测量方法为：将高度为H的标杆垂直竖立于地面，测得影长为L，太阳高度在数值上等于arctan（H/L）。

实验目标：

1.比较说明太阳高度角和正午太阳高度角的含义。

2.通过实际测量、计算，掌握太阳高度角的计算方法。

二、实验器材

长约1m的标杆、手表、卷尺、指南针、计算器（或“三角函数表”）。

三、实验步骤

1.实验选择日期为秋分日（二分、二至日选一均可）。

2.将标杆立于操场空旷无遮挡处。

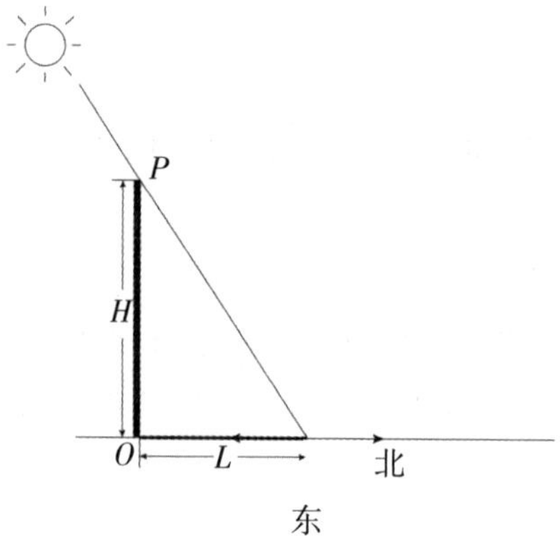

图2-5-6 太阳高度角测量示意图

3.在9月23日北京时间10点、12点、14点、16点，分别用指南针测定太阳方位并记录标杆的影长L。

4.将数据填入表2-5-7。

表2-5-7 太阳高度角测量记录表

观测时刻	标杆高度（H）m	标杆影长（L）m	太阳方位	太阳高度	小组成员
8:00					
10:00					
12:00					
14:00					
16:00					

四、实验分析

1.一天当中的太阳高度如何变化？

2.北京时间12点测得的太阳方位是否为正南？为什么？

3.通过所测得的正午太阳高度能否求出本地3月21日、6月22日和12月22日的正午太阳高度？

4.通过测量可否求出本地经纬度？

五、结论与应用

结论：

1.太阳高度在数值上等于arctan（H/L），正午太阳高度值最大。

2.只有地方时与北京时间相同时，12点的太阳方位为正南。

应用：

1.该实验适用于高中地理“正午太阳高度”相关内容的教学。

2.该实验可以应用于建筑规划分析，参见“合理楼间距的测量”实验。也可以进一步拓展，增加经纬度测量，参见“测定某地经纬度”。

六、注意事项

1.该实验为学生操作实验，建议5～6人为一组。

2.将北京时间换算为地方时后再进行测量。

3.地磁南北极和地理南北极并不重合，因此指南针所测得的南北方向与地理的正南正北方向存在误差，在实验操作时应予以说明。

七、参考文献

［1］谷波.怎样测量正午太阳高度，计算当地的纬度［J］.安徽教育，1986（4）.

［2］李娟，宋保平.中学生地理学习策略培养探究［J］.地理教育，2010（11）.

实验12 太阳直射点的回归运动演示实验

一、实验原理与实验目标

实验原理：

地球公转过程中，由于黄赤交角的存在，太阳直射点在地球表面南北回归线之间来回移动。

实验目标：

1.能够解释太阳直射点的回归运动及其周期。

2.举例说明正午日影长短随太阳直射点季节性移动的变化规律。

二、实验器材

地球仪、透明胶布、螺旋状灯头的节能灯（配套开关、导线）、激光笔、棉签、双面胶。

三、实验步骤

1.用透明胶带将激光笔固定于节能灯灯头的中间，节能灯灯光代表太阳光，激光笔代表太阳直射点。

2.用书本堆叠成支撑平台，将步骤1中制作好的“组合灯”水平放置在平台上。

3.在桌面上放好地球仪，调整平台高度，使激光笔射出的水平光线与地球仪球心的高度一致（如图2-5-7所示）。

4.接通节能灯电源，打开激光笔开关，挪动地球仪在水平桌面上绕“太阳公转”，观察激光笔投影在地球仪表面的纬度位置及变化情况。

5.地球仪绕组合灯旋转时同步转动组合灯的照射角度。

6.绘制地球公转示意图。

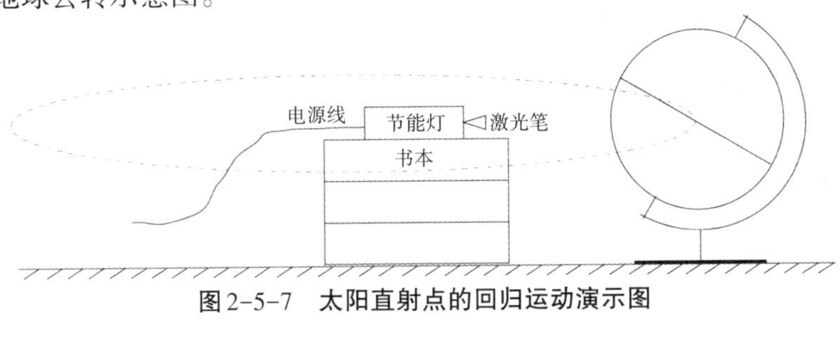

图2-5-7 太阳直射点的回归运动演示图

四、实验分析

1.太阳直射点在地球表面移动的纬度范围是多少?

2.以学校所在城市的大致位置为例，太阳直射点在哪个位置时当地的白天最长？哪个位置时白天最短?

3.根据实验在纸上画出地球公转示意图。

4.模型转动的不同地点代表北半球的不同季节，请在绘制的地球公转示意图中标出季节。

五、结论与应用

结论:

太阳直射点以回归年为周期在南北回归线之间做往返运动，除赤道外所有地区都有昼夜长短的变化。

应用:

1.该实验适用于高中地理“地球运动的地理意义”相关内容的教学。

2.可用于二分二至日的演示教学。

六、注意事项

1.该实验为教师演示实验。

2.在支架与灯头的接触处，需缠绕电工胶布，做好绝缘安全工作。

3.严禁用激光灯照射眼睛，学生观察实验时，视线也不可与激光灯光线平行，防止眼睛被伤害。

4.地球仪公转过程中，必须按照自西向东的方向，并与支架底座保持在同一个水平面上，而且地轴自始至终保持同一个倾斜方向不变。

5.“组合灯”随地球同时同向旋转。

七、参考文献

[1] 吴济廉.自制“太阳直射点南北回归运动”演示仪[J].中国现代教育装备，2013(12).

[2] 师远航.关于太阳直射点回归运动的演示[J].中学地理教学参考，1986(4).

[3] 张洪刚，张臻华，许家法.太阳直射点回归运动的实验教学[J].地理教学，2014(3).

实验13 北半球某地纬度测量实验

一、实验原理与实验目标

实验原理:

北半球某地的纬度数值与该地观测北极星的仰角一致。

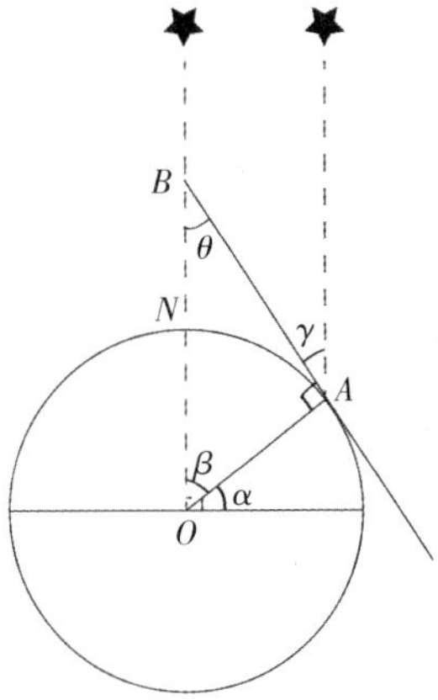

注：α为A点纬度，γ为A点观察北极星的仰角。

因为$\theta+\beta=90°$，$\alpha+\beta=90°$，所以$\alpha=\theta$。

又因为$\theta=\gamma$，所以$\alpha=\gamma$。

图2-5-8 纬度测量原理示意图

实验目标：

1.能够解释北半球某地纬度与该地观测北极星的仰角数值的关系。

2.掌握纬度测量的基本方法。

二、实验器材

量角器（尺寸较大，如数学课辅助黑板画图的量角器）、细绳、重锤（可用任意能系住的小重物代替）。

三、实验步骤

1.在量角器中心点打一小孔（或嵌入一个图钉）。

2.将重锤线穿过量角器中心点后打结固定（或缠绕在图钉上），制作成简易测高仪。

3.用测高仪的边（量角器的直线边）对准北极星，测高仪上重锤线和零度线的夹角就是当地观测到的北极星的高度角，也就是当地的地理纬度。

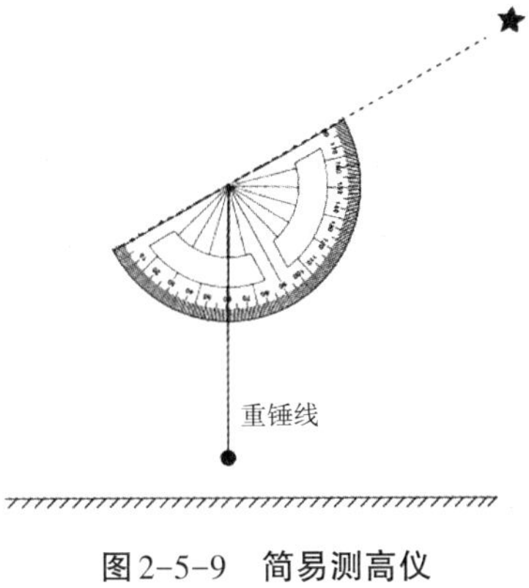

图2-5-9 简易测高仪

四、实验分析

观测北极星的仰角与当地的纬度之间存在什么关系？并在纸上画图说明。

五、结论与应用

结论：

北半球某地的纬度数值等于当地观测到的北极星的仰角度数。

应用：

该实验与高中地理“地球的自转”内容联系较为密切，也可作为拓展内容。还可联系“天上的星星参北斗”的民谣来记忆。

六、注意事项

1. 该实验为教师演示实验，也可作为学生操作实验。

2. 简易的测高仪也可以做成如图2-5-10所示。可以用手机内置的平衡类应用辅助确定水平面。

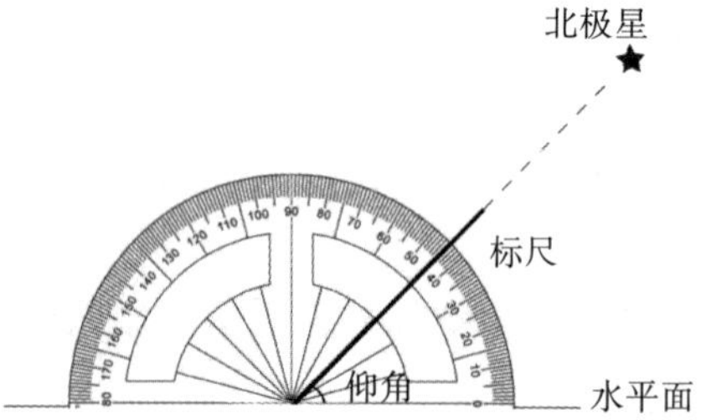

图2-5-10　简易测高仪

3. 此实验可以进一步拓展，以证明地球自转。将测高仪对准北极星外的另一亮星，保持不动，一小时左右再去观察，那颗亮星已经不在原来的观察位置了。

七、参考文献

［1］朱小娟.一种测量地理纬度的简易方法［J］. 物理教学探讨，2004，22（11）.

［2］彭友山.地理纬度的简易测量法［J］. 中国教育技术装备，2005（1）.

实验14　经纬度测定实验

一、实验原理与实验目标

实验原理：

根据某地地方时正午12点与北京时间的早晚关系及时差可以确定当地经度。如果该地在120°E的西侧，则用120°E减去经度差。如果该地位于120°E的东侧，则用120°E加上经度差。根据当地正午太阳高度角可计算出当地纬度。

实验目标：

1. 正确测量当地经纬度。

2. 正确计算时差与正午太阳高度。

二、实验器材

1米长直尺或竹竿（其他材质亦可，但必须标明长度且笔直）、手表、记号笔（或粉笔）、指南针、三角函数表。

三、实验步骤

（一）经度的测定

1. 接近地方时正午时间，在开阔平坦的场地中将竹竿垂直竖立。

2. 每隔5～10分钟用记号笔标记出竿影顶端在地面的位置，并记录此刻的北京时间。

3. 经过1～2小时的记录，将标记的点用平滑曲线连接，确定竿影长度最短的点的位置和时间。

4. 根据竿影最短时记录的北京时间判断两地时间的早晚关系。如果物影最短时的北京时间早于12点，则说明该地位于120°E的东侧；如果时间晚于12点，则位于120°E的西侧。

5. 计算物影最短时的北京时间与12点的时差，由此计算出此地与120°E的经度差。经度每相差15度，地方时相差1小时；或经度相差1度，地方时相差4分钟。

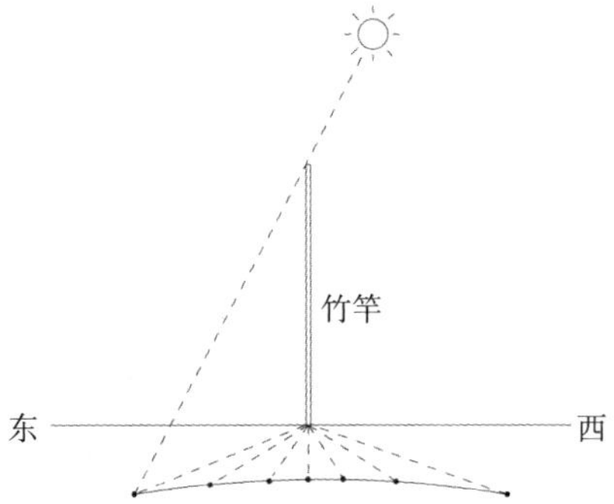

图2-5-11　测量示意图

表2-5-8　北京时间和竿影长度记录表

序号	北京时间	影子长度	序号	北京时间	影子长度
1			7		
2			8		
3			9		
4			10		
5			11		
6			12		

（二）纬度的测定

1. 二分二至日时，在开阔平坦的场地中将竹竿直立，每隔5分钟标记出竿影顶端在地面的位置。

2. 经过一个周期的记录将标记的点用曲线连接，确定竿影长度最短的点的位置和时间。

3. 测量竿影最短时的长度，计算竹竿的长度与地面物影的长度之比得出当日正午太阳高度角的正切值。

4.通过查对三角函数对照表得出该正切值所对应的角度，由此得出当地当日正午太阳高度角的数值。根据正午太阳高度角的计算公式得出当地纬度值。

$$\theta=90°-|\alpha\pm\beta|$$

注：α为当地纬度，β为太阳直射点纬度；太阳直射点在北半球时为$\alpha-\beta$，反之在南半球时为$\alpha+\beta$。

四、实验分析

1.在经度测量实验中，物影的长短和方向是如何变化的？

2.有没有更加简便的测量正午物影最短的方法（参见注意事项第3点）？

五、结论与应用

结论：

利用当地地方时正午时物影最短的规律测定可以计算出当地的经度与纬度。

应用：

1.该实验适用于高中地理“时差与正午太阳高度”的拓展内容。

2.可与太阳高度角测量实验相结合。

六、注意事项

1.两个实验均为学生操作实验，建议4～5人为一组，分组进行测量与计算。

2.建议将竹竿固定在地面，不要移动，不要用手扶竹竿顶端，避免测量结果不准确。

3.可以用指南针确定正北方向，做一条竹竿底端指向正北的射线，则杆影与正北方向重合时应该为杆影最短。

4.纬度测定实验中的日期可以是其他时间，但需要根据太阳直射点的移动范围计算太阳直射点纬度。太阳直射点每年在南北回归线之间的移动度数是93°44′，则太阳直射点每天移动17′29″，根据测量当天的日期与二分二至日的天数差即可得到当天的太阳直射点纬度。

七、参考文献

［1］申玉红.高中地理实验教学现状及改进策略［D］.东北师范大学，2011.

［2］李丽.高中地理实验教学模式的探索［J］.中国教育技术装备，2012（17）.

［3］金扬，张晓冉，刘逸，等.南京经纬度的验证性测量［J］.地理教学，2013（24）.

实验15 某地方向的测量实验

一、实验原理与实验目标

实验原理：

北半球中纬度的某地地方时为12点时，太阳直射点正好位于该地所在的经线上，此时太阳处于上中天位置，物影最短，且物影朝向正北方向。一天当中，除了正午，太阳高度角有两个时刻是相等的，其影长也有两个时刻相等。在北回归线以北，正午的影子始终是朝向正北的。

实验目标：

1. 能够利用身边常见的工具确定当地东西南北方向。

2. 能够解释北半球中纬度地区的太阳视运动轨迹。

二、实验器材

长1m左右的木杆或竹竿、长2m左右的绳子、白板笔（或粉笔）、卷尺、量角器。

三、实验步骤

1. 选一块平坦开阔的空地，将竹竿垂直立于地面O点处，并规定竿顶为P点。

2. 将绳子一端固定在O点（圆心），画出上午某时刻竿影OA，以OA为半径画弧$A'D$。

3. 当下午某时刻的竿影末端与弧$A'D$相交时，确定交点为B，连接OB。

4. 画$\angle AOB$的角平分线OC。

5. 第二天当竿影OE落到OC线上时，就是当地地方时正午12点，同时$\angle OEP$就是当日的正午太阳高度角，OE为当地正午的物影。

6. 若该地位于北半球，可知OE朝向正北方，进而可得出该地东西南北的方位，如图2-5-12所示。

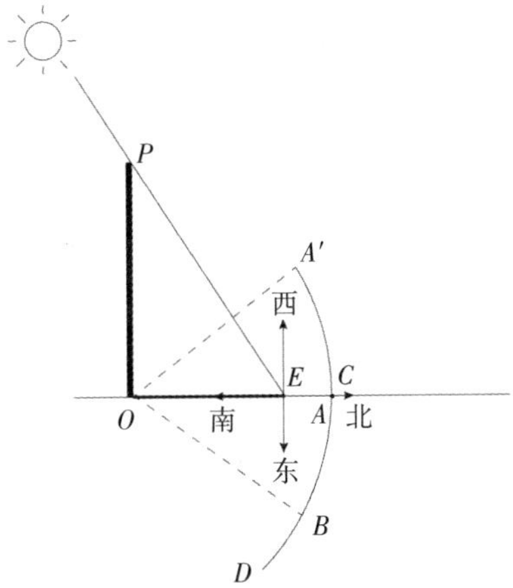

图2-5-12　方向测量示意图

四、实验分析

1. A点和B点物影出现的时刻有什么关系？

2. 该地的正午太阳高度是多少？

五、结论与应用

结论：

利用正午物影的指向可以确定某地的东西南北方向。

应用：

1. 适用于初中教材延伸内容，还可适用于高中地理“太阳高度角的测量”。

2. 该实验可与“经纬度测定”实验相联系。

六、注意事项

1.该实验建议为学生操作实验，4～5人为一组，多个小组同时测定，最后将实验结果对照比较。

2.竹竿最好能够固定在地面，直立地面的点应该标记并确定。

3.依据北极星、树木年轮（朝南较宽，朝北较窄）也可辨别方向，当然最简单的办法是看指南针。但要注意，使用指南针时必须远离金属物品和电子设备，以免磁针受到干扰。午夜十二点的满月正好位于正南，下午约六点的上弦月和上午约六点的下弦月也在正南方向。此外，也可以直接根据手表指针来确定。在图2-5-13中，观测时刻为下午5点整，此时指向太阳的时针与表示正午的时刻（12点整）之间夹角的角平分线，即正南方向。其原理是，太阳在天空中每小时移动约15度（因为地球自转每小时15度），而钟表时针每小时走30度，所以除了正午12点（时针指向正南），时针的速度都比太阳的速度快一倍。

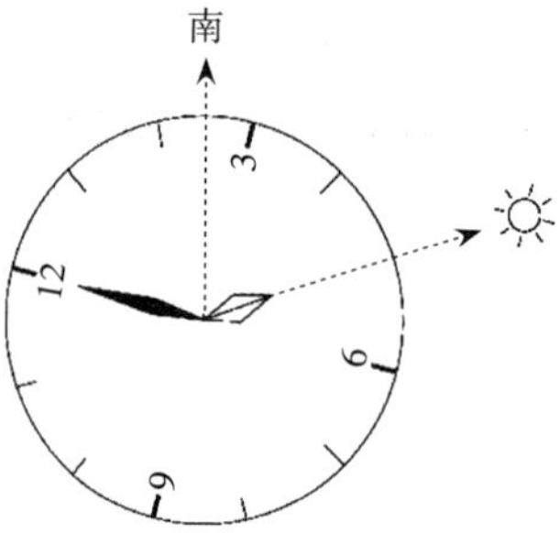

图2-5-13　钟表测量方向示意图

4.初中地理地图教学中，还可以让学生自制如下教具判断地图上两地的方位。

<table>
<tr><td>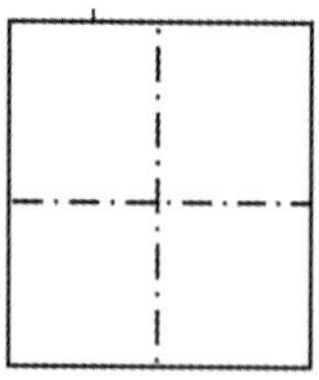
第一，裁取一页手掌大小的正方形纸张，对折两次。</td><td>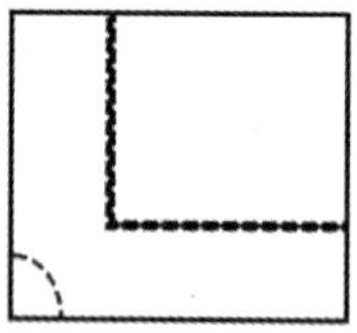
第二，用剪刀沿图中虚线剪掉（或用手撕掉）圆形区域和方形区域。然后展开，依次写上“北”“东”“南”“西”四个字。</td><td>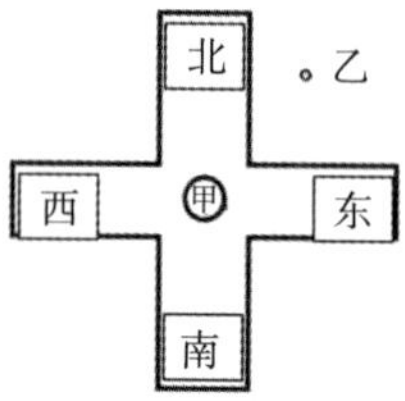

第三，将空缺的圆心放在甲地，则可以直接读出乙地在甲地的什么方位。</td></tr>
<tr><td colspan="3">注：2012年10月，笔者在山东烟台杨青老师的公开课上看到此教具。在此仅用文字做一简述。</td></tr>
</table>

七、参考文献

［1］马莉莉.地理实验试题的命题意图、解析与训练［J］.地理教学，2006（12）.

［2］王静爱.乡土地理教程［M］.北京：北京师范大学出版社，2009.

［3］褚绍唐.怎样测绘一张简单的地图［J］.科学大众，1952（12）.

实验16　合理楼间距的测量实验

一、实验原理与实验目标

实验原理：

在北半球，楼间距的大小需要根据冬至日当地正午太阳高度来确定，以保证建筑物底层全年均可正常采光。

实验目标：

1. 正确计算冬至日当地正午太阳高度。

2. 理解最小楼间距的计算原理。

二、实验器材

皮尺、量角器、三角函数对照表。

三、实验步骤

1. 在北半球某地选择两栋坐北朝南的楼房甲楼和乙楼，利用皮尺测量两楼之间的距离L。

2. 用量角器测量甲楼楼脚到乙楼楼顶的仰角θ。

3. 根据公式$h=L\cdot\tan\theta$计算出楼高h。

4. 再根据公式$H=90°-(\alpha+\beta)$计算出冬至日当地正午太阳高度H。（α为当地地理纬度，可以从谷歌地球读取，β为冬至日太阳直射点的纬度即23°26′S。）

5. 根据公式$L1=h\cdot\cot H$计算出冬至日甲乙两楼的最小楼间距。

6. 比较L和$L1$的大小关系，判定楼间距是否合理。

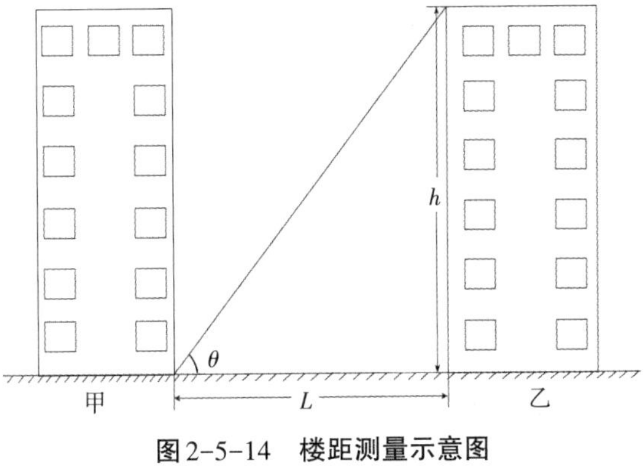

图2–5–14　楼距测量示意图

四、实验分析

1. 分析影响最小楼间距的因素有哪些？

2. 在楼高相同的情况下，从我国南方到北方，最小楼间距会有怎样的变化？

五、结论与应用

结论：

某地冬至日正午太阳高度和楼高决定了当地的最小楼间距。

应用：

该实验适用于高中地理“正午太阳高度”的相关内容，也可作为课外拓展活动。

六、注意事项

1.该实验为学生操作实验。

2.该实验中的楼间距特指正南正北朝向的楼房之间的距离。

3.该实验所计算的楼间距为最小楼间距。实际规划建设中，一般要至少保证楼房最底层在冬至日的日照时数在1小时以上。因此，具体修建考虑的合理楼间距一般均高于此实验计算的结果。

4.可以从小区物业直接获得楼高、楼间距的具体数值。

七、参考文献

孙尚楼.“小区住宅楼与太阳光照的关系”地理实践实验设计［J］.地理教学，2012.

第三节　气象气候实验

实验1　风向观测实验

一、实验原理与实验目标

实验原理：

风向是指风的来向，它对区域气候有重要影响。一般利用风向标测定风向，同时取多次测量的平均值作为最终的风向。风向标的重心点位于垂直轴上。当风吹过，箭尾受风面积比箭头大，箭尾会被风推动旋转，使箭头移往风的来向。

实验目标：

1.学会制作风向标，解释其测风向的原理。

2.学会运用所制风向标判断风向。

二、实验器材

彩色美术纸、吸管、透明胶带、大头针、带橡皮的铅笔、指南针、小风扇。

三、实验步骤

1.用彩色美术纸制作一个箭头和一个稍大的箭翼。

2.在一根吸管的两端各开一条1cm长的缝隙。

3.将箭头和箭尾分别插入吸管两端的缝隙，用透明胶带固定，找出它的平衡点。

4.用大头针穿过平衡点，另一端刺入铅笔顶端的橡皮中。来回摆动风向标，确保它能自由转动。

5.将小风扇放置在风向标的不同方位，验证风向标能否正常工作，否则微调改进。

6.将风向标带到操场空旷的地方，固定在高处，借助指南针确定风向。

7.持续观测10分钟，分别用文字、符号和角度进行记录，统计出现频率最多的风向并算出平均值。

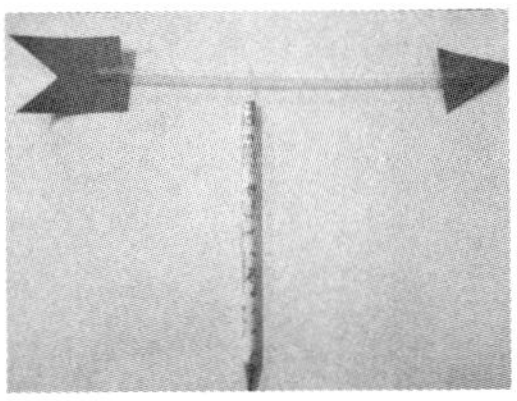

图2-5-15 风向标示意图

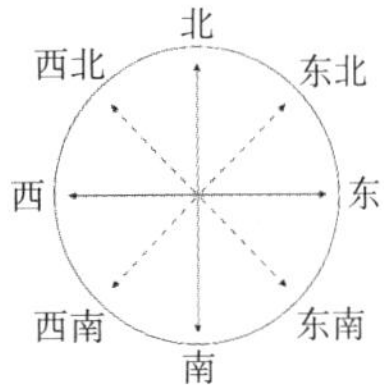

图2-5-16 风向的方位

四、实验分析

1.风向标为什么能指示风向？

2.风向是指风的来向还是去向？

五、结论与应用

结论：

在给定的时间段，出现频率最大的风向即最多风向。

应用：

该实验适用于高中地理“大气的水平运动”“季风”等相关内容的教学。

六、注意事项

1.该实验为学生操作实验。

2.为使风向测量更准确，应待风向标保持稳定半分钟左右再做记录。

3.学生可以再做一个三杯风速计，粗略判断风速大小。同时也可以参照风力等级表上的“陆地物体征象”，目测估算风速。常用口诀为：“零级烟柱直冲天，一级青烟随风偏，二级轻风吹脸面，三级叶动红旗展，四级枝摇飞纸片，五级带叶小树摇，六级举伞步行难，七级迎风走不便，八级风吹树枝断，九级屋顶飞瓦片，十级拔树又倒屋，十一十二级陆上很少见。”

七、参考文献

［1］李瑞军.新课程背景下应注重地理实验教学［J］.山西广播电视大学学报，2006（3）.

［2］国家气象信息中心.风力的等级划分［DB/OL］.［2017-11-15］.http://www.cma.gov.cn/2011xzt/20120816/2012081601/201208160101/201407/t20140717_252607.html

实验2 气温测量实验

一、实验原理与实验目标

实验原理：

大气的热量主要来源于地面接收到的太阳辐射。太阳高度越大，地面接收到的热量越多，但地面对大气的增热需要一定过程。所以，一天中近地面气温的最高值一般出现在14时左右，最低值一般出现在日出前后。

实验目标：

1. 正确使用温度计。

2. 运用数据解释一天中气温变化的规律。

3. 解释太阳高度与气温的关系。

二、实验器材

酒精灯、温度计3支、白色A4卡纸3张、黑色卡纸1张、200瓦透明灯泡1个、手表、剪刀、量角器、刻度尺。

三、实验步骤

（一）室内实验

1. 用准备好的3张A4白纸做3个三棱锥，用黑色卡纸剪成3个正方形卡片，其中正方形卡片的边长与三棱锥的高一致。

2. 将3支温度计分别固定在3个三棱锥的一面，将黑色正方形卡片覆盖在温度计上（模拟百叶箱，避免阳光直射）。

3. 把3个配有温度计的三棱锥水平放在离灯泡约20cm远的桌面上，并使黑色卡片覆盖的面与灯丝分别呈90°、45°与0°夹角（用量角器确定角度）。

4. 记录3支温度计的温度变化。

表2-5-9　温度变化记录单

温度计	时间	温度
A(0°)	2 min	
	4 min	
	6 min	
	8 min	
	10 min	
	12 min	
B(45°)	2 min	
	4 min	
	6 min	
	8 min	
	10 min	
	12 min	
C(90°)	2 min	
	4 min	
	6 min	
	8 min	
	10 min	
	12 min	

5.每隔2分钟记录一次（可根据具体情况调整）每支温度计上的读数，至少记录6次以上。

（二）室外实验

1.将1支温度计放置在距地面约1.5m高的阴凉处观测气温。

2.分时段（6时、8时、10时、12时、14时、16时、18时、20时、22时）进行观测，并做好记录。

3.将观测数据与中国天气网（http://www.weather.com.cn/）记录的当地气温数据进行对比，比较数据是否准确。

四、实验分析

1.比较室内实验中3支温度计升温的快慢。

2.阳光照射角度与温度变化之间有什么关系?

3.分析气温在一天中的变化情况，最高气温和最低气温分别出现在什么时间?

五、结论与应用

结论：

1.光线与温度计所在平面呈90°夹角时，温度计数值增加最快。

2.晴朗天气下，早上气温逐步升高，到14时左右出现最高温，随后温度逐渐降低，日出前后出现最低温。

应用：

该实验适用于高中地理“大气的受热过程”相关内容的教学。

六、注意事项

1.该实验为学生操作实验。

2.室外实验最好在天气晴朗时进行。

3.室内实验中要保证3支温度计的初始温度值相同。

4.天气预报的气温通常是在野外空气流通、不受太阳直射下的百叶箱内测量。所以该实验的温度计必须放置在阴凉处或用黑色卡纸遮挡。

七、参考文献

［1］李春艳.中学地理实验教学研究［D］.长春：东北师范大学，2006.

［2］［美］丹尼尔，等. 科学启蒙·地球科学5［M］.万学，姜允珍，等，译.杭州:浙江教育出版社，2013: 29.

实验3　降水量与蒸发量测量实验

一、实验原理与实验目标

实验原理：

降水量和蒸发量是影响区域气候的重要因素。用直径20cm的容器收集降水，再用配套的雨量筒称量降水的体积即可算出降水量。1mm的降水量是指单位面积上水深1mm。

计算指定规格蒸发器（直径20cm，高10cm）内减少的水量即可知道当地的蒸发量。一般情况下，降水量和蒸发量的计算时间单位为24小时，数值单位为毫米（mm）。

实验目标：

1.学会使用雨量筒观测降水量。

2.学会使用蒸发器观测蒸发量。

二、实验器材

雨量筒（也可用直径20cm的其他容器代替）、蒸发器（可用口径20cm、高约10cm的直筒容器代替）、直径4cm量筒。

三、实验步骤

（一）降水量观测

1.在空旷场所安装好雨量筒，筒口应当距地面70cm。在整天都能获得日照处架设好蒸发器，筒口距离地面70cm。

2.选择8点或20点为观测起点，连续观测24小时降水量。降雪时可用温水化雪，然后减去温水的量。

（二）蒸发量观测

1.选择任意时间点开始，在蒸发器内注入30mL自来水，连续观测24小时后，用量筒称量剩余水量。两者相减即蒸发量。

2.记录测量得到的数据，根据数据绘制降水柱状图和蒸发柱状图。

3.分别在小雨、中雨后，挖开一块土壤剖面，观察雨水浸透土壤的深度。

四、实验分析

1.炎热天气的蒸发会影响降水量测量吗？

2.影响蒸发量的因素有哪些？

3.雨水浸透土壤的深度到达植物根部了吗？能否直接缓解旱情？

五、结论与应用

结论：

1.在干旱区或天气炎热季节，应当避免蒸发，在降雨后及时用量筒测量水量。

2.温度、湿度、液体的表面积、空气流动都会影响蒸发过程。

应用：

1.该实验适用于七年级“降水”，高中地理“水循环”“气候类型”等的相关内容。

2.可以根据连续测量数据计算当地年降水量、蒸发量，进一步探讨当地水资源的主要来源。也可以将各月降水量绘制成直方图，叠加中国天气网的各月气温均值图，绘制成当地的气温降水图。

六、注意事项

1.该实验为学生操作实验。建议让学生分组观测降水量和蒸发量，每组负责一天或三天，连续观察一个星期的蒸发量和一个季度的降水量。

2.要使测量更准确，应当购买标准规格和材质的雨量筒和蒸发器。遇到降水时必须遮盖蒸发器。蒸发器还需要加装防护栏杆，防止水被鸟兽喝掉。

3.可以根据测得降水量推测前一日降水等级。我国气象部门采用的降水等级如表2-5-10。

表2-5-10　不同降水量观测现象表

降水等级	观测现象	日降雨量（24小时）
小雨	雨点清晰可见，没漂浮现象；下地不四溅；洼地积水很慢；屋上雨声微弱，屋檐只有滴水	10mm以下
中雨	雨落如线，雨滴不易分辨；落硬地四溅；洼地积水较快；屋顶有沙沙雨声	10.0～24.9mm
大雨	雨降如倾盆，模糊成片；洼地积水极快；屋顶有哗哗雨声	25.0～49.9mm
暴雨	根据暴雨的强度可分为暴雨（50.0～99.9mm）、大暴雨（100.0～250.0mm）、特大暴雨（超过250mm）三种	超过50.0mm

七、参考文献

中国气象局.降水的等级划分［DB/OL］.［2017-11-20］.http://www.cma.gov.cn/2011xzt/2012zhuant/20120928_1_1_1_1/2010052703/201212/t20121212_195616.html.

实验4　露点温度测定实验

一、实验原理与实验目标

实验原理：

傍晚或夜间，地面由于辐射冷却，使贴近地表面的空气也随之降温，当其温度降到露点以下，即空气中水汽含量过饱和时，地表就会有水汽的凝结。如果此时的露点温度在0℃以上，地面会出现微小的水滴，称为露。如果露点温度在0℃以下，则水汽凝结为白色冰晶，称为霜。

实验目标：

解释露水形成的原理，并学会测定露点温度的方法。

二、实验器材

冰块、金属易拉罐、温度计、搅拌棒、水。

三、实验步骤

1.将水倒入金属罐中，但不要倒满，将金属罐的外壁擦干。

2.在水中加入少量冰块，并用搅拌棒缓慢搅动。

3.在罐中小心放入温度计，当金属罐外壁出现水膜时，记录此时的水温。

4.重复步骤1～3，再进行两次实验。

5.计算三次实验金属罐外壁出现水膜时水温的平均值，这个值即为金属罐周围空气的露点温度。

6.在晴朗干燥天气和阴雨湿润天气，冬季和夏季分别进行测量并记录温度。

四、实验分析

1.当空气中水汽含量不变时，露点是否会随温度的升高而发生改变？

2.实验为什么选用金属罐而不是玻璃烧杯？

五、结论与应用

结论：

露点温度会随着空气中的水汽含量、气压、气温等气象因素的改变而改变。

应用：

该实验可作为高中地理“常见天气系统”的拓展内容。

六、注意事项

1.该实验为学生操作实验，建议3～4人为一组。

2.测量温度时应快速完成，保证测量结果准确。选用金属易拉罐是因为它有更好的热传导性能。

3.尽量避免外界因素（如体温、呼吸等）对温度计的影响。

七、参考文献

［1］［美］小法瑟尔，等. 地球科学・人类的生存环境［M］.施忆，等，译. 杭州：浙江科学技术出版社，2011: 41.

［2］周淑贞. 气象气候学［M］. 北京:高等教育出版社，1997：67.

实验5　温室效应模拟实验

一、实验原理与实验目标

实验原理：

自然界的一切物体都在以电磁波的形式向周围辐射能量。由于大气层难以吸收短波辐射的能量，所以大部分太阳辐射可以直接到达地面。地球表面受热后开始向大气层反射热量，但是大气层中的温室气体能在大量吸收地面长波辐射热量的同时，再次向地面发射长波辐射。这一过程减少了地面热量的损失，其对地球的保温作用类似于温室的玻璃窗户。大气层带来的温室效应使地球的温度保持相对稳定。

实验目标：

解释温室效应的成因。

二、实验器材

1.5L的空矿泉水瓶2个、2.5L空塑料瓶1个、200W的电灯泡及配套的通电设备、温度计2支、少量土壤、剪刀、手表。

三、实验步骤

1.将温度计编号为a、b，用剪刀将3个塑料瓶从中间剪断，将2个1.5升瓶子的底部平放，分别编号为A、B。

2.将相同量土壤放入两个瓶中，在A、B瓶中分别插入温度计a和温度计b。

3.接通两个电灯泡模拟光照，灯泡与两个瓶子及温度计的距离应保持一致，保证两支温度计接收同样的照射。

4.观察升温过程，每隔两分钟观察一次温度计并记录温度，至少观察三次，比较两支温度计的温度差别及各自温度变化。

5.保持其他条件不变，将瓶子A用2.5升塑料瓶的下半截套上。

6.观察升温过程，每隔两分钟观察一次温度计并记录温度，至少观察五次，比较两支温度计的温度差别及各自温度变化。

7.将灯泡的电源切断，观察两个温度计的变化，每隔两分钟观察一次，并记录各自的温度，至少观察三次。

表2-5-11　温度记录单

	温度计a	温度计b
套瓶前		
套瓶后		
断电后		

四、实验分析

1.在步骤4中，观察到的温度变化是怎样的？

2.在步骤6中，观察到的温度变化是怎样的？

3.套上半截2.5L的塑料瓶对1.5L塑料瓶的温度变化有怎样的影响？

五、结论与应用

结论：

温室阻止了室内外空气的热交换，使室内增温较快。

应用：

该实验适用于高中地理“大气的保温作用”“温室效应”等相关内容的教学。

六、注意事项

1.该实验为学生操作实验，建议4～5人为一组。

2.引导学生注意区分大气的保温作用、温室效应及全球气候变暖等概念。

七、参考文献

［1］戴君虎，晏磊. 温室效应及全球变暖研究简介［J］. 世界环境，2001（4）.
［2］段海六. 地理实验在中学地理课堂教学中的应用[J]. 中学地理教学参考,2009(6).

实验6　大气降水模拟实验

一、实验原理与实验目标

实验原理：

在一定温度下，当空气不能再容纳更多的水汽时，就形成了饱和空气。如果气温降低，饱和空气容纳不下的水汽就会附着在空气中以尘埃为主的凝结核上，形成云、雾等微小水滴。云中的小水滴互相碰撞合并，体积就会逐渐变大，成为雨、雪、冰雹等降落到地面。在实验室环境下，水蒸气在上升过程中遇冷，达到露点后凝结为小水滴，进而合并为大水滴，然后像雨滴一样落下。

实验目标：

理解形成降水的基本条件。

二、实验器材

2个大约500mL的玻璃容器、200mL自来水、200mL温度在85℃～100℃的热水、2块能够盖住玻璃容器的玻璃片、若干冰块。

三、实验步骤

1. 将200mL自来水倒入其中一个玻璃容器中，盖上玻璃片，观察玻璃片下方的现象。

2. 将200mL热水倒入另外一个玻璃容器中，盖上玻璃片，5分钟之后，观察玻璃片下方的情况。

3. 再将小冰块分别放置在两个玻璃片上，5～10分钟之后观察玻璃片下方的情况。

4. 完成实验观察记录单。

表2-5-12　降水实验观察记录单

实施项目		现象	结论
倒入自来水	放冰块之前		
	放冰块之后		
倒入热水	放冰块之前		
	放冰块之后		

四、实验分析

1. 对比步骤1、2、3中的现象，你能得出什么结论？

2. 由此推测，暖流和寒流经过时会对当地的气温和降水产生怎样的影响？

五、结论与应用

结论：

水汽受到冷空气的影响会降温凝结，最终受到重力的作用降落下来。

应用：

该实验可作为高中地理“常见天气系统”的拓展内容。

六、注意事项

1.该实验为教师演示实验。

2.实验过程中无法观察到凝结核，所以教师在最后总结的时候要进行说明。

3.建议学生在实际生活当中观察家中烧热水时的情景，当水烧开之后打开锅盖时锅盖上也有类似现象产生。注意防止烫伤。

七、参考文献

［1］乔瑞敬.用模拟实验解释关于降水的问题［J］.中学地理教学参考，2014（13）.

［2］周淑贞.气象学与气候学［M］.北京:高等教育出版社，2001:77.

实验7　热力环流演示实验

一、实验原理与实验目标

实验原理：

地面受热不均引起空气在垂直方向上的运动，进而导致同一水平面上产生了气压差异，最终使得空气成环流状运动。

实验目标：

1.举例说明热力环流形成的原理。

2.运用示意图说明热力环流的形成过程。

二、实验器材

体积约60cm×45cm×35cm的长方体玻璃缸、1块能覆盖住玻璃缸的木板、烧开的热水、冰块若干、3支卫生香、2个容积一致的烧杯、1个夹子、1块黑布、火柴、洗洁精、细线。

三、实验步骤

1.在玻璃缸内壁涂抹一层洗洁精，防止玻璃缸起雾影响观看效果。

2.将玻璃缸放置在讲桌上，用黑布遮住玻璃缸面向黑板的一侧，使学生能明显看到烟的运动方向。

3.把热水和冰块分别倒入两个烧杯中，将其分别放置在玻璃缸内的两侧，盖上木板，减少外界的影响。

4.用绳子一端绑住夹子后，再用夹子夹住点燃的卫生香，然后将卫生香放入热水烧杯上方。用木板压住绳子另一端。

5.观察烟的运动方向。

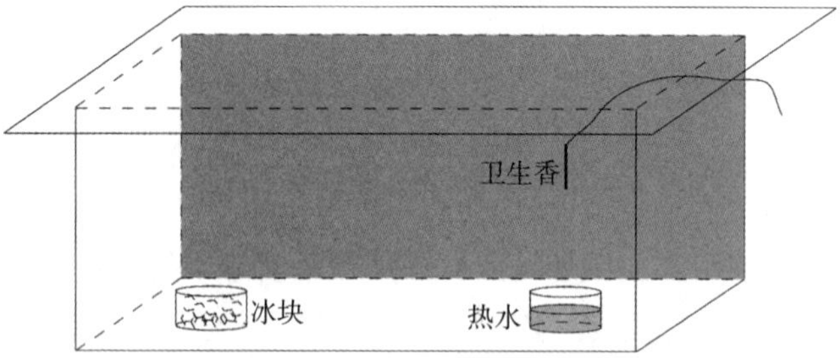

图 2-5-17　热力环流实验示意图

四、实验分析

1. 刚开始观察到的空气流动是在水平方向还是垂直方向？

2. 请用语言描述观察到的热力环流形成的过程。

3. 请将观察到的现象用图示方式表示。

4. 比较同一水平面上不同位置空气压力的大小。

五、结论与应用

结论：

1. 地面受热不均引起空气的上升或下沉运动。

2. 空气的垂直运动导致了同一水平面的气压差异。在同一水平面上，气流总是由高压流向低压。

应用：

1. 该实验可作为高中地理“热力环流”的教学演示实验。

2. 北方的同学可以借助此实验来分析室内暖气的位置，而南方的同学可以分析室内空调的位置。在北方的供暖季节，教师也可以引导学生在窗台暖气上方做类似实验。

六、注意事项

1. 该实验为教师演示实验。

2. 教师可以用视频记录实验过程，便于学生反复观察实验现象。

3. 此实验的替代做法还有很多，如用蚊香直接代替热水和卫生香。再如图 2-5-18 所示实验，将蜡烛置于圆柱形铁罐或塑料瓶内，在瓶底部开一个小孔，在孔口处点燃一支卫生香，点燃蜡烛后观察烟的运动方向（由瓶外飘向瓶内）。此外，目前也有企业开发了热力环流的实验套装。

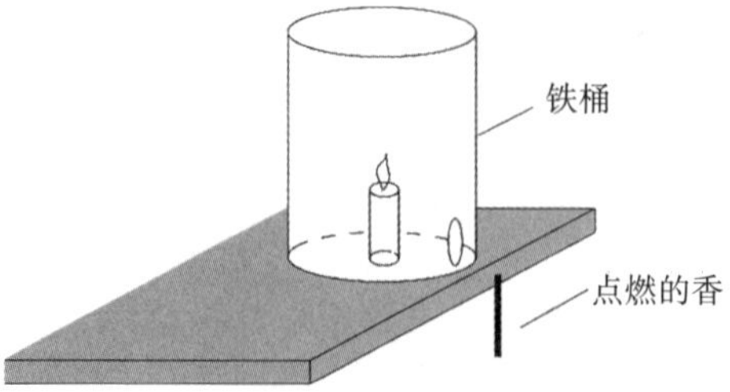

图 2-5-18　热力环流实验示意图

七、参考文献

[1] 殷航，朱玲．“热力环流”活动的设计与反思［J］．地理教学，2012（5）．

[2] 罗春香．“热力环流”教学片段展示及评析［J］．中学地理教学参考，2013（7）．

[3] 申玉红．高中地理实验教学现状及改进策略［D］．长春：东北师范大学，2011．

[4] 汤国荣．追寻注重“过程”的高中地理教学［J］．地理教学，2012（16）．

实验8　海陆热力性质差异模拟实验

一、实验原理与实验目标

实验原理：

由于海洋与陆地的比热容存在差异，因此相同的受热（冷却）时间里，海洋与陆地所吸收（放出）的热量并不相同。一般白天陆地升温比海洋快，夜晚陆地降温比海洋快。

实验目标：

1.说明海陆热力性质差异。

2.学生能够利用海陆热力性质差异解释一些相关地理现象。

二、实验器材

2支酒精温度计、2个300mL的烧杯、室温状态下的盐水、室温状态下的干沙、手表。

三、实验步骤

1.将2支温度计放入同一水杯中，保持2支温度计的初始温度相同。

2.在2个烧杯内分别装入等量的盐水和干沙，把2支温度计分别埋入盐水和干沙中，深度约5cm，测量盐水和干沙的初始温度，读取并记录数据。

3.选择晴朗中午，将盐水与干沙放置在室外，每隔5分钟进行一次温度的记录，至少观察并记录6次。

4.将步骤3中阳光照射后的盐水和干沙放置在室内，每隔5分钟，读取2支温度计的数值并记录，比较阳光照射前后数据的差异。

表2-5-13　盐水和干沙温度比较记录单

实施项目	时间	盐水温度	干沙温度
太阳照射	开始测量		
	5分钟		
	10分钟		
	…		
	30分钟		
室内放置	5分钟		
	10分钟		
	…		
	30分钟		

四、实验分析

1.室外测量时，哪一个烧杯的温度上升较快？

2.室内测量时，哪一个烧杯的温度降低较快？

五、结论与应用

结论：

在太阳直接照射下，沙土增温快，盐水增温慢。在室内放置时，沙土降温快，盐水降温慢。

应用：

该实验适用于高中地理“季风”“热力环流”等相关内容的教学。

六、注意事项

1.该实验为学生操作实验。

2.该实验中2支温度计的初始温度应保持一致，以减少实验数据的误差。

3.该实验照射之后的盐水与沙土放置在室内时间越长，2支温度计的数值越接近室温，因此，在进行室内温度观察实验时要注意把握时间。

4.如果太阳光照不强，可以适当延长观察时间间隔。如果是阴天，也可以用2个200W白炽灯泡置于烧杯上方，替代太阳辐射。

七、参考文献

［1］叶柚铀，陆陛华.浅谈中学地理实验教学［J］.地理教学，2011（14）.

［2］王丽丽.海陆热力性质差异模拟实验［J］.中学地理教学参考，2016（21）.

实验9　锋面系统模拟实验

一、实验原理与实验目标

实验原理：

水平方向上温度、湿度等物理性质分布比较均一的大范围空气即气团。当冷、暖两种性质不同的气团在移动过程中相遇时，它们之间就会出现一个倾斜的交界面，叫作锋面。冷、暖气团相遇时，冷气团位于暖气团的下方，锋面向冷气团倾斜。

实验目标：

1.比较说明冷、暖气团的性质。

2.运用示意图说明冷、暖气团相遇时各自的位置和锋面的倾斜方向。

二、实验器材

红蓝墨水、适量烧开的热水和冷水，长约30cm、高约15cm的中间有隔板的玻璃水槽。

三、实验步骤

1.在玻璃水槽两侧分别滴入红墨水和蓝墨水。

2.将热水和冷水分别同步倒入水槽两侧，使两侧水面大致齐平。

3.待水静止之后将隔板抽走，观察红水区和蓝水区交界面的变化，并观察红水、蓝水的运动方向。

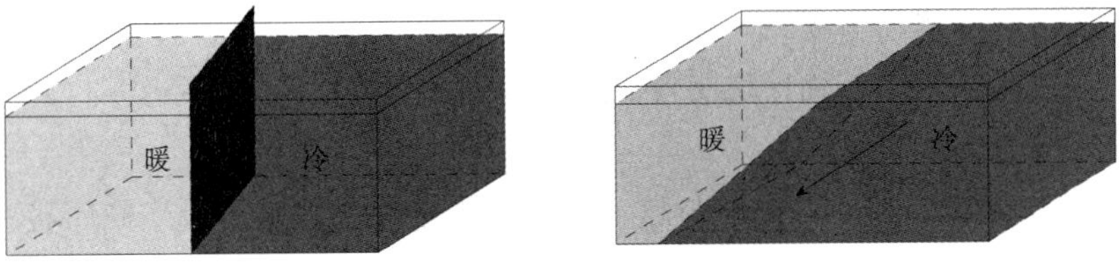

图2-5-19 冷暖气团相遇模拟图

四、实验分析

1.隔板抽走之后，红色暖水区与蓝色冷水区的位置发生了什么变化?

2.将看到的实验过程用图示形式表示出来。

3.与真实的锋面系统相比，该实验有哪些不足?

五、结论与应用

结论：

红色热水向蓝色冷水上方运动，蓝色冷水向红色热水下方运动。

应用：

该实验适用于高中地理“常见天气系统”相关内容的教学。

六、注意事项

1.该实验为教师演示实验。

2.只在冷水中加入颜色，实验现象也较明显。

3.教师可将实验过程录制成视频，便于学生反复观察实验现象。

4.教师需要说明，因为是液体模拟实验，所以难以模拟出真实的成云致雨的现象。

5.实验过程中应注意安全，谨防被热水烫伤。

七、参考文献

叶柚铀，陆陛华.浅谈中学地理实验教学［J］.地理教学，2011（14）.

第四节 水文实验

实验1 承压水模拟实验

一、实验原理与实验目标

实验原理：

潜水和承压水是最常见的两种地下水储藏形式。潜水埋藏在第一个隔水层之上，而承压水埋藏在上下两个隔水层之间。在地形条件适宜时，承压水的天然露头或经人工凿井喷出地表称为自流水。隔水层由致密的岩石或黏土构成，空隙小，地下水不易透过，具有吸附和过滤作用。

实验目标：

1.正确区分承压水与潜水。

2.举例说明隔水层的作用，说明自流井、承压井和承压水的关系。

二、实验器材

40cm×25cm的透明玻璃箱或塑料箱、黏土、橡皮泥、塑料薄膜、鹅卵石、湿沙（海绵）、漏斗、1根粗吸管、水、彩笔。

三、实验步骤

1.在玻璃箱底部用黏土塑造出一头高一头低的基础地形，中间向下凹陷。

2.在黏土上铺一层厚约3cm的湿沙，将漏斗底部埋入高处湿沙层中，粗吸管竖立，底端埋入中部凹陷区湿沙层中。

3.湿沙上再铺一层橡皮泥，在低的一头露出湿沙充当排泄区，做好橡皮泥与箱体、吸管和漏斗的密封。

4.在橡皮泥上面放一些鹅卵石，增加含水层的压力，另外铺一层湿沙，模拟潜水。

5.找出补给区（漏斗处湿沙层最高点）和排泄区的最低点，将两点之间的连线（承压水位线）用彩笔画在玻璃箱上。

6.向漏斗中缓慢注水，观察吸管中的水位变化情况。

四、实验分析

1.承压水和潜水的埋藏深度有何不同？

2.承压水和潜水在水质上有无差异？

五、结论与应用

结论：

潜水的补给为大气降水和地表水。潜水资源易补充恢复，但也易受污染。承压水一般可分为补给区、承压区及排泄区三部分，水质相对不易受到污染。

应用：

该实验可作为高中地理“陆地水”的拓展内容。

六、注意事项

1.该实验过程较为复杂，建议作为教师演示实验。

2.实验中要防止水渗漏。特别是做好隔水层（橡皮泥层）与箱体、漏斗和吸管的连接密封，避免水沿箱体或管壁流动，影响实验现象。可以在材料与玻璃的接合处用玻璃胶封闭。

3.吸管的粗细可根据实际情况进行改动。

4.向漏斗倒水时要缓慢，如发现水流上涌出地表，可暂停片刻，待水渗入湿沙层后再缓慢进行。

七、参考文献

［1］朱雪梅，吴敏.从新课程标准谈地理实验教学［J］.中学地理教学参考，2005(7).

［2］李春艳.中学地理实验教学研究［D］.长春：东北师范大学，2006.

［3］江苏教师进修学院.地理教具介绍［M］.南京：江苏人民出版社，1957.

实验2 密度流模拟实验

一、实验原理与实验目标

实验原理：

密度流是由于海水温度、盐度不同使得密度分布不均匀而造成的海水流动。

实验目标：

1.解释海洋水体之间存在密度和温度的差异。

2.说明密度流的形成。

二、实验器材

约30cm×15cm×20cm的透明无盖玻璃箱2个、15cm×20cm隔板2个（可用塑料泡沫板代替）、染色盐水、染色热水、冷水、温度计1支。

三、实验步骤

（一）由于温度不同产生的密度流

1.在玻璃箱里插入隔板。

2.在玻璃箱左侧倒入适量染色热水，右侧倒入与左侧相同体积的冷水。

3.待两侧水面完全平稳后，抽出隔板。

（二）由于盐度不同产生的密度流

1.在另一个玻璃箱里插入隔板。

2.在玻璃箱左侧倒入适量染色盐水，右侧倒入与左侧相同体积的冷水。

3.待两侧水面完全平稳后，抽出隔板。

四、实验分析

1.在实验（一）中抽出隔板时，能观察到什么现象?

2.在实验（二）中抽出隔板时，能观察到什么现象?

五、结论与应用

结论：

由于各地海水的温度盐度不同，引起海水密度的差异，使表层海水从密度小的地方流向密度大的地方，从而形成了密度流。

应用：

该实验适用于高中地理“洋流”相关内容的教学。

六、注意事项

1.该实验为教师演示实验。

2.两套实验方案中隔板应选取不吸水、不透水、不溶于水且表面光滑的材质。在插入隔板时，尽量与盛水的器皿之间黏合牢固。

3.也可以在实验隔板上下部位分别开凿一个小洞，实验之初将小洞用塑料薄膜密封，倒入不同密度液体，之后抽掉塑料薄膜，观察两侧液体流动变化情况。

4.第一个实验也被用来模拟演示锋面系统。

七、参考文献

［1］张国宝.几个低成本的地理小实验［J］.地理教学，2008（12）.

［2］赵璇.中学地理实验教学资源开发研究［D］.南京：南京师范大学，2012.

实验3　水质检测实验

一、实验原理与实验目标

实验原理：

水质指标是用于评价一般淡水水域、海水水域特性的重要参数。可以根据这些参数对水质类型进行分类并对水体质量进行判断和综合评价。

水体质量取决于评价水体特性的水质指标参数。水质指标已形成比较完整的指标体系，一般按基础调查、检测性调查、专题性调查及应急性调查等多种不同类型的用途而选择不同的指标项目。最常见的水质监测指标是颜色、pH值、氨氮、溶解氧和化学需氧量（COD）。

氨氮是水体中的营养素，可导致水体富营养化现象的产生，是水体中的主要耗氧污染物，对鱼类及某些水生生物有毒害。溶解氧值是研究水自净能力的一种依据。水里的溶解氧被消耗，要恢复到初始状态，所需时间短，说明该水体的自净能力强，或者说水体污染不严重；否则就说明水体污染严重，自净能力弱，甚至失去自净能力。化学需氧量（COD）越大说明水体受有机物的污染越严重。

实验目标：

能够说出pH、COD、氨氮、总磷、溶解氧等指标与水质之间的关系。

二、实验器材

透明玻璃瓶或塑料瓶6个；试纸及标准比色卡；COD试剂袋及COD标准比色卡；氨氮试剂Ⅰ、Ⅱ及氨氮标准比色卡；总磷试剂Ⅰ、Ⅱ及总磷标准比色卡；溶解氧试剂Ⅰ、Ⅱ、Ⅲ及溶解氧标准比色卡；比色管5支、胶头滴管1支、手表1个、25mL量筒1个、温度计1支。以上为一个水质监测点所需，若有多个采集点，需要多准备几套器材。

三、实验步骤

1.实验前请同学查阅水质检测的相关知识，教师讲解检测流程。

2.将同学分为3组，分别在河流上游、中游、下游各取一个采样点，每个点采集6瓶水样。

3. 取1瓶水样，观察颜色、泡沫、漂浮物，嗅辨气味。取5瓶水样，组内分工进行以下实验，将结果填入表2-5-14。

表2-5-14 水质监测记录表

指标 小组	检测指标					水质状况			
	pH值	COD	氨氮	总磷	溶解氧	颜色	气味	泡沫	漂浮物
第一组 河流 上游									
第二组 河流 中游									
第三组 河流 下游									

（1）pH检测。用胶头滴管将1～2滴待测水样滴在pH试纸上，静置片刻后与标准色板比较，观察得到pH值。

（2）COD检测。打开试剂袋，取出小管子，拔掉管子一端的丝线，吸入检测水样，摇匀后静置6分钟，然后与比色卡比对。

（3）氨氮检测。取洁净的比色管加入待测水样至15mL刻度线，加一包氨氮试剂Ⅰ混匀，盖上盖子摇匀溶解，放置2s后加入一包氨氮试剂Ⅱ混匀溶解。放置15分钟后，打开盖子，将比色管放置于比色卡空白处与标准色阶对比，与管中溶液相同的色阶即是水中氨氮的含量（mg/L）。

注：测试温度为10℃～30℃。

（4）总磷检测方法和步骤。取洁净的比色管加入待测水样至15mL刻度线，加1mL试剂Ⅰ混匀，30s后加入一包试剂Ⅱ混匀，放置10分钟后，将比色管放置于比色卡空白处与标准色阶对比，与管中溶液相同的色阶即是水中磷的含量。

注：测试温度为10℃～30℃。

（5）溶解氧检测方法和步骤。用待测水样冲洗比色管2次，再取水样至比色管刻度线，依次向管中加入溶解氧试剂Ⅰ、Ⅱ各3滴，立即盖紧瓶塞，上下颠倒数次，静置3～5分钟，打开瓶塞，再加入3滴试剂Ⅲ，盖上瓶塞颠倒摇动至沉淀完全溶解（如不完全溶解可再加1～2滴试剂Ⅲ），然后与标准比色卡对比，与管中溶液色调相同的色标即为溶解氧含量（mg/L）。

注：若水样浑浊，待反应完后先过滤，然后再对比标准色卡。

4.将检测数据与相关参考指标（表2-5-15）进行比对，判断水质质量。

四、实验分析

1.根据得出的数据分析河流水质的指标是否超标？

2.可能是哪些因素造成了水质超标？

五、结论与应用

结论：

该实验没有固定结论，需要在实验结束后才能得出具体结论。

应用：

该实验适用于高中地理“水环境”和“水质”的相关教学内容。

六、注意事项

1.该实验为学生操作实验。

2.该实验所用试剂为水质快速检测专用试剂，可在大型化工商店购得。要特别注意不同试剂的实验步骤存在差异。

3.若资金足够，可购买检测设备或去当地疾控中心监测处理水样。

4.取水样时注意安全，实验后注意收集实验废弃物，带回后统一处理。

5.水质的参考指标如下。

表2-5-15　地表水环境质量标准基本项目标准限值（单位：mg/L）

项目 序号	分类 标准值 项目	Ⅰ类	Ⅱ类	Ⅲ类	Ⅳ类	Ⅴ类
1	水温（℃）	人为造成的环境水温变化应限制在：周平均最大温升≤1，周平均最大温降≤2				
2	pH值（无量纲）	6～9				
3	溶解氧≥	饱和率90%（或7.5）	6	5	3	2
4	化学需氧量（COD）≤	15	15	20	30	40
5	氨氮（NH_3-N）≤	0.15	0.5	1.0	1.5	2.0
6	总磷（以P计）≤	0.02（湖、库0.01）	0.1（湖、库0.025）	0.2（湖、库0.05）	0.3（湖、库0.1）	0.4（湖、库0.2）

七、参考文献

［1］国家环保总局，国家质量监督检验检疫总局.地表水环境质量标准［S］.北京：中国环境科学出版社，2002.

［2］快速水质检测试剂的说明书。具体产品略。

第五节　地质地貌实验

实验1　岩石和矿物的观测实验

一、实验原理与实验目标

实验原理：

根据外表特征和物理性质辨认和区分岩石、矿物的类别，这是岩石和矿物鉴定最常用的方法，也是学习地质知识的基本技能。岩石是地壳的组成部分，由一种或多种矿物组成。一般依据成因可分成岩浆岩、沉积岩和变质岩等三大类。依据颜色、晶体形状、光泽、解理和硬度等因素的不同，可以进一步细分出种类繁多、成分复杂的各种岩石。有的岩浆岩会有气孔状构造。沉积岩有层理构造，其中可能有化石。碳酸盐类的沉积岩（如石灰岩）和稀盐酸反应会产生二氧化碳气体。

实验目标：

1.观察和说出常见岩石、矿物的主要特征。

2.掌握用肉眼和放大镜鉴别岩石的主要方法。

二、实验器材

岩石、矿物标本1盒、放大镜、小刀、锤子、稀盐酸、磁铁。

三、实验步骤

1.观察岩石的颜色、构造（有无气孔、层理）特征。

2.在岩石上分别滴上几滴稀盐酸。

表2-5-16　岩石观察记录表

名称	颜色	层理（有/无）	气孔（有/无）	加稀盐酸（有/无气泡）
花岗岩	……	无	无	无
……				
……				

3.对照化石标本，判断化石所在岩石的类型。

4.观察矿物的颜色、光泽、透明度，用放大镜观察矿物颗粒的形态。

5.先用手触摸，再用小刀切割岩石或用小锤敲击矿物，比较其硬度。

6.用磁铁吸附，判断有无金属成分。

表2-5-17　矿物的物理性质观察记录表

名称	颜色	光泽（金属/非金属光泽）	透明度（透明/不透明）	形态（片、粒或柱状）	颗粒大小（大/小）	硬度（硬/软）	磁铁（能否吸附）
石墨	黑	金属	不透明	片状	很小	很软	不能
石英	……						
……							
……							

四、实验分析

1.将观察到的岩石特征填入记录表。

2.添加稀盐酸后，哪种岩石表面有气泡产生？

3.有化石标本的岩石是哪一类岩石？

五、结论与应用

结论：

各种岩石和矿物存在特征差异（略）。化石标本出现在沉积岩中。

应用：

1.该实验适用于高中地理“岩石和矿物”相关内容的教学。也可以和化学课的相关内容相结合。

2.课后可以采集部分岩石、矿物与标本进行比较，或者制作一个岩石标本集。

六、注意事项

1.该实验为学生操作实验。

2.实验过程中要注意安全，佩戴护目镜、围裙。

3.中学常用的岩石标本套装一般包括岩浆岩类（如花岗岩、玄武岩）、沉积岩类（如砂岩、页岩、砾岩、石灰岩）和变质岩类（如大理石、汉白玉、板岩、片麻岩）。常用的矿物标本套装一般包括石膏、石英、长石、云母、煤、磁铁矿、黄铜矿、石墨、孔雀石等二十多种。

4.小学科学课程已涉及观察岩石标本的实验。例如用放大镜观察岩石；将岩石标本放入水里观察；用小锤轻轻敲击岩石或用岩石相互敲击；在岩石上滴稀盐酸进行观察。建议中学应着重关注成因、矿物成分及其利用。

七、参考文献

［1］汪正祥.自然地理综合实验指导［M］.武汉：华中师范大学出版社，2013：107-116.

［2］何晓文.华东师大二附中学生必做100个实验拓展实验［M］.上海：华东师范大学出版社，2007：194.

实验2　岩石风化作用的模拟实验

一、实验原理与实验目标

实验原理：

岩石裂隙中的水在温度降低后结冰，体积增大后撑大岩石缝隙，温度回升后冰融化为水，流入裂隙深处，遇冷后再次结冰。这一过程反复发生使岩石碎裂成块。同时，岩石是热的不良导体，内外受热不均时产生膨胀与收缩，长期作用结果使岩石发生崩解破碎。这是两种最常见的岩石物理风化作用。

实验目标：

1.说出岩石冻融作用的过程。

2.说出岩石受热崩解破碎的原因。

二、实验器材

岩石A（干燥、半个拳头大小或更小）、岩石B（有狭长细小裂缝、0.5m以上）、老虎钳或长柄铁夹子、水槽、酒精灯。

三、实验步骤

（一）岩石受热崩解破碎

1.用钳子夹住岩石A，放在酒精灯上用大火快速加热十分钟左右。

2.把加热后的岩石A放进水槽中冷却后取出观察岩石表层。

（二）岩石冻融作用

1.在寒冷的冬季下午，向岩石B的裂缝深处注满水（缝隙朝上），待夜晚自然冷冻。

2.次日下午温度回升后，向裂缝深处补充注入温水，待夜晚再次自然冷冻。反复这一过程，直到岩石破裂。

四、实验分析

1.岩石A加热、冷却后为什么会发生碎裂？

2.岩石B缝隙中的水反复冷冻、融化的过程中，裂缝发生了怎样的变化？

五、结论与应用

结论：

多次的受热冷却和反复的冻融作用使得岩石破裂。

应用：

1.该实验适用于高中地理“岩石和矿物”相关内容的教学。

2.可以联系青藏铁路修建中的冻土问题进行讨论。

六、注意事项

1.该实验为学生操作实验。

2.实验过程中要注意安全，佩戴护目镜、围裙和防护手套。

3.冻融作用的实验条件较多，操作难度略大。一是岩石要大，裂缝要细小狭长。二是该实验仅适用于北方寒冷的冬季，夜晚气温在零下5℃以下较可行。这是因为蒸馏水低于0℃会结冰，而水中有盐类杂质时，冰点可能会更低。三是实验需要的时间因岩石性质不同而差别很大。四是岩石崩裂现象可能发生在夜晚，学生难以直接观察到实验现象。此外，还需注意防止岩石崩裂伤及学生。

4.冻融风化还可以这样演示。在小气球里面装满水，将其埋入一个装有泥巴的纸杯里，然后将纸杯放入冰箱冷冻，待完全冷冻后将纸杯取出，发现表层的泥巴因为里面的水遇冷结冰膨胀而出现裂缝。

七、参考文献

陈颙，吴晓东，张福勤.岩石热开裂的实验研究［J］.科学通报，1999，44（8）：880-883.

实验3 火山喷发模拟实验

一、实验原理与实验目标

实验原理：

处于地下深处的岩浆，在巨大的压力作用下，有时候会沿着地壳的薄弱地带喷出地表，形成火山喷发。

实验目标：

1.理解火山喷发的原理和过程。

2.观察和识别火山基本结构（火山口、火山通道、火山锥）。

3.知道火山喷发对地表形态的影响。

二、实验器材

半径约为10cm的盘子、黏土、1个塑料瓶、红墨水、洗洁精、5g小苏打、500mL白醋。

三、实验步骤

1.将塑料瓶放在盘子上，用黏土将瓶子包裹起来（模拟火山形状），自然晾干。

2.将红墨水和洗洁精加入白醋中，混合均匀。

3.将混合好的溶液倾斜倒入塑料瓶中。

4.将小苏打用纸巾包裹好，放入溶液中。

四、实验分析

1.导致溶液喷出的原因是什么？

2.该实验与真实的火山喷发过程有什么异同？

五、结论与应用

结论：

1.醋与小苏打反应，生成大量气体，瓶子压强增大，使溶液喷出瓶子。

2.该实验和火山都是因为自身内部压强增大，将溶液、岩浆喷出。但模拟实验是由于瓶中发生了化学反应，产生了大量气体。而火山喷发是地球内部热能在地表的一种强烈释放，过程更为复杂。

应用：

该实验适用于高中地理“火山”相关内容的教学。

六、注意事项

1.该实验为教师演示实验。

2.师生应佩戴护目镜、围裙，观察实验现象时注意安全。

3.该实验也可用可乐和食盐代替小苏打和白醋。有的实验设计用蜡纸点燃火山口内的重铬酸铵模拟“火山爆发”和“熔岩在山坡上流动”的情境，但需要格外注意重铬酸铵、重铬酸钾的毒性问题。

4.该实验只能简单模拟火山喷发现象和火山喷发所形成的地貌景观，难以模拟火山喷发强度、熔岩性质及其所含气体量等。

七、参考文献

[1] 潘红星.高中地理实验教学的几个问题［J］.地理教学，2011（15）.

[2] 高佳，贾慧彦.教师如何成为教具高手［M］.南京：江苏美术出版社，2011：72.

[3] 江苏教师进修学院.地理教具介绍［M］.南京：江苏人民出版社，1957：21.

实验4　风力作用与新月形沙丘模拟实验

一、实验原理与实验目标

实验原理：

风对地表具有侵蚀、搬运、堆积的作用。从空中俯视类似新月形状的风积地貌称为新月形沙丘。在单风向或几个近似风向的作用下形成各种风积地貌，由于沙堆的存在使地面起伏，风沙流经过沙堆时，使近地面的风速发生变化，在沙堆顶部风速较大，沙堆的背风坡风速较小，在这种风力作用下常形成新月形沙丘。它是沙漠地区最常见的一种风沙堆积地貌。

实验目标：

1.说明风对地表物质的搬运和堆积作用。

2.分析形成新月形沙丘的条件。

二、实验器材

纸盒、粒径不同的沙子、白纸、吹风机。

三、实验步骤

1.在纸盒下面铺上白纸（以便直观观测），将沙子平铺在纸盒的前半部分。

2.在沙土上方堆放一个小沙堆，如图2-5-20所示。

3.用吹风机在纸盒前方20cm处平行移动，并匀速送风。

4.观察实验现象，如图2-5-21所示（侧视图）。

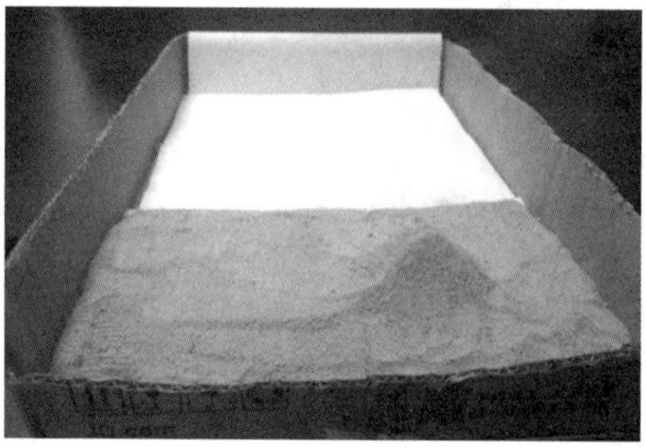

图2-5-20　实验前

图2-5-21　实验后

四、实验分析

1.新月形沙丘的迎风坡和背风坡的坡度有无差异?

2.能否根据新月形沙丘的形状判断该地的主要风向?

五、结论与应用

结论:

1.风可以携带各种不同粒径的沙粒使其发生不同距离的位移，粒径越小被搬运的距离越远。

2.新月形沙丘的迎风坡坡度较小，背风坡坡度较大。

应用:

1.该实验适用于高中地理“外力对地表形态的影响”相关内容的教学。

2.可以在谷歌地球上查找塔克拉玛干沙漠，寻找新月形沙丘的俯视照片。

六、注意事项

1.沙子粒径不宜过大，应为干燥沙粒。

2.注意保持吹风的高度基本不变。

3.为了更清楚地观察沙子的运动路径，可以在实验前将不同区域的沙子染成不同颜色。

七、参考文献

［1］段海六.地理实验在中学地理课堂教学中的应用［J］.中学地理教学参考，2009（6）.

［2］邓江军，于青.风力堆积地貌实验装置制作与使用［J］.中学地理教学参考，2016（2）.

［3］邓先武.探究小实验设计：沉积物颗粒的沉降速率［J］.中学地理教学参考，2013（12）.

［4］凌裕泉，吴正，刘绍中，等.新月形沙丘的模拟实验研究［J］.地理科学，1988（1）.

实验5　草方格治沙模拟实验

一、实验原理与实验目标

实验原理：

草方格沙障是常用的防风固沙方法之一。它通过增加地表粗糙度有效地控制风速，降低实际风力作用，实现固定流沙并阻止沙丘前进。

实验目标：

认识草方格防风固沙的作用。

二、实验器材

纸盒、干草若干、粒径不同的沙子、剪刀、白纸、吹风机、小铲子。

三、实验步骤

1.将沙子平铺在盒子底部，其中一边布置草方格沙障（将干草修剪好，整齐地铺在沙子上，然后用小铲子将干草压进沙子中，让干草两端翘起，并适当固定），另一边作为对照组。

2.将布置好的纸盒放在桌子上，在纸盒后半部分铺上白纸，增强对照效果，如图2-5-22所示。

3.用吹风机在纸盒前方20cm处平行移动，并匀速送风，让盒子两侧的沙子承受相同强度、相同时间以及相同角度的风力。

4.观察两侧白纸上沙粒的大小和多少，如图2-5-23所示。

图2-5-22　实验前

图2-5-23　实验后

四、实验分析

1.观察两侧白纸上沙粒的大小和多少有何区别。

2.观察草方格内外，对比表层沙粒的变化。

五、结论与应用

结论：

草方格沙障具有防风固沙的作用，细沙粒被吹到远处的白纸上，粗沙粒基本停留在原来的位置，草方格内沙粒无明显差异。

应用：

该实验适用于高中地理“荒漠化的防治”相关内容的教学。

六、注意事项

1.实验选取的沙子粒径不宜过大，充分干燥。

2.制作草方格沙障时所用的小铲子可用硬卡片代替。

七、参考文献

汤天巍.验证式实验在地理教学中的运用研究——以“草方格沙障”为例［J］.中学地理教学参考，2014（5）.

实验6　冰川侵蚀作用模拟实验

一、实验原理与实验目标

实验原理：

冰川及其挟带的岩石碎块对冰川基岩的破坏作用，称为冰川的侵蚀作用，又称刨蚀作用。侵蚀作用常使被侵蚀掉的物质离开原地，并形成侵蚀地貌。

实验目标：

1.说明冰川对地表的侵蚀状况和冰川融化后的沉积物堆积情况。

2.解释冰川作用塑造地表形态的过程。

3.说明外力作用对地表形态的影响。

二、实验器材

一个塑料容器、适量泥沙和碎石、水、一块肥皂、冰箱。

三、实验步骤

1.在塑料容器中放入泥沙和碎石，然后倒入水将其淹没，放入冰箱直至水结成冰时拿出。

2.从容器中取出混有沙石的冰块，用有碎石裸露的一端在光滑的肥皂表面进行摩擦，观察肥皂表面的变化情况。

3.将冰块重新放入塑料容器中，在冰块融化（自然融化）的过程中，观察泥沙和沙石的沉积情况。

四、实验分析

1.观察肥皂表面发生了怎样的变化。

2.如果这一过程持续下去，肥皂会变成什么形状？

3.冰川融化后沉积物的分布情况如何？

五、结论与应用

结论：

1.冰川对地表物质具有侵蚀作用，并形成侵蚀地貌。

2.冰川融化后的冰碛物是杂乱堆积的，没有颗粒大小的顺序变化。

应用：

该实验适用于高中地理“外力对地表形态的影响”的拓展内容。

六、注意事项

1.该实验为教师演示实验。

2.为了便于观察实验结果，实验中选用的碎石粒径应该为1cm左右。同时注意减少肥皂泡沫。

3.该实验适宜解释冰川对地貌的一些简单作用，难以解释角峰等复杂现象。

七、参考文献

［1］范敏.新课程背景下的地理实验教学研究［D］.上海：华东师范大学，2006.

［2］程子序.通过《中学地理实验课》培养师范生地理实验能力的研究［D］.北京：首都师范大学，2014.

实验7　河流地貌模拟实验

一、实验原理与实验目标

实验原理：

河流在流动过程中，会破坏和搬运地表物质，形成侵蚀地貌。被河流搬运的物质，在河流搬运能力减弱的情况下，会沉积下来形成沉积地貌。

实验目标：

1.说明河流侵蚀对地貌形成的重要作用。

2.说明沉积地貌和沉积物的分布特征。

3.举例说明外力作用对地表形态变化的影响。

二、实验器材

2大瓶水、大小不等的沙砾和泥土的混合物、1个一端开口的长方形木盒（可用硬质的鞋盒代替）、几本书、1个彩色小旗子。

三、实验步骤

1.将泥沙装入木盒中并适当加固，将几本书叠起放在木盒一端下方，使木盒与地面呈30°～45°夹角，形成一个斜坡。

2.将小旗子插在木盒顶端处。如图2-5-24所示。

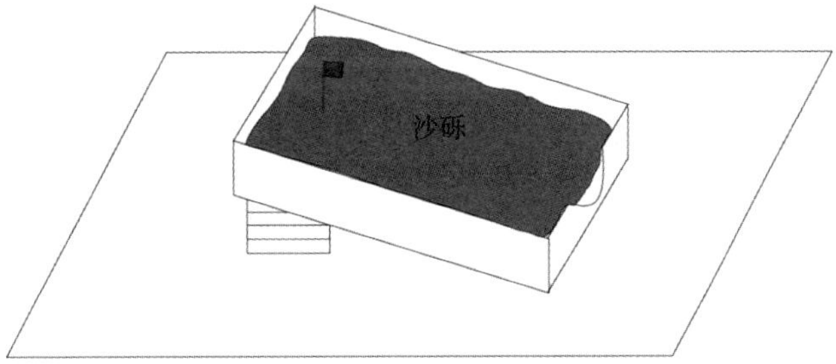

图2-5-24　河流地貌模拟实验示意图

3.开始向木盒中距小旗约5cm的下坡处持续浇水。

4.补充泥沙，恢复坡面，然后在坡面上沿不同方向浇水，观察坡面的变化。

5.将水瓶拿到更高处浇水（流速更快），观察坡面变化。

四、实验分析

1.坡脚上的沉积物分布有何特征？

2.流水侵蚀使沟谷在深度、宽度、长度上发生了什么变化？

3.沿同一方向浇注水流和不同方向浇注水流相比，坡面有何不同？

4.不同河流流速对沟谷形状产生怎样的影响？

五、结论与应用

结论：

1.坡脚上的沉积物颗粒由大到小按顺序分布。

2.河流对地表有下蚀、侧蚀和溯源侵蚀的作用。

3.河流对地表侵蚀物质进行搬运，形成侵蚀地貌（V形河谷）；在河流搬运能力减弱的情况下，被河流搬运的物质会沉积下来，形成沉积地貌（冲积平原、三角洲等）。

应用：

该实验适用于高中地理“河流地貌”相关内容的教学。

六、注意事项

1.该实验为学生操作实验，建议3～5人为一组。

2.可以调整坡度，观察坡度对河流搬运作用的影响。

3.在形成平直河流后可以将一个小石子放置在河道一侧，观察流水侵蚀形成弯曲河道的现象。

七、参考文献

［1］费月.高中地理实验教学研究［D］.长春：东北师范大学，2011.

［2］江忠华.河流地貌发育的沙盘模拟实验制作［J］.中学地理教学参考，2013（6）.

实验8　山前冲积扇模拟实验

一、实验原理与实验目标

实验原理：

河流在流动过程中会破坏和搬运地表物质，形成侵蚀地貌，被河流搬运的物质，在河流搬运能力减弱的情况下，会沉积下来形成沉积地貌。在山地地带，河流携带大量泥沙流出山谷地区后容易形成冲积扇。

实验目标：

说明山前冲积扇沉积物的分布特征。

二、实验器材

土、粒径不同的沙子、直径约50cm的盆子、水。

三、实验步骤

1.将土放入盆中堆砌成山地模型，在山谷中河流出口处塑造出一条狭窄沟谷。

2.将粒径大小不同的沙子混合均匀后平铺在塑造好的沟谷中。

3.在沟谷的源头缓慢倒水，直至泥水混合物冲出沟谷。

4.补充泥沙物质，增大水量，继续观察实验现象。

四、实验分析

1.山前冲积扇的沉积物分布有什么规律?

2.冲积扇的面积大小与哪些因素有关?

五、结论与应用

结论：

河流冲积扇的形成与坡度、流速以及颗粒物的大小都有非常大的关系，并且冲积扇具有区别于其他河流冲积地貌的明显的外部形态。颗粒大、比重大的沙粒先沉积，颗粒小比重小的沙粒后沉积。

应用：

该实验适用于高中地理“河流地貌”相关内容的教学。

六、注意事项

1.该实验为教师演示实验。

2.沙子的颗粒大小和质量应该有较大差别，否则实验效果可能并不明显。

3.有的实验采用书本和米粒，实验结果是锥形堆积体而非扇形，同时也无法反映冲积扇内沉积物大小的分布规律。

七、参考文献

［1］刘大华，姚文彬.探究性实验“冲积扇的形成”的改进［J］.中学地理教学参考，2014（13）.

［2］江忠华.河流地貌发育的沙盘模拟实验制作［J］.中学地理教学参考，2013（6）.

实验9 “凹岸侵蚀、凸岸堆积”模拟实验①

一、实验原理与实验目标

实验原理：

在同一河段，侵蚀、搬运和堆积是同时进行的。在弯曲河段处两侧河水流速不同，一侧发生侵蚀，同时另一侧发生堆积。相对原来平直的河岸而言，凹进的一侧河岸称为

---

①该实验由甘肃省兰州市第三中学郭文媛老师开发，张海做了修改。

凹岸，凸出的一侧为凸岸。

实验目标：

1.能够正确地区分凹岸和凸岸。

2.能够说出河流对凹岸和凸岸的不同影响。

二、实验器材

长50cm的方形塑料泡沫盒子、泥沙、软管和水龙头、两面小旗、照相机。

三、实验步骤

1.在塑料泡沫盒中铺一层厚5cm的湿润泥沙，以泥质土为主，压实，处理平整。

2.用泥沙塑造出一条弯曲的河道，河道两岸高度和坡度一致，如图2-5-25（左）所示。

3.在靠近河道两端的泡沫盒子上开两个洞，一端进水，一端排水。同时，稍微垫高盒子底部使盒子微微倾斜，形成自流所需的坡度。

4.在河道弯曲处的两岸各插一面旗子，凸岸为A旗，凹岸为B旗。拍照记录河道形状。

5.将软管接上水龙头后打开，保持流速适中，使水从进水端进入，从河道另一端排出，如图2-5-25（右）所示。

6.旗子倒下后让水继续流动10分钟，关掉水龙头。

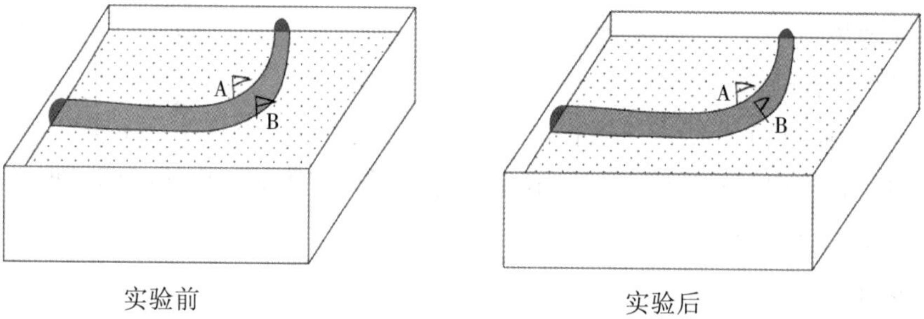

图2-5-25　凹凸岸侵蚀堆积示意图

四、实验分析

1.引导学生正确分辨凹岸和凸岸。

2.在步骤5中观察河道弯曲处两岸的变化，A、B旗谁先倒下？

3.水流停止后，与实验前相比，凹岸、凸岸发生了什么变化？

4.如果这一过程继续下去，预测河道会变成什么形状？

五、结论与应用

结论：

凹岸侵蚀，凸岸堆积。

应用：

1.该实验适用于高中地理“河流地貌”相关内容的教学。

2.据此分别探讨村落、水厂、码头等建筑的选址方案。

六、注意事项

1. 最好从河边、湖边取泥沙，模拟出来的河道的泥沙构成情况更接近真实的河道，演示效果也更好。

2. 可以用几个装满水的塑料瓶替代自来水（将水缓慢倒入）。

3. 注意旗子不要插进底部压实的泥质层。

4. 条件允许时，可以设计约3米长、1.5米宽的大型倾斜沙盘，用泥沙堆积出S形弯曲河道，在水流持续增大后，可以观察到河流的截弯取直现象和牛轭湖。

七、参考文献

杨景春，李有利．地貌学原理［M］．北京：北京大学出版社，2012：23.

实验10 河口三角洲形成模拟实验

一、实验原理与实验目标

实验原理：

河口三角洲是入海河流与海洋共同作用下，河流挟带的泥沙在河口地区的陆上和水下形成的、平面形态近似三角形的堆积体。三角洲沉积速度很快，沉积物向海岸一侧延伸可形成三角洲平原。

实验目标：

1. 解释三角洲的成因并分析其主要影响因素。

2. 举例说明外力作用对地表形态变化的影响。

二、实验器材

河流流域模型（用泥土做成）、约2.5kg泥沙、3.5L水、1个量杯（1L）、1个脸盆、木棒（搅拌用）。

三、实验步骤

1. 取泥沙0.5kg放入脸盆内，加入1L水用木棒搅拌均匀。

2. 在“河流上游河道”某处（事先做好定点）倒入该混合物，观察河流“入海口”处沉积情况，并做好记录（沉积物厚度、面积、形状等），填入表2-5-18。

3. 再分别取2份1kg的泥沙放入脸盆，依次加入1L、1.5L的水并搅拌均匀。

4. 重复步骤2，观察现象并做好记录，完成表2-5-18。

表2-5-18 沉积情况记录表

泥沙(kg)	水量(L)	沉积情况			
		厚度(mm)	面积(cm^2)	形状	时间(s)
0.5	1				
1	1				
1	1.5				

四、实验分析

1.三角洲的形成原因有哪些？

2.三角洲的形成与河流含沙量有什么关系？

3.三角洲的形成与河流径流量有什么关系？

五、结论与应用

结论：

1.被河流搬运的物质，在河流搬运能力减弱的情况下，会沉积下来，形成流水沉积地貌。

2.在一定情况下，河流含沙量越大，越容易形成三角洲；河流径流量越大，也越容易形成三角洲。

3.携带大量泥沙的河流进入海洋时，如果河流入海处水下坡度平缓，加上海水的顶托作用，河水流速减慢，河流所携带的泥沙便会沉积在河口前方，形成三角洲。

应用：

该实验适用于高中地理“河流地貌”相关内容的教学。

六、注意事项

1.该实验为学生操作实验，建议2～4人为一组。

2.三角洲是在河流和海洋共同作用下形成和发展的，如果河流带来的泥沙超过海洋或湖泊的搬运能力，则形成向海或湖凸出的堆积体，平面形态像一个顶尖向陆的三角形。此实验只能演示堆积作用，而难以演示海洋的侵蚀。

七、参考文献

雷鸣.新课程下地理实验教学程式的探讨［J］.中学地理教学参考，2010（1）.

实验11　褶皱模拟实验

一、实验原理与实验目标

实验原理：

水平分布的岩层受力挤压形成了一系列的波状弯曲（即褶皱），其中岩层向上突起的弯曲为背斜，向下凹陷的弯曲为向斜。从岩层新老关系判断，背斜岩层中心老两翼新，向斜岩层中心新两翼老。从地形的原始形态看，褶皱一般表现为“背斜成山，向斜成谷”。但受到外力侵蚀作用影响后，也可能形成“背斜成谷，向斜成山”。其原因在于背斜顶部受张力作用，岩性脆弱，易被侵蚀而形成谷地，向斜则因底部受到挤压，岩性坚硬不易被侵蚀，经长期堆积后反而可能成为山岭。判断山岭、谷地是由背斜或由向斜演变而来，主要看褶曲的两种基本形态和岩层的新老关系。

实验目标：

1.描述“背斜成山，向斜成谷”的过程。

2.解释“背斜成谷，向斜成山”的地形倒置现象。

二、实验器材

橡皮泥（偏硬一些）、尺子、小刀、薄塑料片（偏软一些）。

三、实验步骤

1.在薄塑料片上将不同颜色的橡皮泥压扁并层层叠加在一起，模拟水平岩层（层数尽量多一些）。

2.用尺子在水平岩层顶部划出4～5条相互间隔2厘米宽度的竖线。

3.将塑料片拿起，用两手握住水平岩层的两端向中间挤压，直至水平岩层发生向上和向下的弯曲，形成背斜和向斜。

4.继续挤压，直到向上的弯曲顶端出现明显小裂缝。

5.用小刀逐渐削去背斜的顶部，模拟褶皱山形成后期可能出现的“背斜成谷，向斜成山”的地形倒置现象。（如图2-5-26所示）

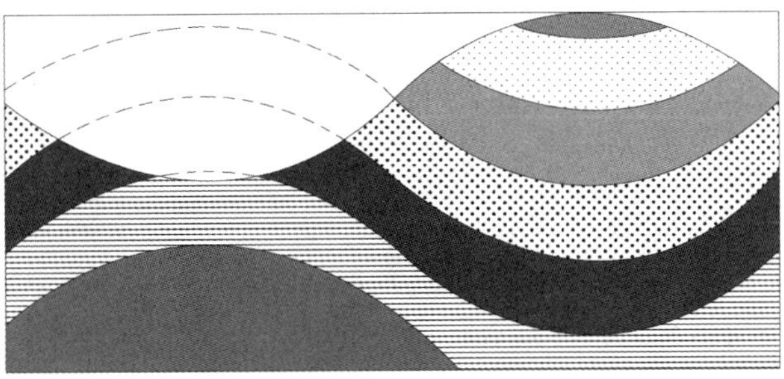

图2-5-26　褶皱示意图

四、实验分析

1.观察背斜顶部和向斜底部的竖线，发生了怎样的变化?

2.在完成步骤3和步骤5后分别绘制岩层形态图。

五、结论与应用

结论：

1.水平岩层受外力挤压，会形成“背斜成山，向斜成谷”。

2.褶皱在外力侵蚀作用下，会形成“背斜成谷，向斜成山”的地形倒置现象。

应用：

该实验适用于高中地理“地质地貌”相关内容的教学。

六、注意事项

1.该实验是学生操作实验。

2.在该模型使用之前必须向学生解释清楚岩层发生弯曲与断裂的原因。还需要强调“背斜成谷，向斜成山”现象往往出现在褶皱山形成的后期，是久经外力作用的结果。

七、参考文献

丁敏.动手小实验彰显地理科学性［J］.中学地理教学参考，2016（9）.

实验12　储油构造模拟实验

一、实验原理与实验目标

实验原理：

背斜顶部空间小，底部空间大，油水互不相溶，且油的密度比水的密度小，所以油会浮在水上，最上面是气。由于水的顶托作用，下面空间大的地方的油会被水顶托到上面空间小的地方。大面积地方的油都集中到一个地方，便于石油开采。一般而言，褶曲中的背斜是良好的石油、天然气储藏构造，向斜是良好的储水构造。

实验目标：

1.结合实验，运用示意图说明背斜构造中油和水的位置。

2.结合实验，解释背斜是良好的储油构造，向斜是良好的储水构造的原因。

二、实验器材

长80cm直径约2cm左右的透明塑料软管、带颜色的油若干、等体积的水若干、玻璃胶。

三、实验步骤

1.将等体积的水和油装入透明塑料软管，并将管两端用玻璃胶密封。

2.将其平放在演示台上，观察水和油的位置。

3.再将塑料软管两端向中间挤压，分别形成向上和向下的弯曲，观察水和油的位置变化。

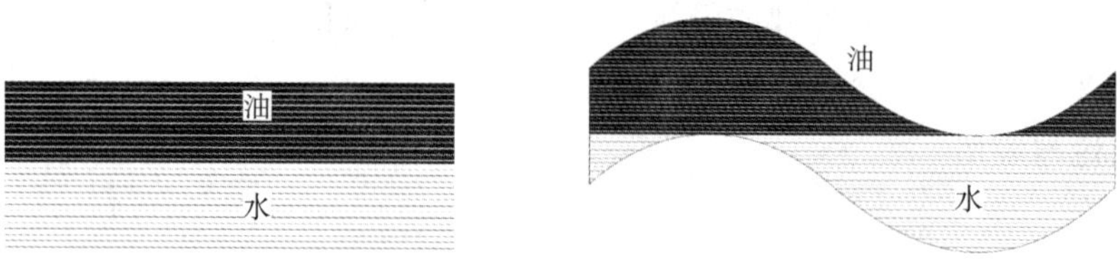

图2-5-27　实验前(左)和实验后(右)的油水混合物

四、实验分析

1.塑料管弯曲前后油和水的位置发生了怎样的变化？

2.如果将塑料管的两端向上弯曲又能观察到什么现象？

五、结论与应用

结论：

背斜是良好的储油构造，向斜是良好的储水构造。

应用：

1.该实验适用于高中地理“褶皱”的相关内容的教学。

2.由此实验探讨褶皱山对工程建设的影响。例如背斜岩层稳定、不易渗水有利于隧道建设。

六、注意事项

1.该实验为教师演示实验。

2.可以用伸缩软管上伸缩缝的疏密代表其受力大小。背斜顶部收缩缝宽，岩层挤压作用小，向斜顶部收缩缝窄，岩层挤压作用大。

3.最好选取石油，如果没有也可用深色食用油代替。

七、参考文献

张国宝.几个低成本的地理小实验［J］.地理教学，2008（12）：28-29.

第六节　生物和土壤实验

实验1　植被水土保持作用验证实验

一、实验原理与实验目标

实验原理：

流水具有破坏地表物质的作用。因地面坡度、降水量、降水强度及植被覆盖率等影响因素的不同，流水会对地表造成不同程度的破坏。植被在防止土壤侵蚀、保持水土及涵养水源方面具有明显的生态效益。

实验目标：

1.分析影响流水作用的因素。

2.阐述植被保持水土、涵养水源的作用。

二、实验器材

3个洒水壶、松散的沙土、水、1块草皮、1个量角器、秒表。

三、实验步骤

1.在操场上用沙土堆成大小相近的3个圆锥体（坡度分别为20°、40°、60°），在每个土堆中间插入一块木板将其分成两个区域。

2.在3个土堆上木板隔开的一侧覆盖草皮（代表植被覆盖良好的流域），另一侧土堆无覆盖物（代表无林流域）。

3.在土堆上方20cm处，用3个洒水壶分别以相同的流速将水缓慢淋下。观察比较3个锥体边缘泥土的多少。比较有植被覆盖一侧和无植被覆盖一侧土堆边缘泥土的多少，水的浑浊程度。

4.将水壶举高（模拟流速增大），重复步骤3。

四、实验分析

1.在降水量、降水强度以及土壤类型相同的情况下，坡度增加后侵蚀有何变化?

2.在降水量、地面坡度、土壤类型相同的情况下，降水强度增加后侵蚀有何变化?

3.在其他影响因素相同的情况下，植被覆盖不同的两侧侵蚀有何差异?

五、结论与应用

结论：

1. 相同情况下，坡度越大，侵蚀程度越严重。

2. 相同情况下，降水量与降水强度越大，侵蚀程度越严重。

3. 相同情况下，植被覆盖越好，侵蚀程度越小。

4. 植被具有涵养水源、保持水土的作用，增加植被覆盖率可以减少水土流失。

应用：

该实验适用于高中地理“外力对地表形态的影响”“水循环”和“自然地理环境的整体性”等相关内容的教学。

六、注意事项

1. 该实验为学生操作实验。

2. 水的流速可以反映降水强度。

3. 该实验在小学科学课程也有涉及，但在中学阶段，教师要引导学生将坡度、植被覆盖、降水强度等作为影响土壤侵蚀的变量来进行观察。

七、参考文献

［1］沈学萍，尹中峰. 水土流失影响因子合作探究实验活动［J］. 地理教学，2012（20）.

［2］汪洋，杨晓恬，叶根亚，等. 植被对水土流失防御作用的实验验证［J］. 地理教学，2014（4）.

［3］杨士军. 土壤的流水侵蚀实验探究［J］. 中学地理教学参考，2005（11）.

实验2　土壤质地的测定

一、实验原理与实验目标

实验原理：

土壤质地一般分为沙土、壤土、黏土三类。沙土的土壤颗粒间孔隙大，保水性差。黏土之间的孔隙较小，通气透水性差。壤土的孔隙介于沙土与黏土之间，通气透水，肥力较好，是农业生产的理想土壤。

实验目标：

1. 能够说出沙土和黏土在颗粒、保水性和黏着程度上的差异。

2. 解释沙土和黏土含水性和渗水性的差异。

二、实验器材

放大镜、水盆、水、干燥黏土和沙土、两张标签纸、三个烧杯。

三、实验步骤

1. 用肉眼或放大镜分别观察沙土和黏土。

2. 用手研磨并感受沙土和黏土的区别。

3.在两个烧杯里分别装入1/2杯沙土和黏土。

4.将50mL水同时倒进两个烧杯，观察两个烧杯里渗水的速度和容量变化。

5.继续注入等量水，直至两个烧杯中有水高过土壤表面时停止。

6.分别取适量沙土和黏土，放入盆中加水搅拌，达到充分湿润且挤不出水为宜，手感为似黏但不黏手。

7.将两者分别放在手心用手掌来回揉搓成球、条、环状，感受其特性。

四、实验分析

1.停止注水后，哪个烧杯更重?

2.哪种土更适合泥塑艺术?

五、结论与应用

结论：

1.黏土比沙土的含水性好，沙土比黏土的渗水性好。

2.沙土只有沙粒，而黏土为均匀的细末物质，没有沙粒；黏土有黏着感，可以搓成细条、环形或球形，压扁时边缘完整。沙土在指间有粗糙感，搓捻时散碎，即便含水也不能成球形或条形。

应用：

该实验适用于高中地理土壤、岩石、隔水层等相关内容。也可以先做该实验，再做承压水模型实验。

六、注意事项

1.该实验为学生操作实验，建议2～3人为一组。

2.一般情况下，沙土黏性差，不易制作雕塑作品。但如果将沙土配以特定比例的水，反复碾压夯实后则可以塑造出简单形状的沙雕作品。不过要作品长时间存放或制作复杂造型，必须喷洒特殊的试剂来增加沙粒黏性。

七、参考文献

［1］任健美.自然地理实验与实习教程［M］.北京：气象出版社，2011：133

［2］蒙吉军.自然地理学方法［M］.北京：高等教育出版社，2013：85.

实验3　植物种类调查(样方法)

一、调查目标

1.能够区分当地常见的典型乔木、灌木和草本植物。

2.说出当地典型植物的相关利用价值。

二、调查器材

盒尺（10m）、放大镜、标本夹、铁铲、照相机。

三、调查步骤

1.到调查区参观，教师引导学生认识典型的乔木、灌木和草本植物。

2.学生分组后自行寻找适合调查的区域，每一组圈出10m×10m的范围作为一个样方。

3.组内分工合作，重点调查乔木、灌木的种类和数量。在样方四角和中央分别设置一个1m×1m的小样方来调查草本植物。

4.将不认识的植物叶片采集下来，做成植物标本，并拍照记录。

5.对照标本和照片，通过查阅图书、上网搜索、请教老师和长辈等途径，了解标本植物的名称和应用价值等信息。

6.汇总资料，完成表2-5-19。

表2-5-19　植物种类及其用途调查表

植物名称	数量	生态价值	药用价值	食用价值	注意事项 （是否有害、是否濒危）

7.分别选择一块人工绿化园林和一块天然绿地进行调查，比较两地植物种类的数量差异。

四、调查分析

1.人工绿化园林和天然绿地的植物种类有哪些差异？

2.请查询国家重点保护野生植物名录，看看调查结果中有没有珍稀植物？若有，请结合实际提出保护措施和建议。

3.选择一种具有经济价值的当地植物，设计一份特色产业开发推广计划。

五、结论与应用

结论：

一般情况下，同一地区人工绿化园林的植物种类少于天然绿地。

应用：

1.该调查适用于高中地理“野外观察植被”相关内容的教学。

2.该调查的结果还可为当地特色产业的发展和生态保护提供相关资料。

六、注意事项

1.该调查为学生操作调查。

2.根据当地实际情况，步骤3中调查种类可增加藤本、竹类和水生植物等。

3.如果非保护植物，可以引导学生制作植物标本。

4.该实验最好在校园或公园绿地进行，注意保证学生安全，避免破坏植被。

5.样方应当选择一个种群分布较均匀的地块。

6.调查过程中推荐使用“形色”APP（可通过拍照识别花的名称）。

七、参考文献

［1］武吉华，张绅．植物地理学［M］．北京：高等教育出版社，2004：224-236.

［2］惠文森，冠宁宁，迟强．西北民族大学榆中校区校园植物种类调查［J］．西北民族大学学报：自然科学版，2014，35（3）．

［3］赵黎芳，丛日晨．北京大学校园植物调查［J］．北京园林，2005（1）．

实验4　土壤类型调查

一、调查目的

能够说出不同土壤类型的特征。

二、调查器材

纸杯、白纸、放大镜、pH试纸、笔、小匙、标准土壤标本。

三、调查步骤

1.在当地找4个土壤不同的地方，分别取深约20cm处的土壤样本放入纸杯中，并标明取样地点。

2.把土壤样本分别倒在4张白纸上。

3.使用放大镜观察土壤的孔隙、颜色和结构，用手触摸判断土壤的质地和湿度，并与标准土壤标本进行对比。

4.取部分土样浸泡于纯净水中，将pH试纸浸入土壤溶液后取出，将试纸与比色卡比较确定酸碱度。

5.把调查的结果记录在表2-5-20中，小组进行交流展示。

表2-5-20　土壤类型调查表

特征 / 土样	类型	颜色（深、中、浅）	质地（沙质土、黏质土、壤质土）	结构（团粒、柱状、块状、片状）	酸碱度	孔隙（大、中、小）	湿度（湿、中、干）
土壤1							
土壤2							
土壤3							
土壤4							

四、调查分析

1.不同地点的土壤属于同一类型吗？

2.根据肉眼判断，采集的土壤接近哪一类土壤标本？

五、结论与应用

结论：

1.不同类型的土壤，具有不同的特征。

2.不同地方取的土壤样品也可能属于同一土壤类型。

3.影响土壤类型的主要因素有生物因素、人为因素、气候因素和地形因素等。

应用：

该调查可作为高中地理“野外观察”的拓展内容。

六、注意事项

1.该调查为学生操作调查，建议4～5人为一组。

2.应在未受污染地区选取土壤，以避免污染物质危害学生健康。

3.土壤取样地点应该间隔较远，或者周围景观有明显的差异。教师应当提前选点试做此调查。

七、参考文献

［1］李春艳.中学地理实验教学研究［D］.长春：东北师范大学，2006.

［2］海春兴，陈健飞.土壤地理学［M］.北京：科学出版社，2010：76-87.

第七节　环境问题实验

实验1　空气污染调查

一、调查目标

1.说出影响空气质量的常见因素。

2.说出不同等级空气质量对人体健康的影响。

二、调查器材

当地地图、空气质量记录单。

表2-5-21　空气质量记录单

	日期	AQI数值	AQI级别	风力等级	降水量	PM2.5	PM10
监测点1	第1天						
	第2天						
	……						
	第30天						
监测点2	第1天						
	第2天						
	……						
	第30天						

三、调查步骤

1.访问中国环境保护部数据中心网站，查找当地或邻近的大城市各个空气质量监测点，并将这些监测点标注在当地城市地图上。

2.连续观测一个月，记录每天的AQI数值、AQI级别、PM2.5和PM10。

3.登陆中国天气网，记录当地气象台站每天的降水、风力等级数据。

4.分析这些数据之间的联系，解释导致当地空气质量变化的原因。

5.通过板报、网页的形式将调查结果与全校其他同学和老师交流。

四、调查分析

1.空气质量指数（air quality index，简称AQI）与PM2.5、PM10有什么关系？

2.空气质量指数与风力等级有关吗？

3.空气质量指数与降水量有关吗？

五、结论与应用

结论：

1.PM2.5、PM10是构成空气质量指数的重要指标。这两项数值越高，AQI数值越大，空气质量越差。

2.降水越多，大气淋洗度越好，总颗粒污染物越少。

3.风速越小，静风频率越高，大气越稳定，越不利于污染物的扩散，会导致污染加重。

应用：

该调查适用于高中地理“大气污染”相关内容的教学。

六、注意事项

1.该调查最好在冬季进行，夏季的空气质量整体差异可能不太大。

2.将所记录的其他各气象要素数据与步骤2中的每日空气质量指数做相关分析，分析它们与空气质量指数的关系（可借助Excel、SPSS等软件）。

3.空气质量指数是描述一个地区空气质量状况的参考标准，按照AQI的大小一般将空气质量分为六个级别。指数越大，级别越高，表明污染越严重，对人体健康的危害越大。空气质量的对照可以参考以下信息。

表2-5-22　空气质量指数及相关信息

空气质量指数	空气质量指数级别	空气质量指数类别及表示颜色		对健康影响情况	建议采取的措施
0～50	一级	优	绿色	空气质量令人满意，基本无空气污染	各类人群可正常活动
51～100	二级	良	黄色	空气质量可接受，但某些污染物可能对极少数异常敏感人群健康有较弱影响	极少数异常敏感人群应减少户外活动
101～150	三级	轻度污染	橙色	易感人群症状有轻度加剧，健康人群出现刺激症状	儿童、老年人及心脏病、呼吸系统疾病患者应减少长时间、高强度的户外锻炼

续表2-5-22

空气质量指数	空气质量指数级别	空气质量指数类别及表示颜色		对健康影响情况	建议采取的措施
151～200	四级	中度污染	红色	进一步加剧易感人群症状，可能对健康人群心脏、呼吸系统有影响	儿童、老年人及心脏病、呼吸系统疾病患者应避免长时间、高强度的户外锻炼，一般人群适量减少户外运动
201～300	五级	重度污染	紫色	心脏病和肺病患者症状显著加剧，运动耐受力降低，健康人群普遍出现症状	儿童、老年人及心脏病、肺病患者应停留在室内，停止户外运动，一般人群减少户外运动
300	六级	严重污染	褐红色	健康人群运动耐受力降低，有明显强烈症状，提前出现某些疾病	儿童、老年人和病人应当留在室内，避免体力消耗，除有特殊需要的人群外，一般人群应避免户外活动

资料来源：中华人民共和国环保部：《环境空气质量指数（AQI）技术规定（试行）》，中国环境科学出版社，2012年。

七、参考文献

［1］程钟.常州市工业大气污染物排放特征研究［J］.中国环境检测，2016，32（4）.

［2］敖道.高一地理实验教学对学生地理能力培养的作用研究［D］.呼和浩特：内蒙古师范大学，2010.

实验2　水体污染调查

一、调查目标

1.了解本地区水体污染的现状。

2.学会判别水体污染状况的基本方法。

二、调查器材

调查记录单、照相机。

三、操作步骤

1.在当地选取一片水域（小型河流或小湖泊）。

2.制订调查计划（包括调查时间、人数、调查路线、选取的交通工具等），准备调查记录单。

3.设定多个观测点。如河流的上游、中游、下游，以及河流交汇处等，湖泊的进水区、出水区、狭窄处和宽广水域等。

4.观察不同河段的水体特征，用照相机对水域的不同河段拍照，并在调查记录单中记录调查结果。

5.对该水域附近的居民进行随机访谈，了解污染来源、居民的环保意识、对污水的处理方式、对近几年该水域水质的看法等。

6.整理资料，形成调查报告。

表2-5-23 调查记录单

项目 水域	观察水体			污染观测	
	颜色	气味	透明度	污染物类型 （固态垃圾、污水）	来源 （生活垃圾、工业垃圾）
观测点1 河流上游					
观测点2 河流中游					
观测点3 河流下游					
观测点4 河流交汇处					

四、调查分析

1.水域主要的污染类型是什么？污染源分别来自哪里？

2.造成该地区水体污染的原因有哪些？

3.请尝试提出水污染防治的措施和建议。

五、结论与应用

结论：

该调查没有固定结论，需要在调查完成后才能得出具体结论。

应用：

该调查适用于高中地理“环境”相关内容的教学。

六、注意事项

1.该调查需要在校外进行，因此调查之前要对学生进行安全教育，同时应避开阴雨天气，防范暴雨暴洪导致的安全问题。

2.调查也可以增加一片环境较好的水域作为对照组，请同学们在对比中探讨保护河流的有效策略。

3.可以进一步和生物课程的实验整合，修改为探讨水体污染之影响的模拟实验。实验设计思路为取一份未受污染自然水体，再取一份被污染水体（可在其中加入碳性电池模拟严重水污染）。将大豆种子分别泡入两种水体中，观察其发芽状况。干净水体的种子会自然萌发长芽，而被污染水体中的种子不发芽或发芽后很快死亡。也有的实验将小鱼虾放入两种水体进行对比，那么需要注意实验伦理问题。

4.要引导学生正确认识水体污染和水体的自净功能。水体污染是指排入水体的污染物在数量上超过了该物质在水体中的本底含量和自净能力，从而导致水体的物理特征、化学特征发生不良变化，破坏了水中固有的生态系统，破坏了水体的功能及其在人类生活和生产中的作用。水体污染主要是由工业废水、农药、生活污水以及各种固、气体等废弃物排放造成的。水体自净功能是指水体本身能够通过物理、化学与生物作用，降低水中部分污染物的浓度。但是当水体受到严重污染时，水体自净功能难以有效发挥。

七、参考文献

[1] 许高扬.环境水体污染调查检测分析 [J].环境科学，2011，19.

[2] 王艳春，李延明.北京公园水体污染原因分析及治理现状调查 [J].环境科学与技术，2006，29（11）.

[3] 蔡树伯，赵辉.水体污染概况及防治对策 [J].资源与环境科学，2010（10）.

实验3　校园噪音监测

一、实验目标

1.通过监测明确校园主要的噪声污染来源和程度。

2.依据监测结果，提出减少校园噪声污染的措施。

二、实验器材

分贝仪、记录单、手表。

三、实验步骤

1.将全班分为四组，分别负责对各监测点噪声的连续监测。

2.按照学校功能区域的不同，在校门口、操场、教学楼、宿舍楼各设一个监测点。

3.在各时段内，对每个监测点连续进行20分钟监测，每分钟读取一个监测值，填入测点数据统计表并算出平均值，表示某个测点该时段的噪声水平［分贝dB（A）］。

测量时间点可以在8：00～10：00、15：00～17：00和20：00～21：00三个时段内选取。

4.各组汇总整理调查结果，完成表2-5-25，并针对主要噪声污染源进行调查记录。

注：依据《声环境质量标准》，校园执行的是一类标准，其昼间环境噪声限值为55dB，夜间噪声限值为45dB。

表2-5-24　测点数据统计表

	监测地点:________________																				平均值
	1	2	3	4	5	6	7	8	9	10	11	12	13	14	15	16	17	18	19	20	
早上(a)																					
下午(b)																					
晚上(c)																					

表2-5-25　监测记录表

监测点名称	校门口		操场		教学楼		宿舍楼	
监测状况	时间	测量值 dB(A)	时间	测量值 dB(A)	时间	测量值 dB(A)	时间	测量值 dB(A)
	a		a		a		a	
	b		b		b		b	
	c		c		c		c	
	平均值		平均值		平均值		平均值	
主要声源								

四、实验分析

1.通过噪声污染监测分析校园噪声污染的来源与程度。

2.尝试寻找噪声主要污染源，并提出相应治理措施。

五、结论与应用

结论：

1.噪声的来源有四种：交通噪声、工厂噪声、建筑施工噪声、社会生活噪声。

2.噪声可对人的正常工作生活造成干扰。

3.该实验没有固定结论，需要在监测与问卷结束后才能得出具体结论。

应用：

该实验适用于高中地理“城镇化”及“环境保护”相关内容的教学。

六、注意事项

1.监测工作适宜在无雨、风力较小的时候进行。

2.分贝仪应放置在距离地面1.2m以上处，室外放置应远离高音喇叭。

3.测试仪器的性能原则上需符合GB 3096—2008的规定，但无专业仪器或对测量精度要求不高时，也可用具有测试噪音功能的手机APP代替分贝仪。

4.要引导同学区分噪音的概念。噪声在广义上指难听的、令人厌烦的声音。从环境保护的角度来看，凡是影响人们正常学习、工作和休息的声音，凡是人们在某些场合“不需要的声音”都属于噪声。在《中华人民共和国环境噪声污染防治法》中，环境噪声包括建筑施工、工业生产、交通运输和社会生活中所产生的影响周围环境的声音。对于正处于长身体、求知识时期的学生对外界有害因素的反应较为敏感，噪声更容易对他们的学习生活带来干扰。

七、参考文献

［1］刘书言，张德华.昆明理工大学（莲华校区）噪声污染调查与监测［J］.环境科学导刊，2009，28（6）.

［2］王广慧，廖宇强，王础虹.罗湖区小学校园内噪声污染现状调查［J］.广东科

技，2008，187（5）.

［3］中华人民共和国环境保护部，国家质量监督检验检疫局.声环境质量标准［S］.中国环境科学出版社，2008.

［4］巴忠文，赵建兵.滨州学院校园环境噪声监测与评价［J］.黑龙江农业科学，2012（7）.

实验4　餐厨垃圾堆肥实验

一、实验设计

实验原理：

垃圾堆肥是目前广泛应用且经济有效处理和消纳城市垃圾的重要途径之一。垃圾堆肥法就是利用微生物的活动将垃圾中的易腐有机质分解，转变成富含有机质和N、P、K等营养元素的有机质肥料，使垃圾实现从自然界来又回归自然界的良性循环。校园内适于堆肥的原料主要有厨余垃圾、庭园废物、农业废弃物等。

实验目标：

1.能够说出垃圾分类的意义。

2.理解资源循环利用的价值。

二、实验器材

1个有盖的塑料桶、EM菌、电钻、旧报纸、垃圾袋、手套、托盘。

三、实验步骤

1.用电钻在塑料桶底开凿几个小孔，以过滤渗出的肥液。

2.学生分拣自己家里的厨余垃圾，找出蔬菜皮、水果皮、骨头、过期的奶制品和米面、蛋壳、茶叶和咖啡等，将其处理成小块后带到学校。

3.在桶底铺一层旧报纸，防止碎物掉下堵塞小孔，将处理过后的垃圾与EM菌粉搅拌混合，一桶放入约200g菌粉。装满后填入一层土壤压紧，盖上盖子密封。

4.在桶底加一个托盘，放到室外地面。隔2～3天清理一次托盘内的废液。若废液呈透明淡茶色，表明发酵成功；若浑浊，则应增加EM菌用量。

5.一月后，完成发酵，打开桶盖，桶内的厨余垃圾长满了白色或偏红色的菌丝。触摸桶壁会感觉到温热，打开桶盖会有热气跑出，气味是一种类似泡菜或醋的味道，表明堆肥成功。如果发酵物是绿色或黑色，为食物腐烂的味道。表明堆肥失败（但仍然可以掩埋至地下让其自然分解为肥料）。

6.将发酵好的肥料填埋在学校的花园里，观察花园里的植物生长状况。

四、实验分析

1.与直接焚烧相比，将餐厨垃圾堆肥处理有何好处？

2.哪些垃圾可以用来堆肥？

五、结论与应用

结论：

堆肥化处理垃圾可以减少餐厨垃圾对环境造成的危害，减少废弃物清运与填埋处理费用。

应用：

该实验适用于高中地理“环境保护”相关内容的教学。

六、注意事项

1. 该实验不适宜在冬季或天气过冷时进行。原因是秋冬季节温度过低，微生物生长缓慢。

2. 堆肥原料应密封放置在无阳光照射的地方。也可在网上购买专用的厨余发酵桶进行实验操作。

3. 注意堆肥过程可能产生有害气体和易燃气体，教师要做好安全工作。

4. 餐厨垃圾因为水分比例高，焚烧成本高，比较适合堆肥处理。此实验只选用了一些便于携带的厨余垃圾，事实上，绝大部分餐厨垃圾都可以堆肥处理。

5. 废液可以稀释10倍左右，作为液体肥使用。施加固体废料时，避免接触到植物根系，最好距离15cm以上，以免烧根。

七、参考文献

［1］刘芳，马俊伟. 国外大学校园垃圾堆肥技术与应用［J］. 环境卫生工程，2005，13（2）.

［2］范海荣，华珞，傅桦，等. 城市垃圾堆肥的生态效应与对策研究［J］. 土壤，2004，36（5）.

第六章　人文地理实验

第一节　区域分析与规划实验

实验1　城市规划实验

一、实验原理与实验目标

实验原理：

城市内部空间结构的形成是自然地理环境与社会经济、文化等多种因素共同作用的结果。从规划角度看，必须合理布局城市内部的功能区，优化土地利用结构，使各功能区之间既相对独立，又相互联系，从而保证城市的各项活动都能正常有序地进行。

实验目标：

1.分析影响城市内部空间结构形成的主要因素。

2.根据实验结论解释所在城市内部空间结构的合理性。

二、实验器材

水彩笔、彩色卡纸、胶带、剪刀、尺子、小刀。

三、实验步骤

1.将彩色卡纸剪裁成若干个3cm×3cm的正方形，用水彩笔在卡纸上分别写上商业中心（1个）、大型超市（3～4个）、小商店（5～6个）、文化区、高级住宅区（2～3个）、低级住宅区（4～5个）、大型批发市场（1～2）、轻工业区、重工业区、城市绿地（3～4个）。

2.准备两幅城市底图（如哈尔滨和西宁的地形图）。

3.在底图上用不同的线条标示城市的高速公路、铁路以及部分主干道，并标注出火车站和飞机场的位置。

4.以小组为单位对底图进行分析、讨论并将写有功能区的卡片放置在合理位置。

5.各小组展示交流，说明放置理由，并总结影响功能区布局的因素。

四、实验分析

1.影响城市内部空间结构形成的因素有哪些？

2.实际的城市功能区布局与同学们规划的功能区布局是否一致，为什么？

五、结论和应用

结论：

功能区的布局主要受经济因素的影响，但在实际中还有其他具体因素的影响。

应用：

该实验适用于高中地理“城镇内部空间结构”和“城乡规划”相关内容的教学。

六、注意事项

1.该实验为学生操作实验。

2.该实验只是考虑了交通条件、到市中心的距离对城市布局的影响，在实验结束之后应当结合实例具体说明。

3.该实验也可以进一步修改为城市的选址实验。例如布鲁纳曾在《教育过程》一书中介绍发现法时引用了“芝加哥的地理位置”的教学案例。教师给出一幅绘有自然特征和天然资源但没有图名的地图，请同学们找出这个地区主要城市的位置。在课堂讨论中，同学们提出了不同方案。依据水运原则，认为芝加哥在三个湖的汇合处。依据储藏的矿产资源，把芝加哥放在一座山脉附近。基于食品供应的考虑，把芝加哥放在一片肥沃的土地上。经过这一思考过程再得出结论的教学方式激发了学生的学习兴趣，也有助于深入理解概念。

七、参考文献

［1］［美］布鲁纳.教育过程［M］.邵瑞珍，译.北京：文化教育出版社，1982：39-40.

［2］陈强.高中人文地理实验设计［D］.呼和浩特：内蒙古师范大学，2012.

实验2 工厂选址模拟实验①

一、实验原理与实验目标

实验原理：

影响工业生产的区位因素有很多，但一般有一项或几项主导因素最终决定了工业区位的选择。主导区位因素的判断要根据生产要素投入的比重、工业生产中原料及产品的性质以及某地发展工业的比较优势。随着人们环境意识的增强，环境质量已经成为影响工业区位选择的重要因素。因此布局有污染的企业时，需要优先考虑其对人类居住地以及周围环境的影响。

实验目标：

1.分析影响工业区位的主要因素。

2.说明污染型工业如何布局。

二、实验器材

若干泡沫小方块、双面胶、3～4块16K大小硬纸板（从废旧纸箱上获得）、彩色卡

①该实验由甘肃省宁县第二中学王泉灵老师开发。

纸、剪刀。

三、实验步骤

1.在硬纸板上绘制区域底图。底图应该包含一些基础要素，例如城市住宅区的位置、交通线、山脉、河流、农田、矿产资源、经济林区等。

2.在泡沫小方块上粘上工厂名称，底部粘上双面胶。

3.将学生按照6人一组进行分组，每组领取一份底图、一份工厂布局学习任务单、代表工厂的泡沫方块。

4.小组长主持讨论，将步骤2中准备好的工厂小方块放置在小组成员都同意的底图位置，并完成学习任务单。

表2-6-1　工厂布局学习任务单

班级：		组号：	
工厂名称	放置位置	放置理由	主要区位因素
飞机制造业			
制糖厂			
水产品加工业			
电解铝厂			
火电站			
服装厂			
集成电路厂			
家具厂			
啤酒厂			
电子装配厂			
精密仪表厂			
服装设计公司			

5.分发有污染企业选址学习任务单和代表典型污染排放工厂的泡沫方块。

6.学生将这些工厂小方块布局在底图上，完成学习任务单。

表2-6-2　有污染企业选址学习任务单

班级：	组号：	
工厂名称	布局位置	布局原因
水泥厂		
钢铁厂		
化工厂		
印染厂		
造纸厂		

四、实验分析

1.污染企业分别排放哪些污染物?

2.讨论布局原因是否合理。

五、结论和应用

结论:

工厂选址需要考虑很多因素。对于有污染的工业企业，一般应该布局在河流的下游，当地主导风向的下风带或与主导风向垂直的郊外，一般要求远离城区，靠近铁路、公路、水路交通线，靠近能源设施。

应用:

该实验适用于高中地理“产业区位选择”相关内容的教学。

六、注意事项

1.该实验为学生操作实验。

2.在模拟过程中，为了简化问题，最好在硬纸板上绘出固定的区域底图。

3.教师要提前准备好实验用品，避免浪费课堂时间。也可在军棋或象棋棋子上贴上纸条代表特定工厂。

七、参考文献

陈强.高中人文地理实验设计［D］.呼和浩特：内蒙古师范大学， 2012.

实验3　城市郊区农业布局实验

一、实验原理与实验目标

实验原理:

城郊农业因功能不同可以分为不同的圈层。一般而言，大都市的近郊农业圈层主要承担美化城市的功能，多种植花卉、绿植等，而城市化水平较低的近郊区以种植蔬菜类、发展养殖业为主，远郊区则以粮食种植业、畜牧业等为主。距城市较远的地区还可能开发以自然风光为主的风景名胜区，发展旅游业。

实验目标:

1.了解影响城郊农业布局的区位因素。

2.能够根据城郊农业布局模式分析各圈层的功能。

二、实验器材

泡沫板、牙签、剪刀、白纸、彩色卡纸、双面胶。

三、实验步骤

1.先讨论列出城郊布局要考虑的主要地理要素（如河流流向、道路、平原、山地等)，及其分布的大体方案。

2.在白纸上绘制出包含了所讨论要素的城郊地图的底图。

3.用不同颜色的卡纸裁剪出河流、道路、平原、山地等地理要素的简图，并将这些简图按照步骤2中绘制的底图粘贴在泡沫板的相应位置上。

4.在彩色卡纸上画出蔬菜、玉米（代表粮食作物）、小树（代表绿化）、奶牛（代表乳畜业）等的简图，剪成双面，粘上牙签。

5.将步骤4中做好的模型合理布局在步骤3中准备好的泡沫板上。

6.各小组完成后交流展示实验成果。

四、实验分析

1.对比分析城郊农业与纯农业的布局及功能。

2.分析城郊农业的不同圈层的功能。

五、结论与应用

结论：

1.城郊农业的布局及功能与纯农业存在差异。

2.城郊农业不同圈层功能复杂，除生产功能外还承担一系列的非生产功能。

应用：

该实验适用于高中地理“产业区位选择”相关内容的教学。

六、注意事项

1.该实验为学生操作实验，建议3～4人为一组。

2.步骤1、4中也可根据需要增加其他地理要素，如公园、大学城等。

3.在实验开始时教师需说明实际生活中的城郊农业并无明显界限。

4.也可以用一个沙盘模型代替底图。

七、参考文献

［1］李洪庆，刘黎明.现代城郊农业功能定位和布局模式探讨——以北京市为例［J］.城市发展研究，2010，17（8）.

［2］宋志军，刘黎明.北京市城郊农业区多功能演变的空间特征［J］.地理科学，2011，31（4）.

实验4　农业区位选择模拟实验①

一、实验原理与实验目标

实验原理：

一种农业活动要有相适宜的气温、积温、光照、降水等自然条件，将符合这些条件的区域绘制在相同比例尺的等值线图上，再将这些区域叠加，则叠加区域即满足这种农业生产活动的区域。此处的实验设计仅以气候因素为例。

实验目标：

1.能够理解区位概念并领会农业区位选择的基本过程。

①该实验由甘肃省宁县第二中学王泉灵老师开发。

2.能够从图上获取符合条件的等值线信息，掌握图层叠加的基本知识。

3.结合实际分析影响本地区农作物种植的区位因素。

二、实验器材

每组需准备：5份专题地图（我国1月平均气温分布图、7月平均气温分布图、年平均降水量分布图、年日照时数分布图、年积温分布图）、6张硫酸纸、1盒水彩笔。

三、实验步骤

1.先将全班学生按照每组6人进行分组，每组派出一个代表领取实验器材。

2.组长将图和硫酸纸分配给每位组员，组员用彩笔勾画出我国的陆地轮廓，或直接将我国陆地轮廓图打印于硫酸纸上。

3.教师给出苹果（或其他作物）生长所需气温、降水、积温和日照条件，组员分析手中地图的等值线信息，找出图中满足苹果生长的具体区域范围。

4.将硫酸纸分别覆盖在专题地图上，使彩笔勾画的陆地轮廓与专题地图的轮廓重叠，再将适合这一条件的区域涂上颜色。例如，某一同学拿到的是我国年降水量图，按照教师给出的苹果生长所需降水量的范围，将符合苹果生长所需降水量的区域用彩笔描出来，每组绘制得到五张图。

5.组长将各位组员的硫酸纸收集、重叠后，覆盖一张新的硫酸纸，描出重叠区域，就可以确定我国适合苹果生长的区域。

6.每组学生展示实验结果，其他组进行分析、对比。

四、实验分析

1.影响农业区位分布的气候因素有哪些？

2.人类可以通过哪些措施改变气候因素对农业的影响？

五、结论与应用

结论：

农业区位的选择受气温、降水、积温等多重因素的影响。

应用：

1.该实验适用于高中地理“产业区位选择”相关内容的教学。

2.图层叠置是一种地理学常用的综合分析方法，可以用于工农业生产活动的区位选择、商业布局、道路修建等规划设计任务。

六、注意事项

1.该实验为学生操作实验。

2.可以结合该实验联系地理信息系统的内容讲解有关图层的知识。

3.可以直接购买一些公司生产的地图图层学习工具，减少学生的绘图工作量。

七、参考文献

林培英.探讨中学地理教学的“图层方法”[J].课程·教材·教法，2014，34（8）.

第二节　人文地理考察

考察1　商业区位的调查

一、调查目的

1.通过实地考察，描述某地商业区的区位分布。

2.通过实地调查比较两个商业区，分析影响商业区分布的因素。

二、调查器材

电子地图（如百度地图）、商业区位因素调查表。

三、调查步骤

1.在当地选择两个相距较远的商业区，结合电子地图绘出两个商业区内商业网点的分布简图。

2.学生分组进行调查，组内分工合作，在电子地图上找出商业区，查看位置、形状，对比距城市中心的远近。

3.利用周末实地调查两个商业区的规模、交通条件和人流量等因素，对商家和顾客进行访谈，了解该区的形成历史、客流量和市场需求。

4.综合以上步骤得出调查的结果，完成表2-6-3。

表2-6-3　商业区位因素调查表

名称	距市中心远近	位置（路段、方位）	形状（带/点状）	规模（大/小）	人流量（多/少）	交通（交通方式、便捷程度）	开发历史
商业区A							
商业区B							

四、调查分析

1.分析两大商业中心的异同点，并说明原因。

2.分析两个商业区形成的影响因素有哪些，其中主导因素是什么？

五、结论与应用

结论：

1.商业区多呈点状或条带状分布在城市中心或交通便利的地区。

2.商业中心的分布受市场需求的影响很大。

应用：

1.该调查适用于高中地理“城镇内部空间结构”相关内容的教学。

2.该调查结果还可为当地商业区或商业网点的选址提供参考意见。

六、注意事项

1.建议4～5名同学为一组。

2.该调查需要在校外进行，在调查之前教师应进行安全教育。

七、参考文献

［1］田津.高中地理教学探究性实验活动设计实做研究［D］.武汉：华中师范大学，2007.

［2］费月.高中地理实验教学研究［D］.长春：东北师范大学，2011.

考察2 商业网点分布调查①

一、调查目的

1.通过实地调查，绘制商业网点的分布示意图。

2.分析影响商业网点分布的因素。

二、调查器材

学习任务单、相机、边长为1m的白纸。

三、调查步骤

1.选择要调查的地区，这个地区必须具有一定的代表性，可以反映整个区域的普遍情况。

2.将学生分组，每组6～8人。

3.在选定的区域进行商业网点的统计，并给每个商店拍照。

表2-6-4 商业网点统计表

商店名称	经营范围	零售/批发	销售档次	服务范围	备注
商铺1					
商铺2					
……					

4.将统计数据绘制成商业网点分布图。

四、调查分析

1.什么地段商业网点最密集？为什么？

2.学校附近什么行业的商铺最多？

五、结论与应用

结论：

山区和平原的商业网点分布存在较大差异。山区因受地形条件限制，商业网点主要分布在主要交通干线上，规模较小。而平原地区的商业网点主要分布在人口和交通网络较为稠密的市中心的主干道路、商业街、十字路口等地区，主要为点状或带状。

①该调查方案由甘肃省宁县第二中学王泉灵老师开发。

应用：

该调查可作为高中地理“城镇内部空间结构”的拓展内容。

六、注意事项

1.该调查为学生操作，建议4～5人为一组。

2.该调查需要在校外进行，在调查之前教师需要进行安全教育。

3.教师可根据当地情况自主选择调查区域。

七、参考文献

孙俊梅.高中地理实验学习评价指标体系构建［D］.内蒙古师范大学，2008.

考察3　人口调查

一、调查目标

1.了解人口普查工作的基本方法。

2.运用数据简要分析人口的生育率、老龄化问题。

二、调查器材

简易人口普查表格、计算机（要用到Excel程序）。

三、调查步骤

1.每位同学领取3～4张人口普查表，调查自己和熟悉的亲戚朋友家的人口状况。一户家庭填一张表，不可重填。

2.将所有调查数据录入表格，汇总成一份Excel数据文件。

3.将学生分成小组，扮演人口专家的角色，计算和分析这些数据能说明什么问题，提出自己的结论。

4.各小组成员访谈自己的家庭成员，寻找证据，探索和验证自己的判断是否正确。

5.各小组分享自己的数据结果和结论，讨论并形成人口普查结论。

表2-6-5　人口普查表

家庭编号： 本户地址：		县(市、区)	乡(镇、街道)	小区	栋
姓名	性别	年龄	婚否	生育小孩数	受教育程度
	1.男 2.女	1.　0～10岁 2.　11～20岁 3.　21～30岁 4.　31～40岁 5.　41～50岁 6.　51～60岁 7.　60岁以上	1.未婚 2.已婚	1.　1个 2.　2个 3.　3个 4.　4个 5.　5个以上	1.未上过学 2.小学 3.初中 4.高中 5.专科 6.本科 7.研究生
张某	2	3	2	1	6
……					
……					
……					
备注： (1)普查时只填入选项的数字代号即可。(2)根据户口本来填写此表。(3)男性不填写生育小孩数。					

四、调查分析

建议分析以下几项数据：

1.男女性别比。在Excel统计性别一列的男性和女性数值之比。理论上大样本的男性略多于女性，但学生调查得到的是小样本，可能存在差异。

2.每个已婚妇女生育了几个小孩？用简化后的方法计算生育率（生育率=出生孩子总数/已婚妇女总数×100%）。注意这只是一种替代的简单估算方法，并不准确。

3.计算老龄化人口率（老龄化率=老龄人口/总人数×100%）。

4.比较父辈和上一辈的受教育程度。注意将所有调查对象简化为孩子、父辈和上一辈的三代群体，再上一辈（祖爷爷）不纳入分析范围。

5.与典型的发达国家（如德国）和发展中国家（如印度）相比，我国的生育率、老龄化率对未来的人口数量、人口结构可能产生怎样的影响？

五、结论与应用

结论：

该调查没有固定结论，需要在调查结束后才能得出具体结论。

应用：

该调查可作为高中地理“人口”相关内容的拓展活动，如人口的生育率、老龄化等。

六、注意事项

1.调查过程要注意保护调查家庭的个人隐私，不要填写真实姓名，以调查者自己知道的符号代替即可。

2.教师可以根据学生的年级适当增减调查表的内容，也可以根据班级人数和统计的精力确定每个人的调查数量。

3.人口调查面临很多复杂情境和统计算法，教师要指导学生尽量简化处理可能面对的复杂数据，重在体会人口普查的过程和认识一些简单的人口统计特征。如将独居的爷爷奶奶和自己合并为一家人；将离异家庭数据按照离异前简化计算或直接不计入其中；简单归类孩子、父辈和上一辈的代际关系。

4.可以利用调查获得的性别、年龄数据绘制人口金字塔图，并由此判断人口结构特点。

七、参考文献

国家统计局.第六次全国人口普查登记的主要内容是什么［EB/OL］.［2017-10-21］.http://www.stats.gov.cn/ztjc/zdtjgz/zgrkpc/dlcrkpc/dlcrkpczs/201004/t20100419_69987.htm.

考察4　城市交通拥堵状况调查

一、调查目标

1.学会使用电子地图，能够从图上获取地理信息。

2.说出交通拥堵的原因并提出缓解拥堵的建议。

二、调查器材

彩笔、电脑（可访问电子地图网站）。

三、调查步骤

1.在电子地图（以下以百度地图为例）上选定一个城市主干道路交错分布的区域，打印一份作为底图。

2.打开百度地图的路况标示功能，学会查看区域内的交通拥堵状况。

3.分别在周一到周五的早高峰和晚高峰各选一个时间点（如8:30和18:00），记录路况的颜色并写在记录表上。

4.连续观察两周（10个工作日）。

5.将该区域中颜色不同的路段转化为拥堵指数值。转换规则为：百度地图的绿色表示畅通，记为1；黄色表示缓慢行驶，记为2；红色表示拥堵，记为3；深红色表示非常拥堵，记为4。

6.分别计算早晚高峰5次拥堵指数的平均值（如果计算值是小数需将其四舍五入）。将均值结果转换为颜色，用彩笔绘制在步骤1打印出的底图上。

表2-6-6　城市交通拥堵状况调查表

道路名称	时间	早高峰		晚高峰	
		路况颜色	拥堵指数	路况颜色	拥堵指数
××路	第1天				
	……				
	第10天				
	均值	—		—	
××路	第1天				
	……				
……	……				

四、调查分析

1.在所标记出的道路交通图中，找出路况中最拥堵的路段，分析其原因，尝试提出缓解拥堵的合理化建议。在某个时间段，规划从出发地到目的地的最优路线。

2.请帮助你的家人规划一条避开拥堵路段的上下班路线，并说明可以利用的公共交通方式。

五、结论与应用

结论：

造成城市拥堵的原因有城市规划不合理、交通设施不完善、人们交通意识不强、车辆消费需求不断增加等多种原因。该实验重在讨论如何根据数据完善道路交通基础设施，减少城市的交通拥堵。

应用：

1.该调查适用于高中地理“交通运输方式”相关内容的教学。

2.帮助学生学会规划最优出行路线和选择合理交通工具。

六、注意事项

1.观测时间点可根据城市差异自行选择。

2.避免选定分析区域太大或太小，太大难以统计路段，太小则难以进行比较。

3.地图比例尺的大小可根据实验目的之侧重点自行选定。查看路况时、打印地图时比例尺应与搜索时的比例尺一致。

第三部分

地理实验教具开发与软件应用

教具开发部分介绍了一些简单地理教具的制作过程和使用方法,其表述格式与实验设计类似。软件使用部分主要介绍了数字星球系统的二次开发方法,以及Google Earth与地理教学有关的一些基本功能。GIS相关软件对于地理教学有重要应用价值,但由于当前适用于中学的开发应用并不成熟,所以在此暂未介绍。

第七章 地理实验教具开发案例

案例1 制作地球仪模型

一、制作原理

将地球按一定比例缩小后制成的地球仪，是认识地球整体特征最直观的教具。手绘经纬线是学习位置、方向、距离的重要方式之一，也是学习地图的重要基础。

二、制作目的

1. 描述地球的基本特征。

2. 分辨经纬线并说出其数值分布规律。

三、制作器材

浅色小球（如乒乓球、小皮球）、细铁丝、细线、图钉、彩笔。

四、制作步骤

1. 在小球上标定南北极点并嵌入图钉。

2. 先标记细线中点位置，然后用一根细线连接南北两极，在小球上标记多个中点所对应的位置，依次连接各个点，绘制出赤道。

3. 取一根新的细线，标记出与小球赤道相等长度，平分成12份。如果球较小，平分成4份即可。

4. 将细线经过赤道上的等分点后连接南北两极，绕小球一圈。用笔沿细线画一个圆，确定其中一条经线为本初子午线（0°经线），相对的另一条上标注180°经线。

5. 自本初子午线分别向东、西每隔30°画出5条经线圈，并标定经度。

6. 自赤道向南、向北每隔30°画出2条纬线圈，标定纬度，方法同上。如果球太小，此步骤忽略。

7. 去掉图钉，用一根细铁丝穿过南北极点，成为地轴。将细铁丝一端弯折固定，另一端弯折成为一个大圆底座。

8. 调整地轴与地面底座的倾角为66°34′。

五、教具使用

该教具是学生自制教具，适用于七年级地理“地球和地图”的相关内容，也可作为高中地理“地球运动”的拓展内容。还可以举办一次自制地球仪展览。

使用教具时，可以引导学生观察地球仪上的经度数值、纬度数值分别的变化规律。从地球仪侧面、北极上空俯视纬线圈、经线，绘制平面图。还可以随机指定一个经纬线交点，说出其大致的经纬度。

教师应注意强调经度的数值范围是0°～180°，从本初子午线向东西方递增，有东经、西经之分；纬度的数值范围是0°～90°，由赤道向两极递减，有北纬、南纬之分。经纬网具有确定地理位置和方向的作用。还要注意绘制经纬线时，画完一条吹干墨线后再绘制下一条。

六、参考文献

［1］许倩，李建宁."制作简易地球仪"实验之确定经纬线的方法［J］.中学地理教学参考，2015（1）.

［2］李志珉.讲"地"做"理"——小实验解决大问题［J］.中学地理教学参考，2013（12）.

［3］尹承华.动手做"地球仪"破瓶颈算时差［J］.地理教学，2013（19）.

案例2　制作三圈环流模型

一、制作原理

在地球自转的情况下，假设地表性质均一，在热力和动力因子的作用下，全球大气在南北半球各形成三个环流圈，在全球共形成七个气压带和六个风带。

二、制作目的

1.说明热力环流与三圈环流之间的关系。

2.运用示意图说明三圈环流的形成过程。

3.说出七个气压带和六个风带的名称并说明其特征。

三、制作器材

地球仪、红色和蓝色的纸质箭头标签、长度大约1m的细铁丝、彩笔、胶带、双面胶。

四、制作步骤

1.将地球仪面向学生摆好，以北半球为例，用黑色粗彩笔在地球仪上标出赤道、30°N、60°N的纬线圈以及极点的位置。

2.垂直方向：用红色的纸质箭头标签表示上升气流，用蓝色的纸质箭头标签表示下沉气流。

3.水平方向：用红色箭头标签表示由低纬流向高纬的气流，蓝色箭头标签表示由高纬流向低纬的气流。

4.用细铁丝表示堆积的气团。

5.按照三圈环流形成过程进行具体的制作演示。

五、教具使用

1.该教具为学生自制教具或由教师自制辅助教学。适用于高中地理"气压带与风带”的相关内容。

2.教师需要强调如下知识：各个气压带的性质取决于气流在垂直方向上的运动情况，凡盛行下沉气流的区域，必定为高气压带，而盛行上升气流的地区，则为低气压带。赤道低气压带和极地高气压带由热力因素形成，副极地低气压带和副热带高气压带则由动力因素形成。赤道低气压带的性质为湿热，副热带高气压带的性质为干热，副极地低气压带的性质为温湿，极地高气压带的性质为干冷，极地东风带的性质为干冷，西风带的性质为暖湿，信风带的性质为干热。

3.教具制作过程必须按照三圈环流形成的过程进行制作，教师要在学生制作过程中强调并指导细节。特别注意：在高空运动的大气同样受到地转偏向力的影响，因此需要给学生讲清楚汇聚在30°N高空的气流有两股，一股是由赤道高空运动到30°N地区高空，在30°N地区气流偏转成为西风，另外一股是由60°N高空运动到30°N地区高空，在30°N地区偏转成为东风，西风与东风相互碰撞气流堆积然后受重力作用下沉，在近地面形成高气压带。也可以省略对气团堆积区的表示。

六、参考文献

[1] 陈健.高中地理实验教学与地理实验技能的培养［J］. 中学地理教学参考，2013（5）：32-34.

[2] 杜文花.高中自然地理实验教学表现性评价的案例研究［D］.兰州：西北师范大学，2017：12-25.

案例3　制作时区、区时教具

一、制作原理

由于地球自西向东自转，在同一纬度地区，经度不同所以时间不同，即东边的时刻总比西边的早，这样就产生了不同地方的地方时。为了便于计时，国际上规定将全球划分为24个时区，每时区占15个经度。每个时区中央经线的地方时为该时区的区时。另外，划分日期的界线有两条，自然日界线（零时所在的经线）和人为日界线（大致为180°经线）。

二、制作目的

1.运用教具直观展示世界时区分布，使“时差计算”及“日期变化”更形象直观。

2.运用教具演示世界日期变更情况，并对比说明两条日界线的不同。

三、制作器材

白纸（A4）两张、直尺一把、黑色和红色中性笔各一支、订书机、胶水一瓶（或双面胶）。

四、制作步骤

1.将两张白纸钉在一起，在两底边用黑色中性笔画出两条线，将这两条线至少平分为25等分，描出等分点。将白纸划分为24个相等的区域。

2. 再将两底线的点对应连接。

3. 填入时区。用红色中性笔在图上描出特殊的和常用的经线，如0°、120°E、180°等。

4. 将画好的时区图卷成圆柱体，用胶水粘起来。

5. 指导学生在图上探讨有关时区、区时、国际日界线的知识，并列出一些题让学生计算，利用模型图和习题不断演算加深理解、强化记忆。

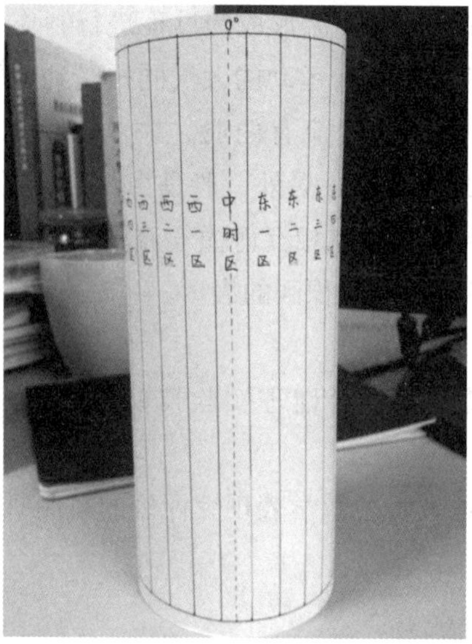

图3-7-1　时区示意图

五、教具使用

1. 此教具制作简单，材料易得，原理简单，可操作性强。可培养空间想象能力和动手操作能力，能加深对知识的理解，使教师教学事半功倍。

2. 指导学生制作时，一定要让学生先理解再动手；制作时要注意细节。

3. 此教具可作为一个三维立体图来辅助学习，在解答时区、区时以及时间计算相关习题遇到困难时，参照此教具仔细观察可更好地解决问题。

该教具由陕西省宝鸡中学吴玉廷老师开发。

案例4　区时与日期推算仪

一、制作原理

由于地球自西向东自转，故同一纬度的地区，东边的时刻总比西边的早。以0°经线为中央经线，向东、向西各跨7.5°的范围定为中时区，由中时区向东、西每跨15°划分为一个时区，全球共划分为24个时区。东十二区和西十二区各占7.5°，合为东西十二区，180°经线为其中央经线。地球上划分日期的界线有两条：自然日界线（零时所在经线）

和人为日界线（大致为180°经线）。

二、制作目的

1.运用教具直观展示世界时区分布，使“时差计算”及“日期变化”的内容形象直观，易于理解。

2.运用教具演示世界日期变更情况，并对比说明两条日界线的不同。

三、制作器材

彩色卡纸若干张、带螺帽的粗螺丝一根、废旧塑料瓶盖一个（直径3cm）、胶水、双面胶带、剪刀、圆规、量角器、直尺、裁纸刀、硬纸板。

四、制作步骤

1.用黑色卡纸（表示夜晚）和白色卡纸（表示白天）拼接成一个边长为60cm的正方形（如图3-7-3），作为背景。

2.将粘接好的卡纸背景粘贴在一张同等大小的硬质纸板上做成底盘。

3.废塑料瓶盖钻孔，装带螺帽螺丝做底盘支架。（如图3-7-2）

图3-7-2　底盘支架

4.将底盘中心钻孔，套在螺杆上做支撑。

5.剪一张绿色圆盘（直径25cm）做时刻表，剪白色、黄色硬纸板圆盘各一个（直径20cm）做转盘。

6.制作时区转盘：黄纸剪分24份，间隔去掉12份，敷于白纸上再粘贴在硬纸盘上。

7.将时刻盘和转盘依次套入螺杆，划分刻度，粘贴或书写时刻及时区标记。

8.用红纸剪成太阳光线，粘贴在底盘白纸上。

9.粘贴或书写教具名称。

10.制作完成后的区时与日期推算仪装置如图3-7-3所示。

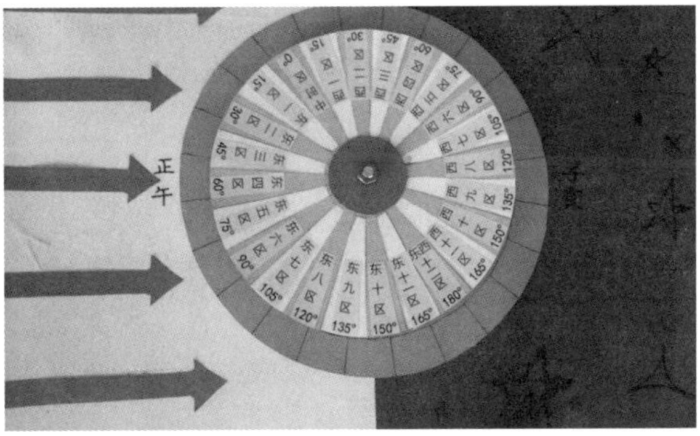

图3-7-3　区时与日期推算仪

五、教具使用

1.昼夜交替的演示：以底板上的昼夜分布差异图为背景，转动转盘，直观感受昼夜的交替及晨昏线的确定。

2.时区的划分和区时的推算：转盘上的24个时区对应24个区时，可以直接确定任意时区的区时。比如将北京所处的东八区对准定盘上的12:00，观察转盘上其他时区所对的时间，就是各时区的区时。

3.区分自然日界线和国际日界线：将转盘上的某一经线对准定盘上的零时，即自然日界线，而国际日界线大致是180°经线。

4.新旧日期变化范围的确定：转盘上时刻为0:00的经线以东到180°经线的范围，即为新日期的范围，其余为旧日期的范围。

该教具由甘肃省兰州第一中学郭亚明和吴捷老师制作。

案例5　日期变化仪

一、制作原理

当“180°经线”和“0时经线”重合时，全球同为一天；当“180°经线”和“0时经线”不重合时，全球分属两天。“0时经线”以东到“180°经线”是新的一天的范围，“0时经线”以西到“180°经线”是旧的一天的范围。

二、制作目的

1.观察实验演示，说明自然日界线和国际日界线的区别。

2.通过两条日界线的相对位置，判断出新的一天的范围及变化情况。

三、制作器材

两张硬纸板（半径10cm）、剪刀、不同颜色的颜料、毛笔。

四、制作步骤

1.选择两块硬纸板，将其剪成大小相同的两个圆形。

2.分别在两块硬纸板上涂不同的颜色，待颜料干后沿着圆的一条半径剪开。

3.在一块硬纸板剪开处分别标上“180°经线”，在另一块硬纸板剪开处标注“0时经线”。

4.并用毛笔将剪开处涂上与纸板不同的颜色进行区分。

5.将两块纸板通过剪开的缺口交叉在一起。

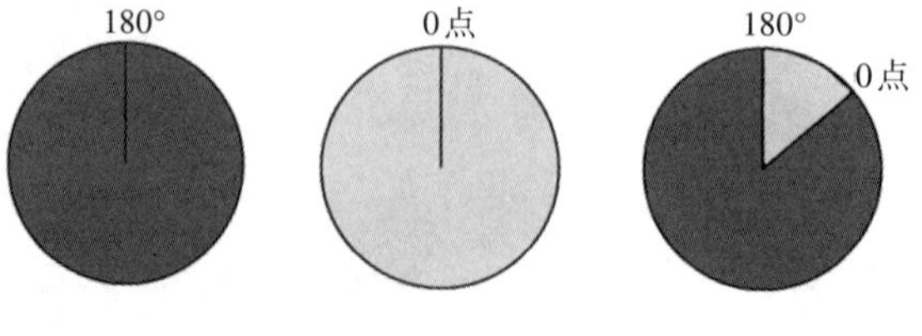

图3-7-4　日期变化演示仪

五、教具的使用

相对前一个时区演示教具，此教具较为抽象，但有助于“昼夜交替与时差”相关的抽象习题的讲解，也可应用于计算地方时、航空和航海日期等。实验过程中，要注意确定自然日界线和国际日界线。

使用时教师可以以圆心为轴，旋转两色硬纸板，引导学生观察“180°经线”和“0时经线”的位置关系。当“180°经线”和“0时经线”在不同位置时，观察“新的一天”和“旧的一天”范围的特点，在地球自转的过程中新的一天的范围如何变化？

六、参考文献

姜乔.高中地理实验教学资源开发与利用的实验研究［D］.长春：东北师范大学，2009.

案例6　区时换算与经纬度测量仪

一、制作原理

时区、区时、地方时等与经度变化密切相关，因而可以尝试制作教具将区时换算与经纬度测量相结合，亦可在此基础上进一步观察肉眼可视的天体。通过测量当地正午时间，确定当地经度；测量当地北极星高度角，确定当地纬度；测量正午太阳高度，揭示太阳直射点的移动规律；测量一般天体高度及位置，了解天体与地球之间的运行关系。

二、制作目的

1.直观演示世界各地区时与地方时的变化，并解释其成因。

2.测量确定当地经度、纬度、正午太阳高度、天体高度等，增强地理知识的实用性。

3.通过教具演示，说明太阳直射点的移动规律，培养学生的观察能力。

4.培养学生的实践操作与创新思维，提高观察地理事物与分析地理问题的能力，激发学生学习地理的兴趣。

三、制作器材

制图材料（电脑制作进行喷绘）、塑料有机板、带丝铁杆（一长一短）、坡度规、线锤、伸缩天线、两个固定夹、小弹簧、螺帽两个、指南针、水平气泡粘、照明装置（电池、开关、导线、灯座）等。

四、制作步骤

1.时间盘。在上盘中，绘半径14cm圆盘，外围圈层分割720等份，向内对应24份，填上1至24个数字，代表24小时。标识正午、子夜位置与日期变更的自然界线，绘制北极星方位示意图，裁去盘边。

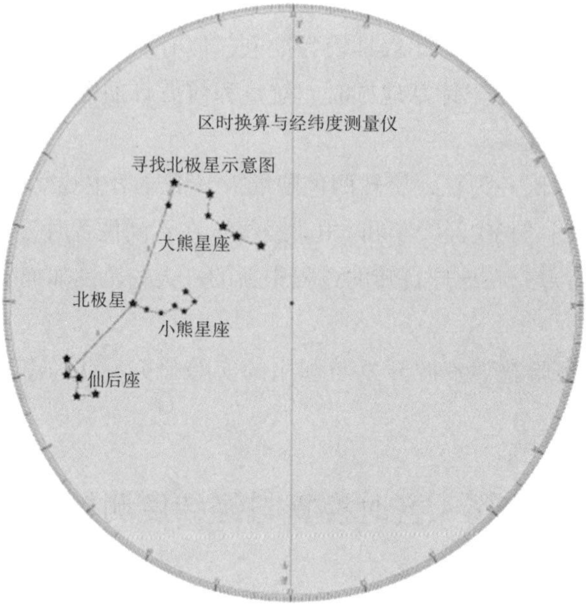

图3-7-5　时间盘

2.时区盘。在下盘中，绘半径17.2cm圆盘，每隔0.8cm画上附图中的四层同心圆圈，依次向外对应填写：最内层画720条刻度线，刻度间隔0.5度；第二层画24等份，填各时区中央经线度数；第三层写24个时区名称；第四层画部分国家政治中心、本初子午线等。为了查找方便，红色标识日界线、东八区中央经线（120°E），完成后裁去盘边（见图3-7-6）。

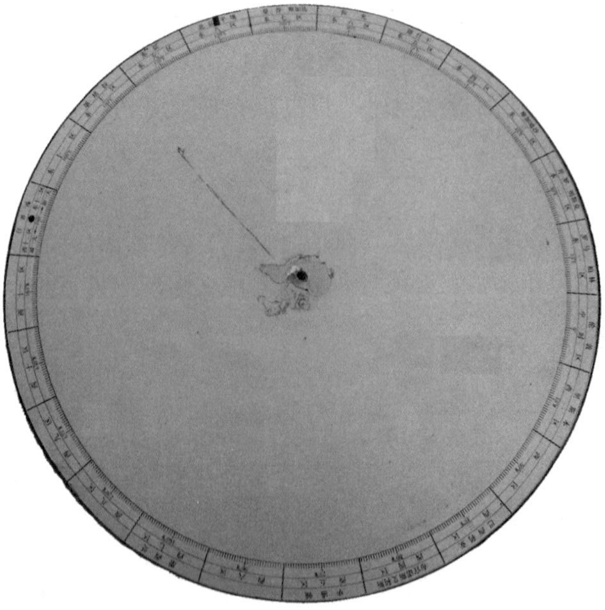

图3-7-6　时区盘

3.连接时区盘与坡度规等。用带丝短铁杆连接时间盘与时区盘的中心。坡度规的刻度间隔为1/3度，线锤与坡度规中心相连。两根空心管连接坡度规，一根可用伸缩天线，另一根与带丝长铁杆连接，两个固定夹与小弹簧前后固定坡度规，然后长短铁杆用螺帽互连。将两个互相垂直的水平气泡粘及照明装置（电池、开关、导线、灯座）连接后，粘在时间盘上。在正午标线上固定指南针，指南针盘上的南北方向与时间盘上的子午线重叠一致。

4.固定。使用支架固定仪器盘，支架下部的调节螺丝调整盘面水平气泡，支架可以升降，便于观测（参看图3-7-7）。

图3-7-7 区时换算与经纬度测量仪

五、教具使用

1.演示时间变化

①日期变更演示。时区盘的国际日界线以西和时间盘的子夜线以东属于新一日，由于时间盘不断顺时针旋转，可以看出新一日范围扩大，旧一日范围缩小，直至消失，迎来新的一天。

②区时变化演示。从盘中看出，向东每过一个时区，时间增加一小时；向西每过一个时区，时间减少一小时。如果已知某地所在时区的区时，可以在该盘上查知其他各地所在的区时。

③地方时变化演示。已知某地的地方时刻，从转盘上可得知其他各地的地方时刻。

2.测量确定经纬度

①当地纬度测量。晴天夜晚，打开电灯照明，调整支架螺丝，保持水平气泡居中，水平状态下线锤与坡度规0°一致，找出北极星的位置，小短杆拉伸瞄准北极星，则线锤在坡度规上的指示角度为当地纬度。

②当地经度测量。首先确定南北方向，利用北极星方位确定；或者仪器中铁杆日影最短线确定；也可用指南针确定南北（误差较大）。仪器放在确定的南北方向线上，调整

螺丝，保持盘面水平，当铁杆日影与南北方向线重合时，当地处于正午，记下北京时间，将下盘的120°E刻度转动到与上盘相对应的北京时间上，则上盘12时所指下盘的对应经度即为当地经度。

3.天体高度与直射位置的测算

①正午太阳高度测量。在当地晴天正午时，调整盘底螺丝，保持盘面水平，水平状态下线锤与坡度规0°一致，拉伸坡度规上的小短杆瞄准太阳，则线锤与坡度规0°线的夹角为当地正午太阳高度角。

②太阳直射点的纬度计算公式。当太阳直射点与该地均在北半球，太阳在该地以南：$\delta=\Phi+(H-90°)$；当太阳直射点与该地均在北半球，太阳在该地以北：$\delta=\Phi+(90°-H)$；当太阳直射点在南半球，当该地在北半球：$\delta=-\Phi+(90°-H)$。

注：Φ为当地纬度，δ为太阳直射点的纬度，H为当地正午太阳高度角。

4.一般天体高度与位置测量

拉伸坡度规上的小短杆瞄准所测天体，则线锤与坡度规0°线的夹角为天体高度角，利用指南针来确定天体的所处方位，长期观测记录，了解天体位置与运行情况。

5.其他用途

作为绘制校园或小区域地图使用，确定方向；可以测量道路方向、建筑物方位、河流流向、岩层倾角等。

六、适用课程内容

1.该仪器适合初、高中师生使用，符合《地理课程标准》要求，解决经纬度测量、区时换算、太阳直射点的移动等问题。

2.适合学习高中地理必修Ⅰ中太阳直射点南北移动、正午太阳高度角的变化问题；

3.七年级地理上册地球和地球仪中的经度与纬度知识，地球的运动中自转产生的时间差异问题。

该教具由甘肃省庆阳市陇东学院附属中学任常成老师制作。该教具获第七届全国华狮京城杯全国优秀自制教具三等奖、第六届甘肃省优秀自制教具一等奖。

案例7　地理要素分布图层

一、制作原理

利用世界地图，绘制不同专题的图层。分析具体问题时，可以将各个地图图层叠加进行综合分析。

二、制作目的

1.通过绘图，说出所绘地理要素的分布特征。

2.掌握绘制地图的方法，培养学生的地图绘制能力。

三、制作器材

世界轮廓图、彩色白板笔、透明塑料片、透明塑料文件袋。

四、制作步骤

1.制作世界洋流分布图层：将一张透明塑料片覆盖在世界洋流分布底图上，描绘出洋流分布图。对照地图册标注名称和四大渔场的位置，用红色箭头表示暖流，蓝色箭头表示寒流。

2.制作世界1月、7月海平面气压图：依次将两张透明塑料片覆盖在底图上，简要绘出1（7）月陆地和海洋上主要的高（低）压中心、气旋（反气旋）中心的风向。

3.制作气压带和风带分布图：将一张透明塑料片覆盖在底图上，绘制理想情况下的气压带和风带示意图。

4.按照如上操作，可以分别绘制出世界气候类型图、陆地自然带等地理要素的图层，将底图和绘制出的图层保存到透明塑料文件袋，留待教学时使用。

五、教具使用

1.该实验适用于高中地理中的经纬网、气压带和风带、冬夏季气压和气团、洋流、气候类型和陆地自然带等地理要素分布的相关内容教学。

2.教师根据具体的教学需要，可以引导学生将不同图层叠置分析。例如将风带与洋流分布图叠置，可以看到一致性。区域地理学习也适合采用图层叠置的方法。

3.教师可根据教学需要，调整图层制作的内容。底图和图层的比例尺应相同，建议均为A4纸大小。

4.学生建立的“图层”均为草图或示意图，图层的精准和美观并不重要。

六、参考文献

［1］林培英.探讨中学地理教学的“图层方法”［J］.课程·教材·教法，2014，34（8）：64-69.

［2］江苏教师进修学院.地理教具介绍［M］.南京：江苏人民出版社，1957：29.

第八章　地理实验软件应用案例

案例1　基于数字星球系统的课件开发

数字星球系统是当前地理教学中广泛应用的一种数字化教学仪器，它能够将图片、视频、动画等多媒体资源展示到球面投影屏幕上，更为直观、形象、立体地展现地球与地图相关知识。在此主要呈现使用数字星球系统的二次开发接口，开发基于PowerPoint的课件制作方法。所选用的教材为高中地理必修Ⅰ“大规模的海水运动”一课。

（1）安装数字星球PPT插件。在数字星球演示仪的电脑端安装专用插件，然后重启电脑。

（2）在电脑上新建一个文件夹命名“海水的运动”。在该文件夹下先建一个演示文稿（或者将自己提前做好的PPT复制到这里），再建立一个“story”文件夹，并在story文件夹下新建一个“海水的运动”文件夹。注意，此处在不同目录建立了两个同名文件夹。

（3）打开演示文稿，根据教学需要，制作课件。如果是已做好的课件，可直接执行第4步。

（4）课件制作完毕后不要关闭，将其最小化。然后添加数字星球课程资源。找到数字星球课程资源包中“海水的运动”章节下的story文件夹。打开该文件夹，将其中所涉及的文件内容拷贝到步骤2所建的story文件夹中，可以选择一部分，也可全部拷贝，取决于自己的课件制作和教学需求。

注意：这一部分的课程资源，除了用数字星球本身自带的课程资源包以外，在制作过程中，可以向生产厂家索要配套的课程资源包。但是，最简单的方式就是启用数字星球自带的课程资源包。

（5）打开步骤3建立的演示文稿，点击工具条上的“数字星球”工具条，单击“刷新动画”。相应的章节和动画栏，会出现story课程资源。

（6）将story课程资源与演示文稿建立关联。如第3页PPT，需要添加盛行风的story课程资源，则选中第3页PPT，在“动画”栏里找到气压带和风带。点击设置动画，关联就建成了。关联成功后，PPT下面演示栏会出现这样的代码：Story=./story。

如果一页PPT有两个及以上的关联，则与一页只有一个关联略微不同。如给全球气压带和风带以及洋流分布规律建立关联。那我们也是先选中该页PPT中的“全球气压带和风带”，点击“数字星球”工具条，单击“插入宏命令”。然后点击最上方PowerPoint工具栏的“插入”工具条，单击“动作”，在“动作设置”对话框里，选中“运行宏”，找到气压带和风带，点确定按钮。如果是全球洋流模式，还是重复以上步骤。

（7）点击保存，保存PPT。启动数字星球，放映幻灯片即可。

该案例由甘肃省酒泉市北苑学校张小丽老师设计。

案例2 Google Earth在中学地理教学中的应用示例

随着计算机技术的不断发展，一些地理信息技术逐渐开始影响人们的日常生活、工作和学习。AutoCAD、ArcGIS、Google Earth等技术软件作为新的教学辅助工具，使得传统的中学地理教育教学模式也正在发生改变。但由于AutoCAD、ArcGIS这些技术软件专业性太强，在课堂教学实践中存在局限，因此还不能得到广泛的应用。而Google Earth则具有交互性强、便于操作的特点，也符合学生的学习认知发展水平，有助于激发学生的学习兴趣，所以我们要积极探索运用Google Earth来更好地辅助完成地理教学工作。

一、Google Earth简介

Google Earth（简称为“GE”）是Google公司开发的一款虚拟地球软件。现在也有中文版本。它尽可能地将各种与地球相关的地理要素信息布置在一个地球的三维模型上，提供给我们一个全新观察地球的视角。

二、Google Earth主要功能介绍

1.地球浏览

Google Earth将地球模拟成地球仪形状，学生可以通过鼠标的滑动来翻转认识地球，从多角度浏览地球上的任何一个角落。而且，图像可以随着鼠标的移动放大或缩小，也会显示相应的经纬网、方向、比例尺等地图要素信息（如图3-8-1所示）。在区域地理地形、地貌、河流等要素的学习中，利用Google Earth指导学生学习，就可以有效避免利用传统板图、挂图教学让学生感觉很抽象的困扰。多图层的叠加、3D技术的合成，让地理区域更具有真实性和立体感，增强学生的地理学习兴趣，培养学生的地理空间思维素养。

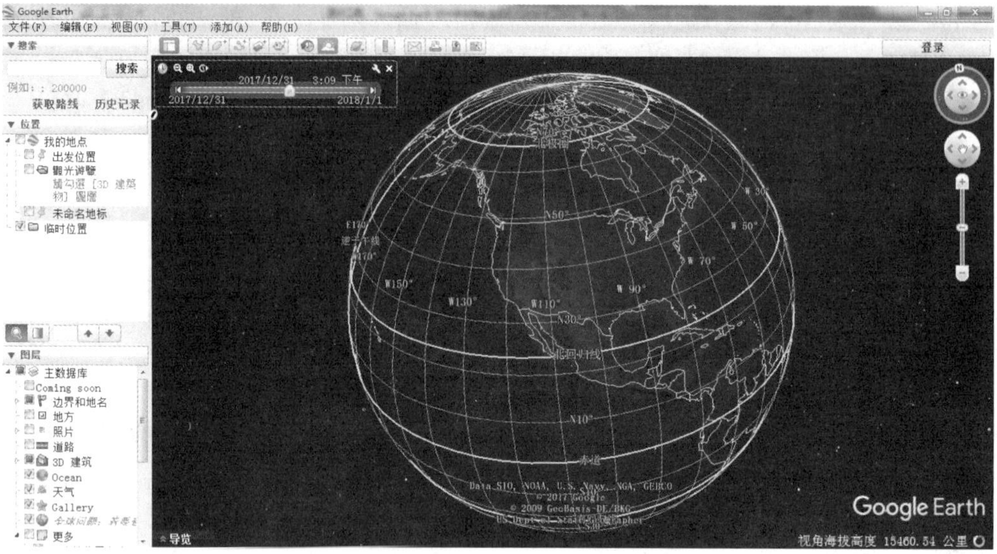

图3-8-1 Google Earth操作界面

此外，Google Earth也对宇宙太空中的月球、火星、星空也有模拟，学生也可以通过这款软件进行了解学习，探索未知世界（如图3-8-2所示）。具体操作流程是，在菜单栏下方点击地球、星空、月球、火星的转换图标即可。

图3-8-2 Google Earth星空浏览界面

2.搜索定位

传统的地理教学中，我们要花费许多的时间在地图上，来了解具体区域的地理位置和范围。现在在Google Earth中，学生只需要在搜索框中，输入相应的地名或者经纬度，就可以在右侧的3D视窗中迅速切换到要查询的位置，如果在左侧勾选了该区域的基本图层，就会显示出一系列与该区域相关的地理信息。

学生可以根据自己的需要在Google Earth中创建旅行路径图，通过添加图片、文字等信息的形式来标注地标。这些信息可以放置在Google Earth的收藏夹中，也可以通过邮件等形式来分享给好友。具体的操作在菜单“添加”里进行（如图3-8-3所示）。

图3-8-3　Google Earth定位操作界面

3.制作地图

Google Earth中，提供了导出地图的这一功能。教师和学生都可以在地理学习中，根据自己的需要，将各种主题要素为主的影像图通过导出界面，生成一幅幅非常有价值的地图。譬如，在软件的左侧勾选“图层”→“图片库”→“美国国家航空航天局”→“地球城市夜景”，就可以生成一幅地球城市夜景轮廓图，从中就可以截取一张美国的城市夜景图。也可以生成一幅美国东北部的机场分布地图（如图3-8-4所示）。

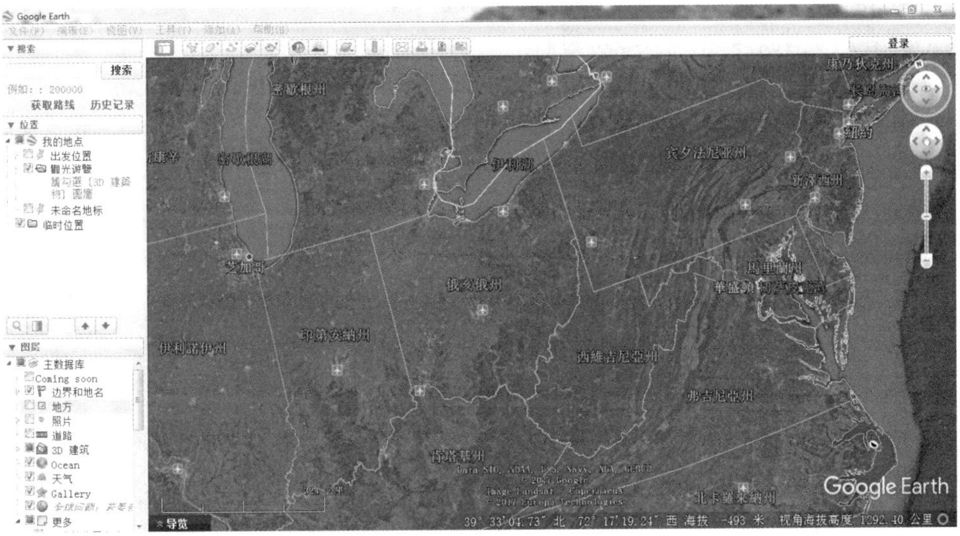

图3-8-4　Google Earth机场分布查询

4.地理测量

Google Earth提供了地理测量的许多工具。可以使用线条或其他路径来测量两个地点之间的直线距离或折线距离、多边形区域的大约面积等。两地的直线距离测量的具体操作是点击菜单“工具”→“标尺”，然后在图层中选取这两个地点，系统就会自动计算出两者之间的距离了（如图3-8-5所示）。也可以通过操作Google Earth右上角放大、缩小图标（+和-），让学生定性地了解地图比例尺大小的变化规律。

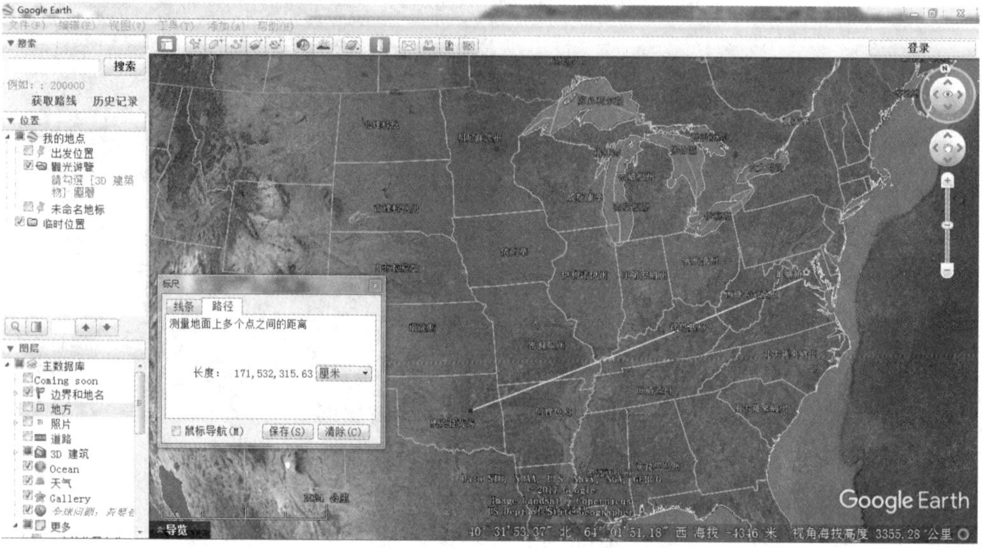

图3-8-5　Google Earth中的距离测量

5.模拟飞行

Google Earth提供了一款非常好玩的工具“飞行模拟器”。学生在基本掌握操作按键的基础上，可以尝试驾驶F16或SR22“飞机”，对地球各个区域高空和近地面进行全方位的飞行游历。具体操作流程为：“工具”→“进入飞行模拟器”，然后选择飞机类型和出发地点即可。（如图3-8-6、图3-8-7所示）。

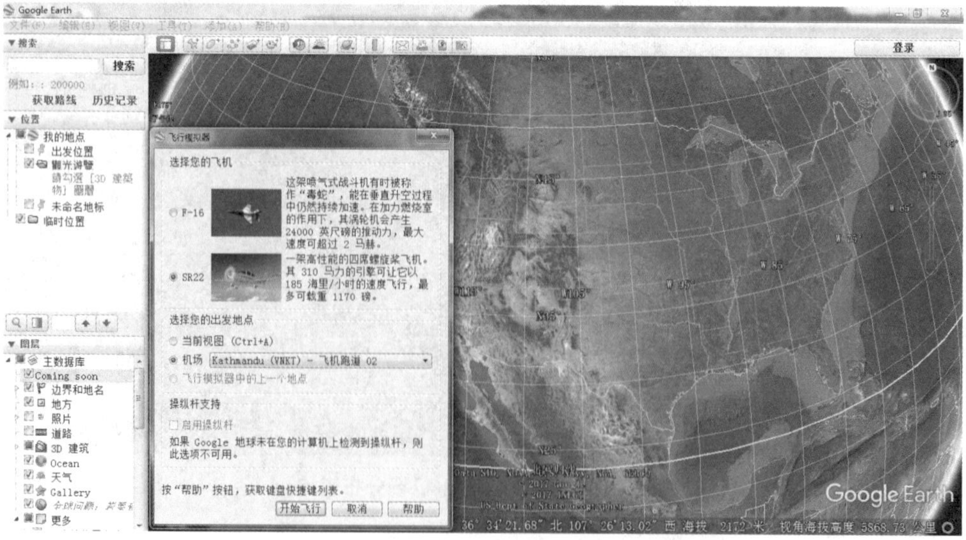

图3-8-6　Google Earth飞行模拟器选择界面

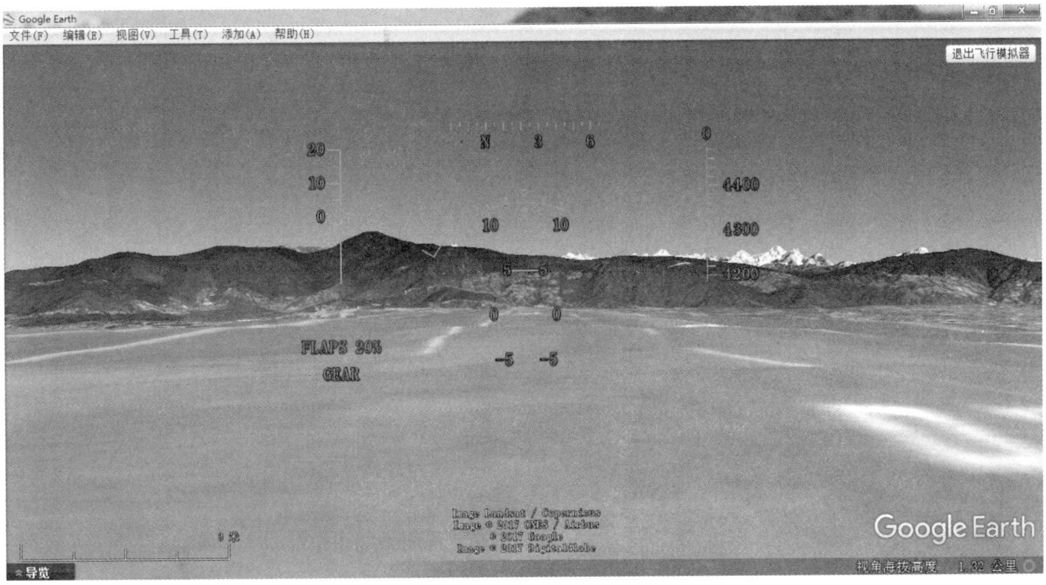

图3-8-7　Google Earth飞行模拟器浏览视图

总之，Google Earth的功能远不止上述列举的这几项。让我们在中学地理教育教学过程中再慢慢尝试，探索它的强大魅力吧！

该案例由四川省广汉市广汉中学张亚平老师设计。

第四部分
地理实验教学案例

这一部分介绍了将前述实验设计应用于教学的一些案例。第九章的案例侧重展示课堂教学过程及其实施中的操作性环节。为了凸显评价的重要性,还专门选择了两个聚焦于实验教学评价方法的课例。第十章关注校外的地理实验教学,根据科技场馆参观、自然地理考察和野外综合学习等三种常见考察类型,分别介绍了三个教学案例。

第九章　课标相关实验的教学案例

案例1　农业区位选择

一、实验设计

1.课标要求

分析农业区位因素，举例说明主要农业地域类型特点及其形成条件。从课标的描述可以看出，农业区位因素在这一章内容中处于基础地位，分析点明了学习农业区位因素需要采用的方法，不能将某种农业生产活动的区位因素进行简单罗列，而是要求学生自己去思考这种农业活动顺利进行要考虑的影响因素，从而总结出区位因素的含义以及分析区位因素的基本方法。

2.教材分析

这一课的内容分为两个部分：第一部分旨在阐述农业区位的基本知识，包括区位的概念、影响农业生产的主要区位因素及科技发展对农业生产活动的影响；第二部分以案例的形式阐述了农业地域形成的区位条件。本节内容是全章内容的基础，只有了解区位的含义、农业生产活动的特点、影响农业生产的主要因素及其与人类的关系，才能深入了解世界和我国农业地域的形成。

3.学情分析

农业的区位选择，是高中地理必修Ⅱ第三章第一节的内容，前两章学生学习了有关人口地理与城市地理的基本内容，本章开始学生将接触到有关农业的知识，在之前的学习当中，学生只是对某一个区域有着零散的认识，例如明确了一个地区的地理位置、气候类型特点及其成因，但如何将该地区基本的自然地理环境与人类活动联系起来则需要在本章的学习当中进行分析体会。

综上考虑，设计了农业区位选择模拟实验（参见本书第六章第一节）。

二、实验教学过程

1.实验实施过程

实施场所：属于室内实验。由于学校没有标准的地理实验室，因此，实验只能在教室进行。

实施目的：本实验开展的主要目的是补充完善地理教学活动，引导学生充分理解教材内容。

实施时间：本实验开展的时间是在课内，是作为人教版高中地理必修Ⅱ第三章第一节的课堂小实验进行的。

具体实施过程如下：

表 4-9-1　农业区位选择模拟实验实施流程

实验教学环节	教师活动	学生活动	备注
情景导入	苹果是我们常见的水果，有些同学家里也在种植苹果，但是大家有没有考虑过为什么我们这里可以种植苹果却不能种植香蕉或者橘子呢？	思考并回答问题。	联系实际生活，引出课题。
过渡	除了我们这里可以种植苹果，我国还有哪些地区能够种植苹果呢？我们就来探讨一下苹果种植的区位选择问题。	带着问题进行实验。	层层递进。
开始实验			
环节	教师活动	学生活动	备注
问题引入	如果我们要选择一个适合苹果生长的地区，需要考虑哪些条件呢？	思考并回答问题。	结合本区域特征，分析普遍规律。
	教师总结学生回答并做出补充。 气温：1 月平均气温在-8℃～8℃，7 月平均气温在 18℃～26℃。 积温：年积温 5000℃左右。 降水量：年降水量约为 500mm～800mm。 日照：年日照时数在 2000h 以上。	学生进行对比分析。	深入理解了本区域种植苹果的自然条件。
安排实验任务 1	资料袋中有我国 1 月等温线图、我国 7 月等温线图、我国年降水量图、我国年积温分布图、我国年日照时数图。还有 6 张硫酸纸和一盒 12 色水彩笔。利用这些材料确定能够进行苹果种植的地区。	进行实验。	时间 10 分钟。结束后由组长进行展示。
结果展示	1. 抽取 1～2 个小组进行结果展示； 2. 评价展示结果。	听取展示结果，并与自己所在小组结果进行比对，发现并提出问题。	实验结果的分析。
小结	从该组实验结果可以看出我国苹果优势产区主要分布在河北省中南部地区、陕西省与河南省的交界地区、山东半岛、山西省的中部地区以及甘肃省的东南部地区，还有一部分分布在云南省的北部地区。	听教师总结，并在图上找出相应区域。	实验结果的图文对照。
实验任务 2	对比分析我国苹果优势产区以及部分重要产区分布图与实验所得适宜苹果分布图有什么不同？	观察、思考并回答问题。	实验结果的进一步延伸。
小结	引导学生进行两幅图的对比，可以了解到社会经济要素对农业区位选择的影响，以及人类可以能动地去改造自然条件。	结合实验结果，分析总结。	两图之间的对比分析。
实验结论	影响农业生产活动的区位因素主要表现为两类，一类是自然要素，一类是社会经济要素。自然要素主要包括气候、地形、土壤、水源等。社会经济要素包括市场、交通运输、劳动力、政策等。	分析总结影响农业生产活动的区位因素。	理解区位含义。

2.实验实施结果展示

根据实验实施步骤，每个小组都得到了相应的实验结果。但有的小组对积温数据的把握不到位，导致实验结果出现部分错误。由于没有时间进行小组之间的互动讨论，所以教师直接指出了此项错误，并在课后与该小组同学做了进一步交流。

该案例由甘肃省宁县第二中学王泉灵老师开发。

案例2　工业区位选择

一、实验设计

1.课标要求

分析工业区位因素，举例说明工业地域的形成条件与发展特点。从课标的表述中可以发现工业区位因素在整个工业生产活动中处于基础地位。作为学习本章的开始，可以引导学生进行自主探究学习。

2.教材分析

这一课是后续学习的基础，教材首先用图片的形式展示了工业生产的一般过程；其次列举了影响工业布局的主要区位因素，从这些区位因素出发分析不同导向型工业布局的主导因素；接着引导学生理解区位因素并不是一成不变的，随着社会的发展、市场的变迁以及科技的进步，某一类型的工业区位选择也会随之发生变化；最后引导学生明确当下工业区位选择中还应将环境质量考虑在内，并且环境要素已经处于越来越重要的地位。

3.学情分析

在上节课的内容中，学生学习了有关农业区位选择的内容，这为分析工业区位选择奠定了良好的基础，学生能够明确影响工业区位的因素主要有两个方面：自然因素与社会经济因素。与农业区位选择不同的是，工业区位选择更加注重社会经济因素。大部分学生对于工业生产活动比较陌生，所以教师在讲解本节内容之前需要对工业生产活动做简单的介绍。

综上考虑，设计了工业区位选择模拟实验（参见本书第六章第一节）。

二、实验教学过程

1.实验实施过程

该实验属于模拟实验，可在室内进行。实验的目的是模拟完成不同的工业布局，并分析影响工业布局的因素。实验的实施时间是在高一必修Ⅱ第四章第四节的课堂教学时间进行。

具体实施过程如下：

表4-9-2　工业区位选择模拟实验实施流程

实验教学环节	教师活动	学生活动	备注
导入	上一周我们学习了有关农业区位选择的知识，明确了影响农业生产活动的区位因素有自然因素和社会经济因素。农业是人类社会最基本的物质生产部门，它为工业提供了发展的基础。现在，我们来开始今天的课程，工业的区位选择。	复习回顾。	利用农业区位联系工业区位。
基础知识讲解	1.区位的概念。 2.工业的一般生产过程。 3.创设情境，引导学生分析工业区位选择的影响因素有哪些。	思考并回答问题。	补充完善实验内容。
开始实验			
环节	教师活动	学生活动	备注
实验情景导入	在现实中很难找到一个地区具备工厂布局的全部优势条件。那么，我们就要去比较在诸多的影响因素中哪个是占主导的，然后将工厂布局在此因素明显的地区。	联系实际生活进行思考。	
实验任务1	仔细观察底图表现出的基本信息，将写有工厂名称的泡沫小方块，放置在你认为合理的位置，并在表格中填写你放置在此处的理由。	进行实验，完成学习任务单。	6位同学一组，时间10分钟。
结果展示	1.抽取1～2组进行展示。 2.听取展示结果并在黑板上进行总结。	听取其他组的展示结果，并对比分析。	查缺补漏。
结果分析	教师对所有工厂布局的理由进行简单总结。	学生修改补充学习任务单。	深化理解教材内容。
实验任务2	请学生尝试将这些工厂布局的主要区位因素提炼出来。	分析总结影响工厂布局的主要区位因素。	提炼、分析信息。
结果展示	抽取1～2组同学展示实验结果。	听取并指出其他组结果所存在的问题。	查缺补漏。
小结	在布局工厂的时候，如果只是根据某一个主要因素进行布局，这样的工业我们称为导向型工业，按照主导因素的不同，可以分为原料导向型、市场导向型、动力导向型、劳动力导向型和技术导向型五种工业。	听取教师讲解，并进行记忆。	理清基本知识。
实验任务3	呈现有污染的或者对环境要求高的工厂，并将其布局在你认为合理的位置。	学生进行实验操作。	时间在5分钟左右。
实验结果展示	抽取1个小组同学进行展示。	其他组同学进行对比分析，并提出疑问。	对比分析。
总结	本节课我们利用实验的方式探索了有关工业区位选择的内容，同学们在下课之后要注意对五种导向型工业进行理解，并知道工业区位因素也在不断发生变化，需要我们以发展的眼光看问题。	把握重点，巩固知识。	知识内容的深化。

2.实验实施结果展示

①实验任务1的结果

下表是第3组的同学针对实验任务1，得出的实验结果。从结果中可以发现，该组同学未能准确分析影响飞机制造业、啤酒厂、电子装配厂、服装设计公司等工厂分布的主要区位因素，还需要教师的教学指导。

表4-9-3　工厂布局学习任务单

班级：高一(6)班	组号：　3		
工厂名称	放置位置	放置理由	主要区位因素
飞机制造业	距离飞机场近的地区	距离飞机场近	
制糖厂	甘蔗种植区	距离原料产地近	
水产品加工业	湖泊周围	有水产养殖区	
电解铝厂	靠近煤矿、水电站	有充足动力	
火电站	靠近煤矿	原料充足	
服装厂	普通住宅区	有充足劳动力	
集成电路厂	高等学校周围	技术水平高	
家具厂	森林附近	原料充足	
啤酒厂	高速公路旁	交通便利	
电子装配厂	高等学校附近	技术水平高	
精密仪表厂	高等学校附近	技术水平高	
水果罐头加工厂	果树种植区	有充足原料	
服装设计公司	普通住宅区	有充足劳动力	

②实验任务2的结果

下表是第3组同学针对实验任务2得出的结果（实验任务2主要目的是分析影响该工厂布局的主要区位因素，）由于对于工厂的理解有偏差，导致对主要区位因素的分析也存在偏差。

表4-9-4　工厂布局学习任务单

班级：高一(6)班	组号：　3		
工厂名称	放置位置	放置理由	主要区位因素
飞机制造业	距离飞机场近的地区	距离飞机场近	技术
制糖厂	甘蔗种植区	距离原料产地近	原料
水产品加工业	湖泊周围	有水产养殖区	原料
电解铝厂	靠近煤矿、水电站	有充足动力	动力
火电站	靠近煤矿	原料充足	原料
服装厂	普通住宅区	有充足劳动力	劳动力

续表4-9-4

工厂名称	放置位置	放置理由	主要区位因素
集成电路厂	高等学校周围	技术水平高	技术
家具厂	森林附近	原料充足	市场
啤酒厂	高速公路旁	交通便利	市场
电子装配厂	高等学校附近	技术水平高	技术
精密仪表厂	高等学校附近	技术水平高	技术
水果罐头加工厂	果树种植区	有充足原料	原料
服装设计公司	普通住宅区	有充足劳动力	劳动力

③实验任务3的结果

下表是针对实验任务3，第2组同学得出的实验结果，这些是对环境产生影响的工厂，在布局时要重点考虑到环境因素，根据教材上的知识点，可以进行自主探究和学习。

表4-9-5　有污染工厂的选址学习任务单

班级：高一(6)班　　组号：3		
工厂名称	布局位置	布局原因
水泥厂	郊区，距离火电厂较近的地区	对空气有污染，应该布局在盛行风向垂直的郊外地区。
钢铁厂	郊区，距离煤矿、铁矿较近的地区	对空气有污染，应该布局在盛行风向垂直的郊外地区，有固体废弃物，距离城区应该较远。
化工厂	郊区且河流下游地区	既污染空气又污染水源。
印染厂	距离污水处理厂较近的上游地区	污染水源
造纸厂	距离污水处理厂较近的上游地区	污染水源

该案例由甘肃省宁县第二中学王泉灵老师开发。

案例3　商业网点分布调查

一、实验设计

1.课标要求

结合实例，分析交通运输方式和布局的变化对聚落空间形态和商业网点布局的影响。对课标的分析可知该部分内容主要目的是分析交通因素对商业网点布局的影响，因此，需要重点关注交通条件。

2.教材分析

教材中对该知识点的呈现，以两幅图来对比山区的商业网点与平原的商业网点的分布密度、位置，有助于学生更直观地掌握交通运输条件对商业网点分布的影响。如果将该知识点与本地区实际情况相联系，学生从实际出发，更能理解该部分的内容。

3.学情分析

学生在学习有关城市内部空间结构的知识之后，对商业网点的布局的整体位置有了基本的了解，但还是停留在教材上，不能发现实际生活中商业网点的分布规律，因此可以利用实地调查的方式来加深对该知识点的理解。

综上考虑，设计了商业网点分布调查活动（参见第六章实验设计）。

二、教学实施过程

1.调查准备

（1）时间

此次调查安排在学期内某个周末进行。这样既可以完成调查任务，又可以提高学生的调查积极性。

（2）地点

此次调查活动的地点确定在距离学校较近的一条街道上。

调查地点选取的依据：第一，该街道距离学生生活环境较近。这条街道是城区的一条主街道，大部分同学在上学或者放学途中都会经过这条街道，对街道上的事物较为熟悉，可以引发学生对此次调查活动的探知欲，希望去了解课本知识与实际生活环境之间的联系，以及课本无法直观表现的知识。第二，该街道集中了各类商业网点。这条街道是县城中较为繁忙的一条街道，商业网点的数量较多，种类也较为齐全，可以满足此次活动调查的需要。第三，该街道在本地区具有代表性。这条街道上商业网点类型丰富，拥有其他街道缺少的商业网点类型，在本地区具有良好的代表性，有调查的意义。

（3）人员

由于只有两位教师指导，所以限定为10人参加。

人员确定步骤：首先，在笔者所带的高一年级的两个班中宣传本次调查活动，召集对地理学习兴趣较高的学生以及对调查活动有基本认识的学生，然后征求学生意见，对希望参加此次调查活动的学生进行登记。其次，调查前对登记人员进行培训。由负责教师向学生提出对本次调查活动的要求，例如必须按时到达调查地点，必须服从教师安排，必须认真收集信息以及完成调查任务单等，如果觉得自己无法完成调查任务可放弃此次活动。最后，询问学生是否愿意在周末进行此次调查活动，最终确定的调查学生大多是居住在城里或者周末住校。

（4）准备调查工具

学习任务单：我们将此次调查活动分为几个具体任务，学生按照学习任务单进行调查。

基本用具：笔、笔记本、照相机或手机（每组一部）。

（5）安全评估

此次调查活动位于学生熟悉的街道，学生没有陌生感，且活动之前得到了学生家长的许可与支持。

调查活动将调查线路确定在人行道，并安排两名教师进行管理，减少安全隐患。

2.调查实施

（1）集合

2016年4月9日星期六早上8:00，高一（1）班和高一（2）班共10名学生和两名带队教师在校门口集合。

（2）分组

将这10名学生随机分为两组，每组5人，确定带领组长，分配任务。1人拍照；1人统计商店经营范围；1人统计零售商店与批发商店数量；1人统计商店销售物品档次；1人统计商店销售常见物品与特色物品的类型。每组队长负责领取照相机、学习任务单。

（3）确定调查任务

此次调查活动的调查任务有四个：一是了解此条街道的商业网点的数量以及分布特征；二是明确该条街道的商业网点的类型以及销售物品的特征；三是分析影响该条街道商业网点分布的原因；四是绘制商业网点分布图。

（4）资料收集方式

在选定街道上统计商业网点的类型和数量，并拍照记录。

3.调查数据汇总

（1）调查数据整理

通过调查街道东侧共计有82个商铺，街道西侧有81个商铺，这些商铺的类型包括餐饮小吃、五金建材、办公文具、服装、化妆品、家用电器、智能产品、珠宝首饰、烟酒行、大型超市、照相馆、药店与银行等。可见商铺类型较多、消费等级不一且与人们日常生活紧密联系。

（2）商业网点分布图

图略。

（3）数据分析

这条街道是该县城的一条主要街道，从数据汇总上可以看出，这条街道商铺的数量有160余家，且商铺的类型众多，除可以为居住在城市的人们提供日常的生活需要之外，还能够为人们提供更高级的服务，例如珠宝首饰、家用电器、智能手机等。

影响商业网点分布的两大主要因素：

第一，商业网点分布与交通运输条件关系密切。从商业网点分布示意图上，我们可以清晰地看到交通运输条件在这些商业网点的分布中的重要地位。店铺都分布在街道两侧，且在这条街道的东侧有一个长途汽车站，西侧有一个短途客运站和一个物流运输中转点。运输点和物流站的出现，为商业网点提供了货源也提供了产品输出的途径。

第二，商业网点的布局离不开市场支撑。市场规模决定了商业网点的规模的大小以及分布种类。市场因素包括客源、信息以及对整个市场容量的估计。例如大光明眼镜行，按照学生的猜想，眼镜店的规模应该处于中等，这样根据投入与产出的关系，才能保持最大的利润。但这个眼镜店的规模比普通眼镜店大，说明获取的利润是比较高的，探究其原因，同学们认为主要有以下几个方面：一是客源，因为店铺位置在学校周围，所以它的主体客源就是学生；二是学生消费心理，我们访谈了几个在此配镜的同学，为什么选择这家店，他们都提到了一点，这里规模大，眼镜种类多，不会与其他同学戴一样的眼镜；三是优惠活动较多，每到开学时都有相应的优惠活动，而开学是配镜的高峰期，不仅有高中生还有家长带领的小学生也来这里消费。从中可以看出，商铺根据主要的消费群体可以选择相应的销售策略来获得最大的利润。

调查也发现了还有其他因素影响着商业网点的分布。①服务等级差异引起同类别商业网点数量的差异。从数据对比上可以看出服务等级低的商铺数量较多，而服务等级较高的商铺规模大、数量少。这种规律适应于这条街道上的超市和零售商店的分布以及普通餐馆与大型酒店的分布。在这条街道上有大约40家零售商店和1家大型超市。有大约20家普通餐馆与1家大型酒店。②服务等级差异引起同类别商业网点分布位置的差异。大型超市的分布与小型副食零售商店具有反向分布的趋势。大型超市分布在街道的北部地区，而副食零售商店主要集中在街道的中部和南部地区。我们认为，副食零售商店经营的商品种类与大型超市在部分商品种类上是相似的，如果分布过近就会处于竞争的弱势地位，因此才会远离大型超市进行布局。零售商铺的分布也有其他较为明显的特点。从分布位置上可以看出，零售商铺主要集中在交通运输点周围，例如长途汽车站南侧以及短途汽车站的北侧都分布着不同类型的零售商铺。我们认为分布在这里的原因是这里属于人员流动较为集中的地区，为了满足人们出行的需要才出现的零售商铺，主要的商铺类型为副食、中档礼品、水果、炒货、服饰、中高档饰品等。但有些零售商铺则不会受到大型超市的影响，例如小五金、建材、水暖设备等。因为这些产品在超市很少或者几乎没有，所以商铺的分布与超市的距离也比较近。③同类型商业网点会因为消费群体引起网点数量的差异。在这条街道上大大小小一共有10家手机店，而且从店铺的名称上我们发现有两个品牌出现频率较高，一个是OPPO，另一个是vivo，而不是现在大家普遍认为品质比较高的iPhone或者三星手机，对这个现象出现的原因我们也进行了探讨（略）。④消费目的引起了同类别商业网点分布位置的差异。例如大型酒店与普通餐馆的分布，由于普通餐馆经营的消费群体面向大众，消费的目的是为了日常需求，而大型酒店大部分时间是面向宴会接待、酒席承办等消费方向，因此两者没有大的布局冲突，选址时可以靠近也可以远离。

三、调查实验实施分析

1.实验优点

增加了学生对生活区域的认识。该实验可以让学生深入实际生活，从另一个层面来认识自己平时虽然了解但是却未深刻思考的地区。培养了学生观察实际现象的能力，也提升了学生从实际生活中发现问题的能力。

将教材知识运用在实际问题的分析上。教材知识对学生来说仅仅是知识而已，学生不会将其与生活实际相联系。此次实验为学生提供了一种新的看待教材知识的方式，让学生明确教材内容和实际生活联系密切，并很好地反映了实际生活。

2.实验缺点

参与人数过少。该实验是调查类实验，需要在校外进行，要考虑到调查的时间、调查的安全因素、学生对调查活动兴趣的高低和组织人员多少的限制，这就使得调查的人数需要维持在一定的范围内，综合以上因素，导致该实验最终只有10名学生参与。

实验的拓展度不够。从实验反映的结果上看，该实验可运用于必修Ⅰ第二章第一节和第二节，也可以运用于第五章第二节。但这两部分内容所跨章节过多，不能进行组合，这就导致该实验结果在教学过程中发挥的作用有所欠缺。

3.改进建议

基于该实验的缺点，建议在学习完教科书第五章内容之后，将班级学生进行分组，分批次进行该调查实验，这就能增加学生的参与范围。并且在完成实验之后，将所有实验结果在学校区域进行展览，包括拍摄的照片、所有数据资料、绘制的商业网点分布图以及最终得出的结论，让更多的学生明确这条街道商业网点的分布规律。教师也可以用一节课的时间联系第二章第一节、第二节与第五章第二节的内容，将此实验作为教学情境实施教学活动，扩大该实验的适用范围。

该案例由甘肃省宁县第二中学王泉灵老师开发。

案例4　绘制学校地图

一、设计思路

地理对于刚步入中学的七年级学生来说既陌生，又好奇。激发和培养学生对地理学科的学习兴趣是本学期的首要任务。湘教版地理教材七年级上册第一章“让我们走进地理”的主要教学目标是帮助七年级学生在了解地理学科特点的同时培养他们对地理的学习兴趣。而其中的第二节“我们怎样学习地理”主要向学生展示了地图的绘制过程、地图三要素及学习地理的方法等相关内容，《义务教育地理课程标准》（2011年版）中对该部分内容的要求是“养成在生活中使用地图的习惯”，活动建议中也提到动手制作地图等。因此通过组织学生绘制学校地图来完成教学目标是可行的。

与此同时，在“我们怎样学习地理”这一节内容的实际教学过程中，我发现了诸多问题，如学生无法将地图上的地理事物与现实中的具体事物逐一对应；教师讲解地图的绘制过程过于枯燥，不能很好地帮助学生更加直观地认识地图；学生虽然能够识记地图的三要素，但对其具体的作用，尤其是图例和注记的区别掌握不清等等。根据课标的要求及建议，并结合学生的实际情况，我认为组织学生进行本学校地图的绘制，不仅能够利用实践活动教会学生掌握与地图相关的知识，而且通过实际动手操作，可以激发他们对学习地理及探索地理奥秘的兴趣。为此，我开展了以“绘制学校地图”为主题的地理实践活动。

二、实验设计

根据本书第五章第一节的实验设计，稍加修改后实施。

活动占用了下午两个课时的时间。考虑到初次进行室外地理实验，所以我邀请了本校另外两名地理教师作为指导老师，帮助同学们更好地完成相关任务。

三、实施过程

活动正式开始前，所有学生集中到地理教室。我向学生说明了实验的具体要求和注意事项。然后对学生进行分组，根据学生的总人数及活动需要，45名学生共分为5组，每组9人。要求每组成员在完成不同环节的任务时，必须确定主要负责人，并进行具体分工，确保每个同学都能够参与其中。例如在实地测量环节，第二小组的分工情况为：(1) 两人利用学校卫星图片明确测量区域，并对需要测量的地理事物进行编号，指导测量工作；(2) 三人借助米尺对需要测量的地理事物进行实地测量；(3) 另外两人记录测量数据并标记在学校卫星图片上。

图4-9-1　学生实地测量教学楼的长度及路面宽度

活动具体实施过程分为实地测量、数据计算及绘制地图等3个环节。

1.实地测量

五个小组根据前期分配好的区域快速到达了指定位置，在经过简单的讨论和分工后，同学们开始对教学楼、操场、体育馆、校门等建筑物进行实地测量。在测量过程中将数据进行了取整，便于后续的计算。

2.数据计算

实地测量结束后，每一组的数据记录员将各自的测量数据进行了公布，这样就使得五个小组都拥有了校园内需要测量的地理事物的全部数据（如图4-9-2所示），即实际距离。各小组根据活动开始时确定的比例尺，并结合实际距离开始计算相应建筑物的图上距离。有的小组在数据计算的过程中将本组成员分为两部分，一部分成员进行计算，另一部分成员进行验证，以确保得出的数据准确无误。

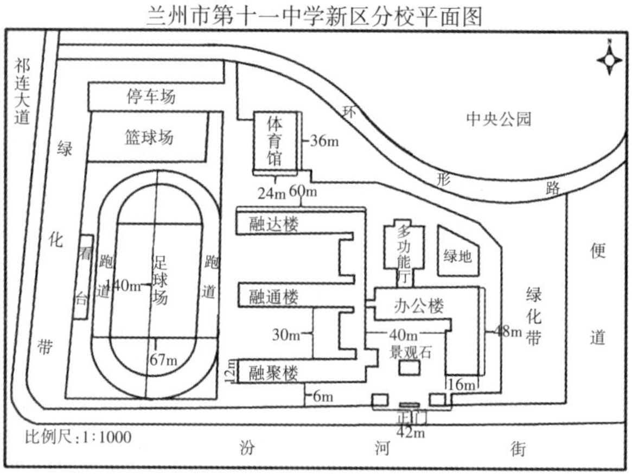

图4-9-2　兰州十一中新区分校建筑物实际测量距离

3.绘制地图

在整体绘制之前，学生在指导教师的帮助下辨认学校卫星图片中的相关地理事物，一方面是为了明确学校主要建筑物的空间位置和方向；另一方面是对图中地理事物进行分类，设计图例。根据计算得出的相关数据（学校建筑物的图上距离），学生开始进行学校地图的绘制工作。

经过将近两个小时紧张的测量、换算和绘制，最终有三组同学顺利完成了既定任务，还有两组同学在绘制地图过程中出现了教学楼方向错误、图例使用不当等问题，经过教师指导修改后完成了任务。学校卫星图片及部分成果展示如4-9-3：

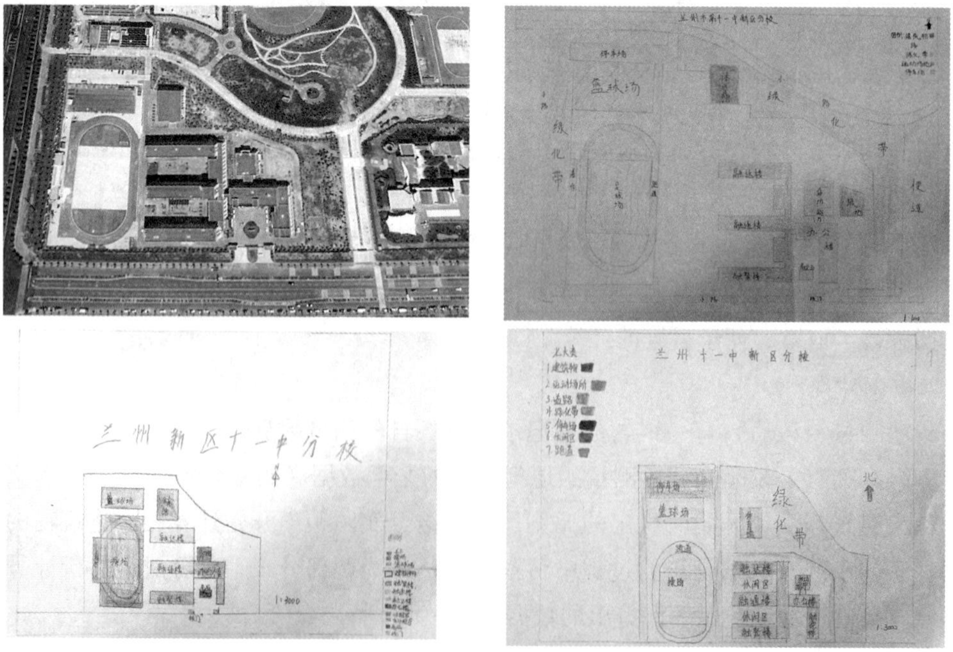

图4-9-3　学校卫星图片及部分学生作品

四、活动评价

1.作品分析

总体来看，学生绘制的学校地图相对不错，地图的三大要素标注清晰，学校的主体建筑绘制合理，且能够熟练运用比例尺转换实际距离和图上距离。同时，通过分析、比较这些作品，发现了两个问题：一是绘制的地图主要显示的是学生比较熟悉的区域，如教学楼、操场等，而道路、绿化带绘制得较少；二是绘制的地图图幅面积偏小，虽然与当初给定的比例尺较小有一定关系，但也说明学生对绘制地图不够熟练。在今后的地图绘制过程中，应该要求学生尽量选用合适的比例尺，同时对绘制区域内的地理事物进行统计，尽可能如实反映该区域的地理特征。

2.学生反馈

实践活动结束后，我对部分学生进行了访谈，目的是及时了解学生对此次实践活动的感受。访谈的内容包括两个方面：一是询问学生对本次活动的直观感受；二是请学生谈谈本次活动与平常的课堂学习的区别。对于第一个内容，学生回答说："今天的活动太有意思了，我想天天这样上课。""好玩，能不能让我多量几个地方。"……基本都认为这次活动好玩、有趣，希望以后能够有更多的机会参与类似的活动。而面对第二个内容，学生的回答不尽相同。有的学生说："动手画了一遍才发现原来绘制地图没有上课时听的那么难，很简单。"也有的学生说："我都还没有举手，他们就把尺子（米尺）抢走了，后来我就什么也没干。"还有一个学生说："在校园里到处跑，好累，还不如坐在教室里舒服呢。"根据学生的反馈不难看出，大部分学生还是喜欢这种通过实践活动进行学习的方式，但同时在活动过程中还要培养学生吃苦耐劳的精神和坚持不懈的毅力。

3.不足与建议

第一，学生对绘制地图的方法掌握不够熟练，需要教师逐一进行指导、说明及提醒。对于刚开始接触地理的七年级学生而言，地理学科知识积累较少，对地图的认识不够全面，导致绘制地图过程中错误较多。因此，活动需要教师更加耐心、细致的指导。

第二，小组合作意识欠佳，在绘制地图过程中不能实现全员参与。虽然我在活动开始前，将45名学生进行了分组，并强调活动中要分工，积极参与。但每个小组都有个别学生被孤立或者无法参与其中。这可能与每个小组人数过多有关。另外应该在活动过程中更加细化分工，让每位同学清楚自己的任务是什么，并引导、督促其积极完成任务。当然，小组数量过多，对教师的教学指导和管理会带来一定挑战。

第三，七年级的学生好奇心强，但注意力不容易集中，活动过程中不断会有学生开小差，这就需要教师在设计活动时精心准备，细化活动步骤，明确活动任务，并在活动过程中不断对学生进行引导、督促、鼓励，帮助学生逐步掌握科学的学习方法并养成良好的学习习惯。

地理实践活动在中学尤其是初中的地理教学中属于新鲜事物，此次绘制地图的实践活动的开展，极大地提升了学生的地理学习兴趣，也为我开展初中地理教学积累了宝贵的经验，是一次较为成功的尝试。在今后的教学中，我将不断改进，完善地理实践活动的相关事项，积极开展更多有价值的地理实践活动。

该案例由甘肃省兰州市第十一中学新区分校张鑫老师开发，张海做了修改。

案例5 绘制地震逃生地图

一、设计思路

我国是一个自然灾害频发的国家，中学生必须具备一定的防灾减灾能力。中学地理课程具有对学生进行灾害教育的独特优势。高一学生已经具备了一定的地图基础知识，绘制学校逃生地图一方面可以帮助学生巩固关于地图的知识，激发学习兴趣，为其高中阶段的地理学习奠定一定的基础；另一方面，学生通过绘制学校逃生地图，可以了解自然灾害的相关知识，掌握必备的逃生技能，提高生存能力。基于以上目的，设计了此次“绘制学校地震逃生地图”活动。

二、活动设计

根据本书第五章第一节“绘制学校防灾地图”的实验设计，并依据实际情况做了小幅改动。

三、实施过程

1.准备阶段

在实验实施前一天，根据参与实验的人数将学生分为五个小组，让每组学生准备白纸、彩笔，并搜集有关自然灾害的资料，包括自然灾害的类型、图片等。从第二天实施开始前的检查来看，学生都能积极认真地完成实验前的准备工作。每个小组都能按要求准备符合要求的白纸、彩笔，但各小组搜集的资料并不充分，在一定程度上影响了实验的进度。

2.实施阶段

（1）利用PPT展示自然灾害的图片

教师利用幻灯片展示地震、火山、泥石流、洪涝、干旱等自然灾害的图片，通过展示图片，学生了解自然灾害的基本类型，获得关于自然灾害的感性认识。

（2）教师提出问题，学生小组讨论

展示完图片后，教师设计两个问题进行小组讨论。

a.自然灾害的主要类型有哪些？

b.本地区（兰州）易发的自然灾害有哪些？

从小组讨论和回答问题的情况来看，学生都能积极参与，并能结合（1）中展示的图片总结出灾害的基本类型。学生认为兰州地区易发的自然灾害类型有：地震、旱灾、沙尘暴、洪涝和泥石流。教师通过引导学生分析洪涝和泥石流的发生条件、兰州的气候类型以及年降水量等，说明洪涝和泥石流在兰州发生的可能性较小。有部分小组认为酸雨也是自然灾害，对此应予以纠正。

（3）整理防灾地图的基本要素

绘制前，先给学生展示完整的逃生地图，引导学生分析逃生地图包含的基本要素和信息。

学生分析总结出逃生地图应包括：逃生路线、危险建筑、避难地点等。

教师归纳出学生绘制的地图至少应包括以下内容：

a.学校的基本建筑及其轮廓；

b.危险建筑、安全建筑、逃生路线；

c.饮用水和食物的储藏地点；

d.相关防灾机构的位置：如保安室、校医院等；

e.地图的基本要素（比例尺可以不标）。

（4）学生小组按照要求绘制本校地震逃生图。

3.成果展示

通过一节课的绘制，五个小组全部完成绘图。部分成果展示如下：

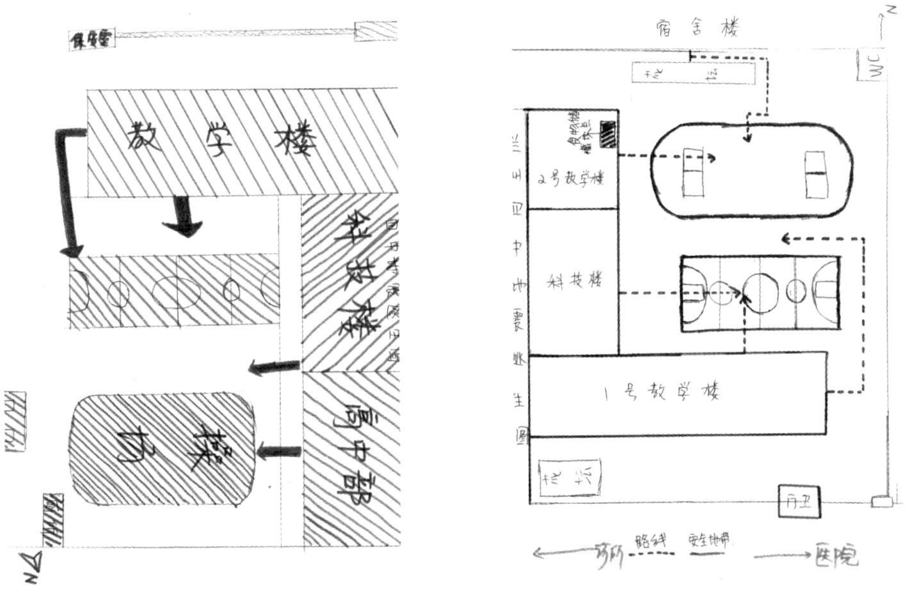

图4-9-4　学生绘制的学校地震逃生地图

四、活动评价

1.作品评价

（1）小组互评。各小组的评价很客观，能准确说出其他小组作品的优点和不足，还有一些小组针对某些问题进行探讨和辩论，课堂氛围活跃，激发了学生的兴趣，提高了学生的课堂参与度。

（2）教师评价。首先，从学生完成的作品来看，各小组都能按要求完成地图的绘制。其次，大部分小组作品的学校建筑标注清晰、位置合理，能用不同颜色表示危险建筑和安全建筑，且逃生路线设计合理醒目，还有两组标出了食物和饮用水的储藏地点。再次，所有小组均标出了方向和注记，但有一组将地图的方向标错，且逃生路线标注不太醒目。最后，从绘制的过程来看，学生虽然知道地图的三要素，但很难规范地在地图上标出来，五个小组在地图绘制过程中都没有标出图名。

2.学生反馈

在本节课结束后，教师与本班学生进行了交流。学生认为与他们平日上的地理课堂相比，这样的地理课堂气氛很轻松，活动中即可学到知识。也有学生说，他们平时学到的都是课本上的知识，这样的一堂课下来，帮助他们将课本上学到的知识与实际生活联系起来，他们也因此更深刻认识到了地理课程在生活中的作用。同学们普遍表示这节课非常有意思，希望老师以后能多安排这样的活动。但也有学生因为在地图绘制过程中参与较少，表示自己在实验过程中收获较少，认为组内其他同学就能完成，不需要自己参与。

从学生的反馈情况来看，大部分学生都从地图的绘制过程中获得了愉快的体验。但在实施过程中，教师要关注那些不积极参与的同学，组织所有学生积极参与到讨论与绘制中，培养学生的合作意识。

3.效果分析

通过对各小组绘制的“地震逃生地图”的分析可以看出，此次活动实施较为成功，成效如下：

（1）学生通过绘制地图，复习巩固了地图的相关知识。

（2）通过防灾地图的绘制，利用地理课堂进行灾害教育，学生掌握了自然灾害的基本知识。

（3）通过绘制防灾地图，激发了学生的地理学习兴趣，也让学生认识到了地理与生活的密切联系，理解了地理学科的实用价值。

4.不足与建议

根据实验的实施过程及结果分析，总结出该实验在实施过程中主要存在以下几个方面的问题：

（1）时间分配不够合理。在实验实施过程中，学生讨论占用了大量的时间，导致后期课堂时间紧张。

（2）在实验实施过程中，对于那些不积极参与的同学没有给予较多关注。

（3）高一学生对于初中地理知识存在不同程度的遗忘，学生虽然知道地图的三要素，但绘制地图的技能并不熟练。

（4）学生的小组合作意识不强。每个小组总有一两个人参与度较低，这或许与每组人数过多有关。

基于上述问题，在以后实验实施过程中，教师应注意以下问题：

（1）可以提前以任务单的形式给学生布置任务，提高学生资料收集的质量，避免浪费课堂时间。

（2）教师要合理规划课堂时间及实施步骤，提高实验效率。

（3）在实验过程中教师一定要对每个小组进行指导，对他们存在的问题及时进行纠正，画得不完善的地方及时进行补充，保证每个小组都能完成任务。

（4）教师要给予实验参与度不高的学生更多关注，鼓励他们参与进去，为小组完成任务贡献自己的一份力量。

该案例由西北师范大学研究生李亚倩开发。

案例6　基于数字星球系统的课堂教学

一、教学设计分析

课程名称：高中地理必修I“大规模的海水运动”

1.课标要求

运用地图，归纳世界洋流分布规律，说明洋流对地理环境的影响。

2.教材分析

教材内容包括两部分，第一部分：世界海洋表层洋流的分布。包括洋流的概念、类型、分布规律和主要成因。第二部分：洋流对地理环境的影响。包括洋流对全球热量平衡、气候、海洋生物资源、海上航行、海洋环境的影响。根据课标要求可以发现，本节课重点应是世界洋流分布规律和洋流对地理环境的影响。而教材中洋流的概念、类型（性质类型）都是必不可少的基础，但洋流成因问题并不要求。从教材的表述形式上看，除正文外，教材中配有7幅插图，其中1幅示意图、2幅景观图、4幅地图（包含2幅小统计图）。另外，还分别插入了1个案例、活动和阅读。形式比较多样，但涉及面太广，教学中需要进行取舍。同时，对于重点问题，图表还有不足，需要进行补充。

3.学情分析

本节教学内容强调学生的读图能力和空间想象力，这对于全体学生来说，都是比较困难的。因此需要通过图片、视频等直观教学方式，辅助课堂教学。

4.教学目标

知识与技能：学生能够学会运用地图归纳世界洋流的分布规律，理解洋流分布模式。

过程与方法：培养学生的读图、绘图以及在图上比较、分析、归纳的能力。

情感态度价值观：培养学生科学研究的方法和态度。

5.教学重难点

本节课的重点是世界洋流分布规律以及洋流对地理环境的影响，难点是归纳总结洋流的分布规律。首先，洋流本身是动态的，教学时不能单纯依靠静态的地图呈现，学生这方面的知识本来欠缺，用静态的地图归纳洋流的分布规律，容易使学生形成思维定式，固化学生思维。结合数字星球动态展示与课本地图的运用，可以更好地达到三维目标。其次，洋流对地理环境的影响，如果结合实例，从气候、生物、航行、污染物扩散这几个方面去展示，更容易帮助学生理解。数字星球，正好可以多平面、立体地去呈现某一个实际案例，帮助学生通过观察洋流的分布，从地理的视角分析其产生的影响。

6.实验器材

安装数字星球PPT插件的控制电脑及投影仪、数字星球演示仪。

二、实施过程

表4-9-6 “大规模的海水运动”教学过程

教学环节	教师活动	学生活动	媒体组合	设计意图
导入	马航失事后,各国科学家纷纷成立搜救小组,寻找飞机失事残骸。科学家们经过研究发现,随着洋流的带动,马航失事客机残骸,很可能到达了非洲东海岸。请同学思考,什么是洋流？它为什么可以带动飞机残骸漂洋过海呢？	观察马航失事飞机坠毁路线图,思考问题。	数字星球演示马航飞机失事客机坠毁过程。	激发学生学习兴趣。
讲解	讲解洋流的概念以及概念中的关键词。	认真听教师讲解。	数字星球动态演示全球海洋水体运动模拟进入“洋流”页面,给出洋流概念。	加深理解。
进行实验	播放小实验,引导学生思考洋流的成因。展示全球气压带和风带及洋流分布模式图,引导分析洋流的成因。 问题:为什么世界会形成这样的分布规律？ 思考: 1.海水运动需要力,那么形成洋流的动力是什么？ 2.盛行风是形成洋流的先决条件吗？ 3.风带与洋流分布规律有什么相关性？根据洋流形成原因,洋流可以分为哪几类？ 板书:洋流的形成及分类	观察实验,思考问题。 总结洋流形成的原因及洋流的分类。	实验视频演示,或者现场做实验。 数字星球动态演示全球气压带和风带及洋流分布。 点击“盛行风”后面“点击此处继续”字样,自动播放。当大洋面向学生时,停止旋转,便于学生观察和教师讲解。	直观感受洋流的力量,加深对洋流概念的理解。 图文结合,学会归纳总结洋流的成因
展示	展示全球洋流分布模式图,引导学生观察洋流分布特征和运动规律。思考问题:北太平洋海区洋流有何分布特征和运动规律？ 板图:洋流模式	比较两大区域,归纳洋流运动规律。 将所观察到的现象用图示方式进行表示。	数字星球动态演示洋流分布特征及运动规律;方便学生观察和寻找规律。	动手操作,强化重点,直观演示,学生观察。
讲解	思考:洋流对地理环境的哪些方面可能产生影响？ 问题1:寒暖流对气候可能产生哪些影响？ 问题2:洋流对渔场分布的影响？ 问题3:洋流对航行的影响？ 问题4:分析洋流对海洋污染的影响。 播放日本核辐射污染扩散方向。	发散思维,分析演绎,阅读分析并进行知识的延伸理解。	数字星球实例演示: 澳大利亚气候; 秘鲁渔场的形成; 日本偷袭珍珠港; 日本核辐射污染的影响范围。	问题引导,提高分析能力。 实例教法,提升知识应用能力。
总结	板书总结。	回忆理解。		归纳总结,举一反三。

三、数字星球系统与多媒体课件同步展示过程

在教学过程中，教师以PowerPoint课件内容为主，引导展开各个教学环节，数字星球系统同步呈现与PPT对应的内容。例如，在导入环节，PPT呈现2015年马航失联事件的资料图片，数字星球系统显示该飞机的飞行路线和失联地点。在讲解环节，PPT呈现全球洋流与风带的关系，数字星球系统缓慢旋转并显示洋流运动方向和路径。

该案例由甘肃省酒泉市北苑中学张小丽老师提供。

案例7　三圈环流模型制作评价

一、教学说明与准备

实验教学说明：三圈环流是高中地理必修I的教学重点及难点，学生在课堂学习后对这部分内容并不能完全理解。为了帮助学生充分理解三圈环流，让学生自己制作三圈环流模型，在制作模型和小组成果展示讲解的过程中更加直观、深刻地理解所学知识。

教学准备：在实验教学前，以四人为一组（为方便交流，笔者以前后桌进行了分组），将学生分成若干实验小组，小组内部要自行做好分工安排，并准备好本组所需要的实验材料。

二、教学与评价的目标设计

本节实验课设置在学生已经学习了三圈环流的相关理论知识之后，重点是让学生根据三圈环流原理，设计并制作三圈环流模型，同时各小组进行成果展示讲解。本节课要考查的重点是三圈环流模型的制作和成果展示讲解。因此，笔者把本次实验教学的教学与评价的目标设计为以下三个方面：

知识与技能：理解三圈环流的形成原理，说出三圈环流形成的过程。

过程与方法：通过制作三圈环流模型，绘制全球气压带与风带分布示意图，从中分析大气运动的规律性。

情感态度与价值观：在模型制作过程中增强学生的团队合作意识和与他人合作、沟通的能力。

三、表现性任务及评价设计

根据上述教学与评价的目标，笔者设计了此次实验教学的表现性任务，包括三个方面，一是各小组利用15分钟时间制作三圈环流模型（以北半球为例）；二是各小组作品展示并结合模型分组讲解；三是课后提交实验报告。根据这些任务，结合背景评价、输入评价、过程评价、结果评价（四者合称为CIPP评价模式），笔者设计了此次实验教学表现性评价的内容与过程，包括模型制作过程中的评价、成果展示评价、实验结束后的总结与分析。

1.模型制作过程中的评价

在三圈环流模型的制作过程中，表现性评价的评价内容主要包括实验材料的准备和

使用情况、学生动手制作和小组内部合作情况。对于实验材料的准备情况，主要是从材料准备是否充分，材料是否环保、简单易得来评价；对于学生动手制作情况，主要看能否按照三圈环流形成过程进行制作、制作模型动作是否熟练、实际制作难度以及能否在规定的时间内完成制作；小组内部合作主要从组内分工是否明确、配合情况等方面来评价。这部分的评价主要由教师来完成，教师要在学生制作三圈环流模型过程中及时观察各小组的实际表现，并依据提前设计好的评价表做出判断和评价。评价后的结果要在学生填写实验报告单前反馈给各小组，以便小组反思时能有一个相对参照。

对模型制作过程中的评价工具的选择，笔者选用了表现性评价工具——评分量表。评分量表将观察者的注意力指向可观察的维度，并提供了一个记录行为评判结果的好方法。具体见表4-9-7。[①]

表4-9-7　模型制作过程评分量表

评价小组：
指导语：评估各小组在下列每个项目上的表现，并在相应的数字上画圈。每个数字的意义如下： 5——优秀，4——平均水平之上，3——平均水平，2——平均水平之下，1——未达标。 各小组在下面每个项目上表现的有效性程度如何？ 5 4 3 2 1 (a)实验材料准备充分 5 4 3 2 1 (b)实验材料环保、简单易得 5 4 3 2 1 (c)能按照三圈环流形成过程进行制作 5 4 3 2 1 (d)制作模型动作熟练 5 4 3 2 1 (e)实际制作难度适中 5 4 3 2 1 (f)能在规定的时间内完成制作 5 4 3 2 1 (g)小组内部分工明确，配合良好

2.成果展示评价

成果展示即各小组展示制作的三圈环流模型，并在组内推选出一位代表结合模型讲解三圈环流的形成过程，同时解答现场师生的提问。所以，在这一过程中，表现性评价的内容分为对模型的评价和对讲解部分的评价。笔者所选用的表现性评价工具是基本要素分析（简称PTA）量表，下面将重点介绍成果展示PTA量表的设计，以及量表中各要素下具体评价标准的设计。

模型展示，可以从以下三个方面进行考察：一是模型制作是否完成；二是模型是否美观，且富有创意；三是制作的模型是否具有科学性，有无知识错误。这三个方面就是PTA量表中“模型展示”要素下的三项评分标准。根据小组完成三项评分标准数目的多

① [美]诺曼·E.格伦隆德、C.基思·沃著，杨涛、边玉芳译：《学业成就评测》(第9版)，教育科学出版社，2011年，第167页。

少，确定小组在制作模型上的表现水平高低。

讲解，可以从以下四个方面进行考察：一是讲解有无知识上的错误；二是讲解是否清晰、精简扼要；三是是否能够正确解答现场师生的提问；四是对于不足之处，小组其他成员能否及时补充。这四个方面就是PTA量表中“讲解”要素下的四项评分标准。根据小组完成四项评分标准数目的多少，确定小组在讲解方面的表现水平高低。

笔者根据此次实验教学的目的与成果展示环节所要考查的侧重点的不同，将模型与讲解的权重分别设置为0.48和0.52，设计出成果展示表现性评价PTA量表，如表4-9-8所示。

表4-9-8 “三圈环流模型”成果展示表现性评价PTA量表

被评小组：					
要素	评分标准	表现水平	分值	小组互评	教师评价
模型 48%	1.模型制作已完成 2.模型美观，且富有创意 3.模型具有科学性，无知识错误	水平一：符合三项评分标准	48		
		水平二：符合两项评分标准	32		
		水平三：符合一项评分标准	16		
		水平四：不符合评分标准	0		
讲解 52%	1.讲解无知识上的错误 2.讲解清晰、精简扼要，逻辑性强 3.能够正确解答现场师生的提问 4.必要时小组成员能够及时补充	水平一：符合四项评分标准	52		
		水平二：符合三项评分标准	39		
		水平三：符合两项评分标准	26		
		水平四：符合一项评分标准	13		
		水平五：不符合评分标准	0		

量表需要在展示成果之前发放给各组，让学生提前熟悉量表，以把握好评价的标准，准确评价其他小组的表现。必要时，教师要做好评价指导工作。

3.实验结束后的总结与分析

实验教学结束后，同学们必然加深了对三圈环流的理解。因此，教师应该要求学生以小组为单位提交一份模型制作报告单（见表4-9-9），报告单由教师设计，小组只需按要求填好上交即可。教师要对学生提交的实验报告单进行批阅，并根据填写情况进行适当点评。至此，本次实验教学的表现性评价全部完成。

此实验报告单的设计稍做了变化。考虑到此次制作模型的目的是帮助学生更加直观理解三圈环流的形成，所以报告单中没有涉及模型的制作步骤，而是以“实验结果论述”的形式设计了三个问题：

①描述赤道低气压带、极地高气压带、副热带高气压带和副极地低气压带分别是怎样形成的？

②用自己的语言描述东北信风带、西风带、极地东风带的形成过程。

③画出全球气压带和风带分布模式图，总结分布规律。

这三个问题都涉及知识层面，第三个小问题还涉及绘图技能。除此之外，报告单中设计了小组反思，要求各小组从实验材料的准备、模型制作过程直到成果展示与讲解都要进行总结反思。教师要在发放报告单的时候明确告诉学生这一要求。

表4-9-9 “三圈环流模型”制作报告单

<table>
<tr><td>班级</td><td></td><td>实验小组</td><td></td></tr>
<tr><td>组员及其各自任务分工</td><td colspan="3"></td></tr>
<tr><td>实验名称</td><td colspan="3"></td></tr>
<tr><td>实验材料</td><td colspan="3"></td></tr>
<tr><td>实验结果论述</td><td colspan="3">(1)描述赤道低气压带、极地高气压带、副热带高气压带、副极地低气压带分别是怎么形成的？
(2)用自己的语言描述东北信风带、西风带、极地东风带的形成过程。
(3)画出全球气压带和风带分布模式图，总结分布规律。</td></tr>
<tr><td>小组反思</td><td colspan="3"></td></tr>
<tr><td>教师评语</td><td colspan="3"></td></tr>
</table>

四、案例实践

此次实验教学及表现性评价的实践是在高一（9）班开展的，参与实验教学的学生总共有40人，分为10组。实践过程中，由于要面对多个小组，观察的难度较大，为保证观察结果的准确性，笔者邀请了一位教师，并提前沟通且说明了此次实验教学表现性评价的整个设计及评价的具体实施办法，以帮助笔者一同完成教师评价部分。

五、评价结果分析

评价结束后，笔者对各项评价结果分别进行了统计分析。

表4-9-10 模型制作过程表现清单得分结果统计表

要素 组别	a	b	c	d	e	f	g	总分
一	5	5	3	4	5	5	5	32
二	5	5	3	5	5	5	5	33
三	4	5	3	4	5	5	3	29
四	5	5	5	4	5	5	4	33
五	5	5	4	3	5	5	3	30
六	5	5	5	4	5	5	3	32
七	3	5	4	5	5	5	4	31
八	5	5	3	4	5	5	3	30
九	5	5	3	3	5	5	3	29
十	4	5	3	4	5	5	4	30

从表4-9-10可以看出，各小组在这一环节表现良好。根据笔者和实习指导老师对学生模型制作过程中的观察，各小组对实验材料的准备较为充分，基本没有出现制作过程中材料不全的情况，且各组的实验材料简单易得，都来源于日常生活，不需要去花费太大的成本。对于三圈环流模型的制作，各小组都基本能按照三圈环流形成的过程进行制作，制作模型的动作较为熟练，且各组所设计的模型实际制作难度适中，没有实施难度太大的情况。各小组内部成员有明确的分工，合作意识较强，基本没有出现手忙脚乱的现象。值得一提的是，有个别小组内部有推选出组长，这在笔者分配小组的时候并没有安排，且在制作过程中遇到问题小组内部能积极讨论、交流，自行解决问题。因为笔者规定了模型的制作时间为15分钟，在规定的时间内，暂不考虑模型的美观性和科学性，各小组完成率为100%。

以下是第二小组和第七小组所制作的模型成品：

图4-9-5　第二小组模型成品

图4-9-6　第七小组模型成品

由于成果展示环节的评价包括各小组互评和教师评价，涉及多个评分者，这里笔者任选了一组的评价统计结果，如表4-9-11。

表4-9-11　成果展示统计表

评价要素	评价者									
	G1	G2	G3	G4	G5	G6	G7	G8	G9	T
模型	32	16	48	16	32	16	16	16	32	32
讲解	26	39	39	26	39	26	26	39	39	39

成果展示环节，从模型制作的美观程度和创意性来说，小组互评时争议较大，评分的差异也较大。从全班整体来看，各小组制作的模型都较为大方，但就创意性而言，多数小组都选择依托地球仪或用球体代替地球去制作三圈环流模型，只有一组是用硬纸板制作三圈环流模型；从模型的科学性上来说，大部分小组都有些知识性的错误，主要是

高空风的风向没有偏转，没有考虑地转偏向力的影响。讲解部分，整体上来说，没有出现知识性的错误，这说明通过教师讲解加上学生动手制作模型，学生对三圈环流的形成过程有了更直观、更深刻的理解。而在言语的组织以及表达的精炼性上，各组都有欠缺。对于现场师生的提问，各小组都能做出解答，且对不完整的地方小组其他成员能够及时补充。

从各小组提交的报告单来看，在知识层面上，各小组都没有出现错误，能较准确地用自己的语言去描述气压带和风带的形成，绘制的全球气压带和风带模式图，信息标示完整，对知识的理解和掌握情况较好。绘图技能层面上，各组绘制的模式图质量较好，也较为美观。从反思来看，各小组基本上都能对本组的整体表现情况做出分析，涉及制作过程、模型作品、讲解部分以及小组的合作情况等。反思中所反映出的一些问题与笔者所观察到的部分情况也较为一致。还有个别小组是从对比其他小组的视角来反思本组的优缺点，并对模型应该如何改进提出了看法。这可以看出，学生善于自我反思，而反思的过程其实就是一种学习的过程。

综合以上结果来看，在以三圈环流模型制作为主要内容的地理实验教学中，各实验小组在模型制作过程、成果展示以及实验报告中都表现出了较强的知识和技能以及小组合作意识，这不仅仅是因为这部分内容在模型制作前教师已经讲解过，而是学生在模型制作过程中将三圈环流的形成根据已经理解和掌握的知识及其小组的合作直观地展示了出来，加深了理解。

六、实践反馈

在本案例中，要求学生自己动手去制作三圈环流的模型。这一过程，将学生置身于真实的实验情境中，教师在模型制作这一具体的情境中，观察评价学生对于三圈环流形成过程的掌握情况，了解学生制作模型的技能，学生对于三圈环流的讲解以及实验报告单中三个问题的作答情况则是学生对于三圈环流学习结果的完整反映。评价既关注了过程，也关注了结果。

从案例的实施情况来看，实验教学达到了教学目的，较好地突破了教学的重、难点，学生不仅对三圈环流有了充分的理解，而且锻炼了他们的实际动手操作能力。实验教学中的一系列评价也为教师提供了学生的实际学习表现。但是评价部分在实践中也出现了一些问题：评分量表中没有对不同的表现水平进行详细的说明，虽然教师有更多的评分选择，但是评分的主观性还是比较强；每个小组表现出的具体情况不一，而PTA量表的评价标准却较为笼统，尤其对于模型的美观性和创意性的评价，由于各小组都有自己的看法与衡量标准，小组互评存在较大差异。

笔者课后也与参与此次实验教学的其他教师和学生进行了交流。教师认为这种实验教学的设计较好，能够帮助学生理解较为复杂的知识，将评价融入教学过程，评价的结果也更能真实地反映学生实际水平，但是评价对象以小组为单位，没有涉及对个人的评价，教师对于每位学生的具体表现较难判断。大部分学生认为，在与同学动手制作模型的过程中，充分理解了三圈环流，成果展示可以与其他小组进行对比，评价也让他们知道还存在需进一步改进的地方。

该案例由西北师范大学研究生杜文花开发。

案例8　“山前洪(冲)积扇的形成”实验教学评价

一、教学说明与准备

实验教学说明：本次实验教学是在学生还未学习有关冲积扇的知识之前开展的，主要目的是让学生通过预习、查阅资料、实施实验来学习有关冲积扇的知识。

教学准备：在实验教学前，以四人为一组（按“组内异质，组间同质”原则，充分考虑学生的地理水平、自学能力、实践能力等），将学生分成若干实验小组。

二、教学与评价的目标设计

本节实验教学在学生还未学习山前冲积扇的形成及沉积物的分布相关知识前，重点是让学生自己通过预习、查阅资料、设计并实施实验、对实验结果论证来探究学习有关冲积扇的知识。因此，笔者把此次实验教学的教学与评价的目标设计为以下三个方面：

知识与技能：知道山前冲积扇的形成原理及沉积物的颗粒分布规律。

过程与方法：从模拟实验中发现问题，对实验方案进行优化设计；通过实验探究，分析山前冲积扇的形成原因及沉积物的颗粒分布规律。

情感态度与价值观：在实验探究的过程中增强学生的团队意识和与他人合作、交流的能力。

三、表现性任务及评价设计

根据上述教学与评价的目标，笔者设计了本次实验教学的表现性任务，包括三个方面：一是预习有关河流堆积地貌——洪积（冲积）平原的内容；二是各小组实施“山前洪（冲）积扇的形成”实验，并根据实验分析山前冲积扇的形成原理及沉积物的分布；三是实验总结。根据这些任务，结合CIPP评价模式，笔者设计了此次实验教学与表现性评价的内容与过程，包括对实验前预习的评价、实验教学过程中的评价、实验结束后的评价。

1.实验前预习的评价

实验前的预习主要包括以下方面：

第一，自学课本，并查阅相关资料，完成“河流堆积地貌——洪（冲）积扇”的学习。

第二，根据课本上的“山前洪（冲）积扇的形成”实验要求与步骤，用书本和小米进行模拟演示。

第三，根据自己模拟演示的结果，发现该实验的不足，并提出需要改进的地方。

第四，小组内部设计并确定新的实验方案。

根据上述内容，笔者设计了相应的预习问卷，如表4-9-12所示，以检测学生的预习成果。

表4-9-12　实验前预习问卷

预习内容： 实验小组成员： （指导语）亲爱的同学们！以下每一个问题，都可以先通过查阅相关的资料，在小组内部讨论的基础上进行深入了解，在了解的基础上，个人独立完成以下题目，并自我反思对每个问题的掌握情况。直到你觉得对这些问题都完全理解，在实验课上能顺利完成实验任务。 1.山前洪（冲）积扇 （1）山前洪（冲）积扇是如何形成的？ （2）形成山前洪（冲）积扇的主要的地质作用是什么？ （3）形成山前洪（冲）积扇的必有介质是什么？ （4）山前洪（冲）积扇不同颗粒沉积物有怎样的分布规律？ 2.模拟实验 （1）小米在书本前的堆积体外形是否具有山前洪（冲）积扇的特征？ （2）这个实验能否反映山前洪（冲）积扇不同颗粒沉积物的分布规律？为什么？ （3）如何改进这个实验？尝试设计新的实验方案。（实验方案的设计以小组为单位）

此项任务和预习问卷需要在实验教学前几天一并布置给学生，学生通过预习并查阅相关资料，对山前冲积扇的形成及沉积物的颗粒分布有了自己的认识，结合书本上的模拟实验，去发现该实验的不足，再通过完成预习问卷，对自己的预习情况有一定的检测。而教师需要在实验前一天回收预习问卷，通过预习问卷的作答情况，了解每个学生的预习和自学情况、小组实验方案的设计情况，以此对之后要实施的实验教学有大概的掌握，同时，教师可以对每组实验方案的设计进行评价打分。

教师对每组实验方案的优化设计可以从以下四个方面进行考查：

一是实验方案具有可行性；二是实验材料环保、简单易得，准备齐全；三是实验步骤设计详细；四是实验步骤的设计安全。

这四个方面就是PTA量表（量表在实验过程中的评价部分给出了完整的设计）中“实验方案的优化设计”要素下的四项评分标准。根据小组完成四项评分标准数目的多少，确定小组的实验方案的优化设计能力的表现水平高低。

2.实验教学过程中的评价

在“山前洪（冲）积扇的形成”实验实施过程中，侧重考查小组的实验实施操作、实验现象观察以及分析与论证的能力。这里笔者选择的表现性评价工具是PTA量表，量表中也将实验方案的优化设计能力融入其中，以从整体反映学生的实验能力。下面笔者将重点介绍“山前洪（冲）积扇的形成”实验中PTA量表的设计以及量表中具体评价标准的确定。

实验实施操作能力，可以从以下四个方面进行考察：一是熟悉实验的各个环节和步骤；二是按实验设计步骤操作；三是实验过程注意控制变量；四是小组内部分工合理，配合默契。这四个方面就是PTA量表中“实验实施操作”要素下的四项评分标准。根据学生完成四项评分标准数目的多少，确定学生的实验实施操作能力的表现水平高低。

实验现象观察的能力，可以从以下四个方面进行考察：一是观察要有顺序、有重点；二是如实记录实验现象；三是描述实验现象；四是必要时会通过绘图来表示。这四个方面就是PTA量表中“实验现象观察”要素下的四项评分标准。根据学生完成四项评分标准数目的多少，确定学生的实验现象观察能力的表现水平高低。

分析与论证的能力，可以从以下四个方面进行考察：一是分析实验现象；二是根据实验情况正确解释山前洪（冲）积扇形成的原因；三是描述山前洪（冲）积扇不同颗粒沉积物的分布规律；四是得出最终正确结论。同样，这四个方面就是PTA量表中“分析与论证”要素下的四项评分标准。根据学生完成四项评分标准数目的多少，确定学生分析与论证能力的表现水平高低。

评价要能真实反映出学生的实验水平，那么评价标准的设计以及分值的设定就要合理。笔者根据此次实验教学的目标以及实验教学中所要考查的实验能力的侧重点，将实验方案设计、实验实施操作、实验现象观察、分析与论证的权重分别设置为0.24、0.24、0.24和0.28，设计出“山前洪（冲）积扇的形成”实验表现性评价PTA量表，如表4-9-13所示。

表4-9-13　“山前洪(冲)积扇的形成”实验表现性评价PTA量表

第（　　）组

<table>
<tr><th>要素</th><th>评分标准</th><th>学生表现水平</th><th>分值</th><th>小组自评</th><th>教师评价</th></tr>
<tr><td rowspan="5">实验方案设计
24%</td><td rowspan="5">1.实验方案具有可行性
2.实验材料环保、简单易得
3.实验步骤设计详细
4.实验步骤的设计安全</td><td>水平一:符合四项评分标准</td><td>24</td><td></td><td></td></tr>
<tr><td>水平二:符合三项评分标准</td><td>18</td><td></td><td></td></tr>
<tr><td>水平三:符合两项评分标准</td><td>12</td><td></td><td></td></tr>
<tr><td>水平四:符合一项评分标准</td><td>6</td><td></td><td></td></tr>
<tr><td>水平五:不符合评分标准</td><td>0</td><td></td><td></td></tr>
<tr><td rowspan="5">实验实施操作
24%</td><td rowspan="5">1.熟悉实验的各个环节和步骤
2.按实验设计步骤操作
3.实验过程注意控制变量
4.小组内部分工合理,配合默契</td><td>水平一:符合四项评分标准</td><td>24</td><td></td><td></td></tr>
<tr><td>水平二:符合三项评分标准</td><td>18</td><td></td><td></td></tr>
<tr><td>水平三:符合两项评分标准</td><td>12</td><td></td><td></td></tr>
<tr><td>水平四:符合一项评分标准</td><td>6</td><td></td><td></td></tr>
<tr><td>水平五:不符合评分标准</td><td>0</td><td></td><td></td></tr>
<tr><td rowspan="5">实验现象观察
24%</td><td rowspan="5">1.观察有顺序、有重点
2.如实记录实验现象
3.能够描述实验现象
4.必要时会用绘图来表示</td><td>水平一:符合四项评分标准</td><td>24</td><td></td><td></td></tr>
<tr><td>水平二:符合三项评分标准</td><td>18</td><td></td><td></td></tr>
<tr><td>水平三:符合两项评分标准</td><td>12</td><td></td><td></td></tr>
<tr><td>水平四:符合一项评分标准</td><td>6</td><td></td><td></td></tr>
<tr><td>水平五:不符合评分标准</td><td>0</td><td></td><td></td></tr>
<tr><td rowspan="5">分析与论证
28%</td><td rowspan="5">1.准确分析实验现象
2.根据实验正确解释山前洪(冲)积扇形成的原因
3.描述山前洪(冲)积扇不同颗粒沉积物的分布规律
4.得出最终正确结论</td><td>水平一:符合四项评分标准</td><td>28</td><td></td><td></td></tr>
<tr><td>水平二:符合三项评分标准</td><td>21</td><td></td><td></td></tr>
<tr><td>水平三:符合两项评分标准</td><td>14</td><td></td><td></td></tr>
<tr><td>水平四:符合一项评分标准</td><td>7</td><td></td><td></td></tr>
<tr><td>水平五:不符合评分标准</td><td>0</td><td></td><td></td></tr>
<tr><td colspan="6">备注:实验方案设计部分的教师评价可在预习问卷回收后进行评价</td></tr>
</table>

教师要将实验表现性评价PTA量表在实验结束后发给各小组，并明确解释量表的使用规则，各小组及时对照评价量表里的标准，对本组的表现做出自评。而教师则要在学生实验的过程中完成观察评价。量表回收后，教师要对每组的自评与教师评价进行统计。

3.实验结束后的评价

当实验完成后，各小组应该就小组成员在整个实验教学中的参与合作程度进行评定，这里笔者具体选用了数字评定量表来进行评价（见表4-9-14），每组可依据每位成员在实验中的参与表现程度选择适当的数字作为评定。

表4-9-14 小组成员评定量表①

被评成员：

说明：请依据每位成员参与实验的情形，逐项评分。

评分方式是圈选适当的数值，每个数字所代表的程度或意义如下：

5——优异，4——中上，3——普通，2——中下，1——很差。

一、参与实验方案设计的程度如何？

1 2 3 4 5

二、提出的问题契合实验内容的程度如何？

1 2 3 4 5

三、能与同伴共同合作完成实验的程度如何？

1 2 3 4 5

四、参与实验结果讨论的程度如何？

1 2 3 4 5

五、在整个小组活动中的学习态度如何？

1 2 3 4 5

实验教学结束，学生必然对山前冲积扇的形成及沉积物的分布有自己的认识。因此，教师应该让学生对本次实验学习目标的达成度做出自我判断。这里笔者设计了评定量表（见表4-9-15），将学习目标达成度按完全达到、基本达到、部分达到、尚未达到分为四个等级，量表以小组为单位设计，可清楚地查看每小组成员的目标达成情况。待学生完成后，该量表可与小组成员评定量表一起收回。

表4-9-15 学习目标达成度自我评定表

第（ ）组 小组成员	达到目标的程度			
	完全达到	基本达到	部分达到	尚未达到
成员a	□1	□2	□3	□4
成员b	□1	□2	□3	□4
成员c	□1	□2	□3	□4
成员d	□1	□2	□3	□4

①数值参照李坤崇：《教学评估：多种评价工具的设计及应用》，华东师范大学出版社，2010年，第149页。

与此同时，教师要给学生提供反思与表达的机会。学生的反思与表达可以借助爱德华·德·波诺提出的PMI表（见表4-9-16），教师在实验教学结束后发放给学生，由学生自己填写在此次实验学习中表现好的方面、不好的方面以及一些想法或疑问。

表4-9-16　“山前洪积扇的形成”PMI表

姓名：　　小组：　　主题：		
P(+)	M(-)	I(?)
备注：P栏填写表现好的方面；M栏填写表现不好的方面；I栏填写对本次实验教学的看法或疑问		

除此之外，学生还要填写一份“山前冲积扇的形成”实验报告单（见表4-9-17），要求填写此次实验的目的、原理、实验材料、实验过程、观察到的实验现象以及对实验结果的分析论证。报告单的填写不再以小组为单位，而是要求每人提交一份，可与反思的PMI表一同提交。教师要对学生提交的实验报告单和PMI表进行批阅，并根据填写情况进行适当点评。至此，本次实验教学的表现性评价全部完成。

表4-9-17　“山前冲积扇的形成”实验报告单

实验主题			
姓名		实验小组	
实验目的			
实验材料			
实验原理			
实验过程			
观察到的实验现象			
实验结果分析论证			
指导教师评语			

四、案例实践

此次实验教学及表现性评价的实践在高一（5）班进行，参与实验教学的学生共有20人，分为5组。同样，整个实践过程，笔者邀请了该班地理教师的参与，并提前沟通且说明了此次实验教学表现性评价的整个设计及评价的具体实施办法，该教师帮助笔者分实验小组，同时帮助笔者一同完成了需要教师观察评价的部分。

五、评价结果分析

此次实验教学表现性评价的目的是诊断学生的自学能力、实验能力、反思能力等，所以对评价结果没有进行整体计分，而是对每项表现的评价结果分别做了分析。

1.实验前的预习

从回收的实验前预习问卷来看，参与此次实验教学的多数学生都能够很好地完成此项任务，能够抓住知识的关键点，能够通过模拟书本上的实验，发现该实验的不足之处，并提出改进意见。笔者在与学生交流中，谈及他们如何去预习掌握本部分知识时，大多学生表示，这部分内容书本上只有简短的两三段话，这对他们来说要完成之后的实验部分有一定的困难，他们通过网络等途径查阅了相关的文字资料和视频，拓展了课本内容，也对实验设计起到了支撑作用。

以上都表明，学生对此次探究式实验教学前的预习任务完成度较高，且获取知识的途径不拘泥于课本，有较强的预习自学能力。

当笔者问及他们对预习问卷的看法时，有的学生表示，这不仅是对自己预习的一种检测，而且预习问卷在这一过程中起到了类似于导学案的作用，促使学生对此次实验教学内容有自己的思考与认识。也有的学生表示，通过预习自学后将预习成果展现在预习问卷上，自身获得了一种满足感。

由此可见，实验前的预习检测问卷在这一过程中起到了及时指导和评价的作用。笔者作为指导教师，通过预习问卷了解了学生对于实验前预习任务的完成度、学生的实验预习自学能力，而且能大致掌握接下来的实验实施情况。而对于学生，预习问卷检测了他们的预习情况，获得了自身成就感，激发了学习的兴趣。

2.实验能力

在此次实验能力的表现性评价中，因为实验的实施是以小组为单位，所以评价对象也以小组为单位，实验能力的评价结果只能以小组为单位来呈现。下面笔者对实验能力的评价结果分要素做了分析。

表4-9-18　实验方案设计能力统计表

	第一组	第二组	第三组	第四组	第五组
小组自评	24	18	24	18	24
教师评价	24	24	18	12	18

从表4-9-18中的数据可以看出，五个实验小组的实验方案的设计能力表现水平普遍居于水平一或水平二。虽然小组自评与教师评价结果有些出入，但根据笔者从学生提交的实验前预习问卷中实验方案的设计的情况来看，各小组在小组自评中还是较为客观。各小组的实验设计最大亮点是可操作性强，且所需的实验材料都简单易得。更为重要的一点是，各小组在方案设计中都注意到了山前冲积扇的必有介质——水的参与以及选用大小不等的颗粒物，这不仅与他们课前对相关内容的预习有关，而且也体现出了各小组在实验方案优化设计中的严谨性。

表4-9-19　实验实施操作能力统计表

	第一组	第二组	第三组	第四组	第五组
小组自评	18	24	18	18	18
教师评价	18	18	18	18	12

从表4-9-19中的数据可以看出，在实验实施操作能力方面，各小组自评和教师评价所得评分较为一致，实施操作水平普遍居于水平二，即符合三项评分标准。根据笔者在学生实验过程中的观察情况，五个小组均能熟悉本组所设计的实验方案，并按步骤进行操作，唯有一组内部成员没有明确分工，显得有些手忙脚乱。而五个小组在实验过程中，共同忽略的一个问题是，没有控制变量，即控制水的流量，因为冲积扇的形成也不是稳定的水流，所以在实验中控制水的流量，如间歇性的流水效果会更好。这个问题也间接地反映了各小组在实验设计时对实际情况的考量欠缺。

表4-9-20　实验现象观察能力统计

	第一组	第二组	第三组	第四组	第五组
小组自评	24	12	18	18	18
教师评价	18	18	12	12	18

从小组自评和教师评价情况来看，各小组实验现象观察能力普遍居于二三水平。但从实验过程中笔者的观察来看，各小组之间存在较大的差异。如有的小组观察没有顺序，没有重点，只注重观察山前冲积扇是否形成，而忽视了流水对颗粒物的搬运；有的小组则不能如实地记录实验现象，对实验现象的描述与实际不符。五个小组中只有一组在观察实验现象时用绘图来表示山前冲积扇及其沉积物的颗粒分布规律。这些说明，五个实验小组在实验现象观察能力方面有不同程度的欠缺。笔者与他们交谈后得知，这与他们平时未能养成仔细观察事物习惯有关。

表4-9-21　分析与论证能力统计表

	第一组	第二组	第三组	第四组	第五组
小组自评	21	14	18	21	21
教师评价	14	21	14	21	14

从表4-9-21可以看出，各小组实验分析与论证能力普遍居于二三水平。从当时的实际情况来看，对于实验现象的观察与记录不到位，导致对实验现象的分析不够准确。而且有的小组的分析并没有与所观察到的实验现象结合起来，而是直接根据预习的知识去解释山前冲积扇的形成及沉积物颗粒的分布情况。

分析与论证是科学探究中总结规律、得出结论的环节。①学生在动手操作实验、观察实验现象或记录收集数据的基础上，对实验现象进行分析或对实验数据进行处理，从中概括、总结，最终得出准确的实验结论。这个过程能有效地培养学生的信息处理能力和分析概括能力。就此次实验的评价标准及其评价结果来说，虽然各小组的分析与论证能力居于二三水平，但是分析、论证能力还存在明显的不足。

3.学习目标达成度

将学生学习目标达成度的自我评定进行整理统计，其结果如图4-9-7所示：

---

①王雅丽:《如何对探究实验进行分析与论证》,载《中学生数理化》2016年第7期,第26、28页。

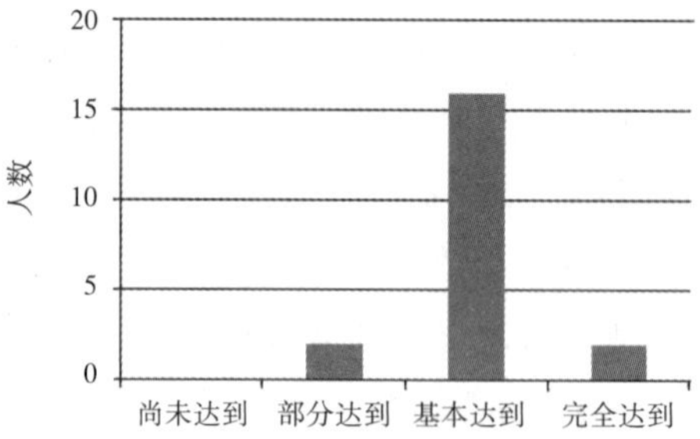

图4-9-7　学生学习目标达成度统计图

从学生对学习目标达成度的自我评定来看，80%以上的学生学习目标达成情况良好，这说明此次实验教学的效果较好，学生通过预习、操作实验、分析论证理解和掌握了相关的知识，达到了预期的目标。

4.小组合作意识

学生通过小组成员评定量表，采用组内互评的方式对每位学生参与小组实验的情况进行了评价。笔者对评价结果的整体情况按各选项人数进行了分类统计，结果如表4-9-22：

表4-9-22　学生小组合作意识情况统计表

问题　人数　选项	优异	中上	普通	中下	很差
参与实验方案设计的程度	16	3	1		
提出的问题契合实验内容的程度	17	3			
能与同伴共同合作完成实验的程度	20				
参与实验结果讨论的程度	16	4			
在整个小组活动中的学习态度	18	2			

由于实验教学以小组学习的形式展开，许多问题需要小组共同协商、合作完成，且实验能力的评价以小组的成绩为评价标准，这就极大提高了学生参与的积极性和主动性，增强了学生的小组合作意识。从小组内部互评的结果来看，学生的小组合作意识较强。从笔者在实验实施过程中的观察来看，各小组内部分工明确，相互配合较为密切。笔者在与学生交谈时，很多学生表示，要尽其所能为小组争取荣誉。

5.实验报告及反思

笔者翻阅了所有学生提交的实验报告及反思，从整体上来看，实验报告填写情况良好，学生都能按照要求去填写，尤其是对“实验目的”和“实验原理”两方面把握较好，这也与整个实验实施之后学生对该教学内容的掌握有关，而不足之处就是个别学生的字迹较为潦草或在语言表述上出了问题。反思方面，学生都能很认真地去反思自己在这次实验教学中所表现出的优点及不足，部分学生还提出了自己很独特的想法或对于本小组实验方案的改进意见。

综合以上结果来看，在以“山前冲积扇的形成”为主要内容的地理实验教学中，各实验小组所表现出的整体实验能力较好，且小组合作意识较强。从个人来看，学生预习能力、自我反思能力较强，且大部分学生达到了既定的学习目标。

六、实践反馈

在本案例中，实验所涉及的知识在之前的教学中并未提及，学生完全依照实验教学表现性任务的要求，从预习、查阅资料一直到通过实验得出正确的结论，这一过程，学生将预习、自学的结果应用于未来真实的实验情境中，教师不仅可以对学生预习、自学的情况进行评定，而且也掌握了学生实验探究的真实表现情况，实验报告单实则是学生通过实验探究学习结果的完整反映。从评价设计来看，此次评价内容比较全面，不仅涉及预习及实验的过程与结果，而且涉及团体合作意识，即评价兼顾了学生的知识、技能和情感态度；不仅有对小组的评价，而且也关注到了对个人的评价。

从案例的实施情况来看，较好地达到了实验教学的目的，学生通过预习、实验探究的方式学习，掌握了山前冲积扇的有关内容。就评价而言，由于此次评价的内容比较全面，将教师评价、小组自评、组内成员互评、自我评价与反思结合起来，最终所获得的评价资料也能更全面地反映出学生的真实表现。评价在实践中存在的主要问题是：实验表现性评价PTA量表中的小组评价部分，有些小组不能很好地判断本组是否达到了某一表现水平，有时自认为已经达到了，实则没有达到；小组成员评定量表，由于是内部成员互相打分，可能存在一些打分过高的情况，这些主要是学生没有评价经验或碍于同学情谊，且与笔者没有对学生提前进行评价培训有关。

同样的，笔者与参与此次实验教学表现性评价的该班地理教师和学生进行了交流。该班地理老师认为在实验教学过程中就对学生的表现进行及时评价，这样获取的第一手评价资料更能帮助教师对学生的实际情况进行定位，而且让学生写出自己对于本次实验教学的看法或疑问，让教师也了解了学生的一些想法。多数学生表示，实验方案的设计、实验材料的准备、实验的实施操作到最后实验结果的分析论证都是学生自己去完成的，虽然这一过程比较艰辛，但是他们体会到了探究的乐趣，而且分阶段的评价使学生了解到了自己不足的方面和需要改进的地方。当然也有少部分学生不希望在实验过程中有过多的评价，在他们看来做地理实验本来是件很轻松、很有乐趣的事，加入评价反而多了一重限制。

该案例由西北师范大学研究生杜文花开发。

第十章　地理考察活动案例

案例1　科技场馆参观学习案例

——地质博物馆参观学习活动

一、设计思路

自然地理是高中地理知识的重要组成部分，是后续地理学习的基础。进入高二后，教师发现文科班学生对此部分知识的掌握情况并不理想。学生普遍认为高一的自然地理抽象难懂，存在一定学习困难。进入高二后，由于有一段时间未接触自然地理，一些内容已经遗忘和生疏。加之，高二上学期要参加学业水平测试，并且同学们已经开始感受到高考压力，所以不少同学对知识本身的兴趣有些减弱，学习积极性出现了波动。为此，教师希望设计一次参观学习活动，通过在新的学习环境中体验不同的学习方式，复习巩固相关基础知识，激发同学们的内在学习动机，提高学习效率。

经教师实地参观走访，甘肃省地质博物馆的陈列资源与高中地理课程密切相关，交通也较便利，所以将其作为参观的博物馆。鉴于展厅面积很大，参观时间有限，所以活动准备阶段，要求同学们在参观前先自行搜集资料，初步了解展馆情况。参观时采用全班统一参观全部展厅和学生小组定点探究某一展厅相结合的形式。参观后，同学们可以自由选择完成PPT、小论文、手抄报、演讲等多种学习成果。

依据肯普的教学设计模型，评价要贯穿整个教学活动的始终。因此活动评价主要分准备、实施和总结三个阶段进行。对学生的评价采用等级评定量表，将学生的表现划分为不同等级。

二、实施过程

1.准备阶段

（1）在活动实施前，教师先去地质博物馆进行实地考察，依据学生课堂学习的不足，确定了八个展厅内的参观重点。

（2）教师向学生介绍地质博物馆各展厅及主要参观内容，要求学生搜集相关资料，包括甘肃省地形地貌气候、地质灾害的主要类型、甘肃省地质公园分布、甘肃省主要矿产资源分布、内外力作用及其形成的地貌类型、三大类岩石及其相互转化和地球的圈层结构等。

（3）设计学情分析问卷（表4-10-2），在参观前一天发放并回收整理，了解学生的知识准备。从学生完成的学情分析问卷来看，通过前期的资料搜集等活动，学生已经具备了一些基础知识，并且对此次参观活动兴趣很高。

（4）学生分组。全班学生共46人，按照“组间同质、组内异质”的原则将学生分为8组。在参观过程中，小组成员讨论决定最终选择的展厅，并结合该展厅的主题及相关地理知识确定本组成果展示形式。教师从旁进行指导说明，解释相关形式的成果可从哪些方面进行，引导学生充分发挥小组成员的特长和合作精神。

2.参观过程

（1）学生自由参观。大部分学生提前到达了博物馆，此时讲解员尚未上班。因此临时决定给学生40分钟时间自由参观。要求学生根据自己的兴趣、小组的任务安排，自由选择参观内容，并将知识点和疑问记录在参观记录表（表4-10-3）上，等待讲解员解说。

（2）解说员带领参观。教师提前与讲解员进行了沟通，说明需要重点讲解的展厅有地球厅、矿物岩石厅、生命演化厅和矿产资源厅。相应的课本知识包括各种内外力作用下形成的地貌类型、岩石基本类型及其相互转化、甘肃省主要矿产资源及其相关工业分布、甘肃省主要地质灾害及其分布。

讲解员讲解专业、流畅，但因工作习惯导致整个过程速度略快，中间没有停顿和休息，有些知识学生来不及记录就已经结束。所以在参观过程中，任课教师在前方陪同，在关键知识点处请讲解员暂停，要求学生进行记录，随同的其他教师在外围督促不认真的同学，提醒学生及时完成记录单。

讲解结束后，教师根据讲解员讲解的内容以及高中地理课程的需要，对讲解过程中不详细及忽略的内容进行了补充。例如，因为时间关系，讲解员对各种地貌类型形成的原理方面讲得并不透彻，教师又借用其展厅模型从专业角度进行了分析讲解。在这一过程中，教师指导各个小组确定了其最终成果的形式及内容。

（3）小组定点参观。在教师补充讲解结束后，学生根据本小组最后要完成的成果选择相关的展厅继续参观，并在参观的过程中记录和拍照，保存资料。8个展厅分布在四层楼上，所以同去的四位教师每人负责一层，学生有疑问可以随时交流。

3.总结阶段

在活动总结阶段，召开了一次成果分享会，每个小组分享展示最终成果。从完成情况来看，各小组内部都能合作完成其最终的成果。成果形式较为丰富，符合教师预期。表4-10-1为8个小组的成果及其形式：

表4-10-1 小组成果及其形式

组别	主题	形式	相关展厅
第一组	发生地震时应如何逃生	视频	地球厅
第二组	各种外力作用形成的地貌类型	PPT、小论文	地球厅
第三组	黄河奇石	PPT、小论文	宝玉石厅
第四组	甘肃省主要的矿产资源及其相关工业的分布	手绘地图、PPT	矿产资源厅
第五组	生物保护	演讲	生命演化厅
第六组	三大类岩石及其代表矿物	PPT、小论文	矿物岩石厅
第七组	甘肃省主要的地质灾害类型及其分布	PPT、手绘地图	地质环境厅
第八组	甘肃省的地形地貌、气候分布	PPT、手绘地图	土地资源厅

三、学习评价

1.准备阶段评价

评价依据是学生收集的相关资料及完成的学情分析问卷。分析发现，大多数同学能按照要求搜集资料，并复习准备高中地理必修Ⅰ中的相关知识。准备阶段有14名同学获得A，26人为B，另有6位同学没有完成学情分析问卷，等级为C，没有人获得D。参见表4-10-2。

2.实施阶段评价

评价依据是学生的参观学习记录表，以及学生在参观过程中的行为表现。如果某位同学表现突出（如提出了高质量问题、发现了展品错误等），提高一个等级，反之若出现漫不经心、吵闹喧哗等负面行为，则降低一个等级。参见表4-10-4。

从收回的参观记录单来看，学生参观过程中的表现有较大差异。7人为A，19人为B，13人为C，6人为D，1人为E。可以看出，大部分学生的学习态度认真，能按照要求进行记录，但也有少部分同学记录不完整，不能跟随班级队伍听取讲解。结合与任课教师及学生的交流，分析大部分学生表现较好的原因主要是：第一，学生对地质博物馆的内容感兴趣，求知欲较强；第二，教师在活动前进行了充分准备且能够及时指导；第三，讲解生动有趣，富有吸引力；第四，学生具有良好的学习习惯，主动获取知识的意识较强。而部分同学不认真参观的原因主要有：第一，这部分学生对地理课程兴趣较低；第二，基础知识不扎实，有的地方听不懂；第三，讲解速度略快，学生来不及记录，又不好意思让讲解员暂停，想等参观结束后自行上网查阅相关资料。

3.总结阶段评价

评价依据是学生小组完成的最终成果。因为其成果完成单位为小组，所以评价应包括对小组成果的评价及小组组员个体的评价。小组评价方法由教师用A、B、C三个等级评定，最后3个组获得A，4个组为B，1个组为C。在小组互评环节，各个小组都能对其他组的成果做出客观评价。原计划的小组内部评价操作过于复杂，所以取消。

四、教学反思

1.学生反馈

参观活动结束后，教师与学生进行了交流。学生普遍表示这次的集体活动让紧张的学习氛围得以放松，不仅学到了许多知识，小组成员还进行了默契合作，大家的关系更好了。还有同学表示学习的过程原来也可以这样轻松，但又不同于平时走马观花式的参观，学到了很多知识。另一部分学生表示通过这次实践学习，更深刻了解了地理学科的意义和价值，增加了学习地理的兴趣。

2.教师总结

通过组织此次地质博物馆参观学习活动，任课教师认识到参观学习作为一种学习方法，对于学生巩固书本知识、补充课外知识、提高学习兴趣具有重要意义。学生在实践过程中，能将课本中的知识与实际联系起来，更深刻地理解地理学科的魅力。

但是要组织一次成功有效的参观学习活动，需要教师付出很多精力。例如教师要花时间做深入的学情分析，了解学生对参观内容的知识准备情况。还要提前去踩点参观，确定是否具有参观价值并确定重点参观内容。制定学习记录单也占用了大量时间。本次活动设计的评价活动较多，学生的学习成果类型多样，这满足了学生的多样化需求，但却使教师的评价工作量倍增。此外，博物馆参观学习虽然较之野外实习安全，但对于整班学生的参观活动，仍然要有至少三名教师协助组织。

表4-10-2 学情分析问卷

甘肃省地质博物馆共包括序厅、地球厅、矿物岩石厅、宝玉石厅、生命演化厅、土地资源厅、地质环境厅、矿产资源厅等展厅。为了同学们更好地参观学习，请同学们完成学情分析问卷。 1.在六个展厅中，你比较感兴趣的是(　　　　)(可多选) A.地球厅　B.矿物岩石厅　C.宝玉石厅　D.生命演化厅 E.土地资源厅　F.地质环境厅　G.矿产资源厅 2.岩石主要分为3种类型，分别是_____、_____、_____。 3.花岗岩属于_____，玄武岩属于_____。 石英岩属于_____，页岩属于_____。 4.尝试说出三大类岩石之间是怎样互相转化的。 5.塑造地表形态的力量包括内力作用和外力作用。 内力作用包括 _________。 外力作用主要包括 _____、_____、_____、_____等四种方式。 6.尝试描述甘肃省的自然地理概况。 7.甘肃省有哪些矿产资源？与其相关的工业分布在哪里？ 8.你们学校以前是否开展过参观学习活动？你对开展此次活动还有什么好的想法或建议？

表4-10-3　参观记录表

展厅	重点参观内容	记录 （可根据讲解员的讲解记录重点的内容，也可以记录自己感兴趣的、印象深刻的或者有疑问的内容）
地球厅	太阳系八大行星	
	地球运动概况	
	火山、地震	
	地球的圈层结构	
	各种内外力地质作用	
	其他	
矿物岩石厅	三大类岩石及其代表岩石	
	三大类岩石之间的互相转化	
	感兴趣的岩石矿物及其特点	
宝玉石厅	省内外主要的和具代表性的观赏石	
生命演化厅	各地质历史时期及其代表生物	

续表 4-10-3

展厅	重点参观内容	记录 （可根据讲解员的讲解记录重点的内容，也可以记录自己感兴趣的、印象深刻的或者有疑问的内容）
土地资源厅	地图测绘技术的发展	
	甘肃省地质地貌、气候	
地质环境厅	地质灾害的主要类型	
	甘肃省内主要地质公园	
矿物资源厅	甘肃省主要的矿产资源	
	主要的矿产资源及其相关工业的分布	

表 4-10-4　学生评价表

姓名__________　　组别____________　　组长____________

1.准备阶段评价			
等级	评价标准	学生自评	教师评价
A	能按照要求收集资料并认真填写学情分析问卷		
B	能按照要求收集部分资料，并完成学情分析问卷		
C	能按要求收集部分资料，但没有完成学情分析问卷		
D	没有收集资料也没有完成学情分析问卷		
2.实施阶段评价			
A	参观记录表记录详细，能按照要求对参观过程中的重点、自己感兴趣的和存在疑问的方面进行详细记录		
B	参观记录表每一栏里都有记录，但记录得不全面		
C	参观记录表大部分栏目都有记录		
D	参观记录表记录内容较少		
E	参观记录表几乎空白		

续表 4-10-4

3. 总结阶段小组成果评价			
A	按要求完成预期的成果且呈现形式丰富多样		
B	按要求完成预期的成果并进行汇报展示		
C	有一定的成果，但不符合要求		

案例2　自然地理考察学习案例

——荒漠化考察学习活动

地理考察活动是深受学生欢迎的学习形式之一，也是对教师充满挑战的教学工作。考察活动不仅要求深化学生对知识、技能的学习，更要能在实践中培养学生问题解决的能力。此案例由西北师范大学环境教育中心和甘肃武威一中合作实施。

在前期准备阶段，我们邀请武威一中地理教研组的老师参与了由“世界自然基金会（WWF）中小学绿色教育行动”资助的环境教育培训，了解了环境教育的理念、教学方式与评价策略。之后，双方专家一同讨论了选题设计。当老师们回到中学后，他们进一步细化了活动方案并加以实施。活动完成后他们整理、撰写了下文中的案例。该案例后来被评为甘肃省普通高中学生研究性学习优秀案例。

一、设计思路

荒漠化的内容出现在高中地理区域地理的章节中，课本内容立足于我国西北地区的荒漠化现状，向学生介绍了西北地区的自然地理环境特征，分析了荒漠化产生的原因，并提出了切实可行的防治策略。武威市深居内陆干旱荒漠腹地，土地荒漠化尤为严重，为了让学生更加了解我们生活区域的环境问题，我们组织了防治荒漠化研究性学习活动。野骆驼是曾经广泛分布在河西走廊和新疆荒漠地区的一种野生动物，但现在已成为濒危野生动物。武威恰好建有野骆驼保护繁育中心，因此，我们希望通过现场观察了解以野骆驼为代表的重点保护野生动物和其他荒漠植物，激发学生的学习兴趣，关注和参与环境保护问题。

对学生来说，荒漠化的防治课本内容贴近武威地区自然地理环境特点，激起了学生对这节内容的学习兴趣，也激发了学生的探知欲，希望了解自己生活的地区与课本内容之间的联系，也期望了解课本没有介绍和涉及的一些基本知识，而这些内容的获得必须走出课堂进行实际考察，才能直观地进行了解和认识。

对教师来说，深知地理学科注重对学生地理实践能力的培养，参加野外考察活动能够锻炼学生的毅力和耐力，培养学生的观察能力和主动获取知识，搜集、整理、分析材料的能力以及运用所学知识的能力和合作交流的能力。而且地理课程标准也提出要根据区域特色，分析该地区存在的地理环境与发展问题。这节内容讲述的知识与武威现状非常贴切，因此，将防治荒漠化定为研究内容更方便地点的选取、基础资料的收集，也更方便带领学生进行实地观察与调研。

二、准备阶段

（一）设计活动方案

教师先进行分工，分别从学校图书馆、教材、网络和甘肃省濒危野生动物繁育中心收集野骆驼、荒漠化、武威生态环境状况等有关资料。每位教师将收集的资料先进行整理记录，之后大家交换资料，分享讨论，确定教学设计方案。初步确定活动分为三个阶段。

第一阶段，先组织同学们了解荒漠化的相关知识，提出自己感兴趣的问题，围绕问题进行具体的选题。

第二阶段，实地野外考察。

考察时间。计划在10月到次年5月期间进行两次考察。选择冬春两次考察可以看到明显不同的景观对比。

野外考察地点。选择武威市东部郊区的东沙窝和甘肃省濒危野生动物繁育研究中心。两处考察地点相距比较近，利于活动组织。但两处地点距离学校较远，需要租用大巴车前往。

考察人员。限于人力、物力和财力的因素，只能选择部分同学参加野外考察活动。高三同学学习紧张，所以主要在高一、高二年级选拔一部分对环境问题感兴趣的同学。经过报名和初选，最后确定了12位同学组成地理兴趣小组，以小组为单位参加考察活动，地理组三位教师带队指导。

具体考察方案分为两个部分。第一次考察定在10月中旬，前往甘肃省濒危野生动物繁育研究中心，认识了解野生动植物尤其是野骆驼的基本情况；初步认识荒漠化现象与危害，探究野生动植物的生存与环境的关系。第二次考察定在次年的春季，前往长城乡一带考察原生态的荒漠景观，访问当地居民，了解荒漠化的演化过程，探究荒漠化的成因及防治措施。从不同季节进行对比观察研究，进一步加强对荒漠化及野生动植物生存与环境关系的认识，使学生认识人地和谐可持续发展的必要性和紧迫性。

考察工具。GPS、照相机、学习记录单。

第三阶段，整理资料，撰写研究报告。对从不同途径收集到的相关资料与考察记录进行分析、讨论，共同寻找解决问题的对策，完成多种类型的研究成果。

（二）确定学习任务

第一，认识荒漠地区几种常见的野生动物，并着重了解野骆驼的基本概况（种群、分布、习性、生存环境演变等），并能够区分野骆驼与家养骆驼。

第二，通过实地调查认识荒漠当中的几种典型植物。

第三，认识荒漠化现象及危害，探究其成因，调查和探讨防治荒漠化的方法。

第四，发现和体验荒漠地区独特的美。

（三）设计学习任务单

表4-10-5　防治荒漠化学习任务单

我所了解的荒漠化			
考察时间、地点		考察记录人	
1.荒漠典型植物名称	特点	作用	备注
2.荒漠常见动物名称	外观特征	主要分布区	备注
3.荒漠化的成因			
4.防治荒漠化措施	具体做法	优缺点	备注
此次考察感受			

（四）安全评估

此次研究性学习最大的风险在实地考察阶段。鉴于以前没有组织过类似的野外考察活动，因此此次实地考察过程由三位教师协同进行。考察前需要对考察地进行踩点，设计规划安全路线，还应该提前查看天气预报，以防有恶劣天气现象的发生，并且提醒学生携带通信工具，能够随时保持联系。

在出行之前还应该配备应急药品，准备充足的饮用水和食品。

三、实施步骤

1.学习培训

一方面，鼓励同学们查阅相关资料，提出自己感兴趣的问题。另一方面，教师讲解荒漠地区与荒漠化的基本背景资料，引导学生讨论和细化自己关注的问题。在此教学互动过程中，确定个人或小组的考察要点、研究主题和具体探究方案，初步确定研究成果的形式，如调查报告、小论文等。小组讨论，明确分工。两位同学负责收集整理考察中的图像资料，三位同学负责从甘肃省濒危野生动物繁育中心收集野骆驼的有关资料，还有几位同学负责从网上查阅有关野骆驼的相关资料。

同时，教师要讲解有关野外考察方法和研究性学习的内容，强调野外安全事项和纪律要求。例如不能越过围栏接触野生动物，不能投食，活动中必须守时，必须小组集体行动，个人不能单独行动等。

2.野外考察

分两阶段进行。第一阶段在初冬季节。考察当天早上前往武威市长城乡东沙窝，沿村落边缘的小路前行，观察当地常见的荒漠植物、动物，随机访谈沿途遇到的居民，了解荒漠化的成因与危害。中午前往甘肃省濒危野生动物繁育中心，参观圈养的各种保护动物。重点参观了解野骆驼生活区，访问野骆驼饲养员，了解其生活习性和繁殖情况。

第二阶段在春末夏初。考察路线不变，重点考察荒漠植物，对比荒漠地区冬夏的景观差异。

野外考察过程中，教师进行讲解，学生做好观察、体验和记录。

3.总结阶段

在整理考察获得资料的基础上，围绕“防治荒漠化”“保护野骆驼”两个主题进行分组。学生进一步查找有关动植物，特别是野骆驼的生存、繁殖情况的资料，查阅有关荒漠化、武威地理环境特征等方面的资料，形成一些初步结论。教师组织召开活动总结会，同学们就自己小组的观点进行展示汇报，教师和同学们一同讨论交流。会后，各位同学整理自己的研究资料，合作完成小组调查报告和自己的感受心得。教师根据学生在参观过程中的表现、学生小组的调查报告和个人的感受进行教学评价。

四、成果分享

（一）调查报告（概要）

我们发现武威地区主要适合荒漠动植物的生存，植物主要以梭梭、沙棘、骆驼刺为代表，动物主要以野骆驼、黄羊为代表。我们重点考察了野骆驼的生存环境，与家骆驼相比，野骆驼身材较瘦小，有淡棕黄、细密柔软的体毛，尾巴较短，有短而密的绒毛。驼峰下圆上尖，呈圆锥形。最突出的特点是它们有长而密的睫毛和双重眼睑，这是它们在弥漫风沙中仍然能够保持清晰视力的重要原因。它们群居生活，以食用骆驼刺为主，七八月繁殖后代，成活率为70%。这群沙漠中最具代表性的野生动物留给我们的，不仅仅是亲切，更是震惊，还有深深的愧疚和同情。尤其是武威的民勤，正好位于巴丹吉林沙漠和腾格里沙漠的交汇处，荒漠化趋势十分严峻。在考察活动中我们了解到，防治荒漠化，治沙研究人员已经做了许多有效的尝试，工程治沙中，最直接有效的方法就是黏土压沙法和塑料网格固沙法。同时还要结合生物措施，利用梭梭等耐旱性沙生植物根系发达、可以深入地下十几米吸取深藏在沙漠下的地下水的生理特性，来固定沙丘。我们认为，防治荒漠化和保护野骆驼之间是没有矛盾的，野骆驼和沙生植物之间，正好又形成了一个食物链，使沙生植物和野骆驼在这个食物链内互相为需要而成长。这样一来，防治荒漠化实际上就是在保护野骆驼。

（二）学生感想与反思

学生考察感悟1

参加“环境兴趣小组”有六个月了，在这短短的几个月里，我学到了大量的课本以外的知识，是比课本知识更加丰富的知识。

第一，对野骆驼和荒漠化的认知。我们“环境兴趣小组”的口号是：“保护野骆驼，防治土地荒漠化”，很响亮的口号，但就在加入兴趣小组很长一段时间，我仍然不知道野骆驼是什么，与普通骆驼有什么区别，这个“野”到底是什么意思，自身到底奇特在什么地方？当然更弄不明白荒漠化是什么。

但现在不同了，如果有人问我这两个问题，我可以很自信地向他们讲解——野骆驼奇就奇在它可以靠饮用盐水生活，并且当沙子钻进眼睛时，可以用眼泪冲出沙子。在我们看来，它们好像是在流泪。最令我记忆犹新的是荒漠化，荒漠化是指在干旱、半干旱和某些湿润、半湿润地区，由于气候变化或人类不合理的生产、生活等原因所造成的土地退化问题。以上所说是靠我回忆写出，并没有参照笔记，这两点知识已经深入我的大脑，为我所用了。

第二，对环境现状的认识。不登山，不知山之高；不下海，不知海之深。生活在城市的我看到的虽不是南方的秀水青山，但也不乏绿树成荫。去了东沙窝后，我才明白什么叫荒凉萧条。也许是因为不常见到沙丘和荒地，我们那天玩得如同脱笼之鹄般愉悦，几乎所有人都忘记了此行的目的……也许是已经到十一月份的缘故，荒漠中主要的骆驼刺、梭梭、芦苇、沙蒿等一些低矮的、枯黄的沙生植物，东一堆，西一堆，毫无生机，不茂盛也无一丝绿意，但很顽强。

考察归来，回想东沙窝的荒凉，令我不寒而栗，荒漠化的现状已经十分严峻，保护环境刻不容缓。我们的第一份宣传展板新鲜出炉，虽然很稚嫩，但里面包含了我们对现状的深刻认识以及对同学们的号召。

第三，保护环境的意识。既是耳濡目染的结果，也是亲身经历的结果，我在参加兴趣小组之后，不论是在思想上还是在行动上，都受一种保护环境的意识支配，这种改变虽然不是一种飞跃，但是我真真切切地为这种意识感到骄傲，我参加这个活动收获了！

在一次“节约水资源”的班会上，我在本班的教室发言，内容不长，主要是阐述了水资源与土地荒漠化的关系，并且为同学们简述了土地荒漠化的严峻形势。我很诧异，因为在那天的班会上我的演讲没有停顿过，我很流畅地讲完了演讲。虽然这只是一次简短的发言，说不定一点号召力也没有，但我仍然很开心，因为我认为这次演讲至少可以在同学们的脑海中种下一个印象，也许在他们不经意听新闻报道时回忆起我所列出的数据和实例，或者他们会在聊天时将我所讲的穿插性地讲给其他人，这样一传十，十传百，总会对保护环境尽到一丝微薄之力。

记得在第一次小组会议中，老师们就说，我们十二个人是第一批种子，人虽然不多，但是影响力绝对不会小。到现在，经过思想的一次又一次的升华，我才明白这句话的意思。

第四，主观能动性。现在回想起来，我参加了兴趣小组之后，一直在抱怨，抱怨没有人主动地提出一些开展实践活动的建议。我每次都是有想法，却宁肯它烂在心里不说出来。

其实，造成我们小组缺乏实际行动的主要原因是缺乏主观能动性。这也许是我参加兴趣小组之后最大的收获。我明白了，与其抱怨别人，不如在自己身上找原因，真是明白恨晚，但是一定会受益终生。

第五，写调查报告。在参加学校科技创新大赛活动中，我写了一篇调查报告。交作品前，我鼠目寸光地认为我的作品《武威市土地荒漠化调查报告》是一篇很不错的调查报告，并且自负地认为拿一等奖不成问题。刘老师一次又一次地让我改文章，我就不明白甚至觉得有点烦了，因为在那时，那篇文章在我眼里是一篇毫无纰漏的文章，所以每次改也只是添几个形容词。

交完作品后，要准备幻灯片，并且向同学们展示自己的作品。我排在第七位，坐在学术报告厅中，我胸有成竹，似乎第一已在手中。但是听完前几个同学的发言，观看完作品后，我立刻变得像泄了气的皮球，因为在那短短的一段时间内我发现了我的作品的不足之处。同学们的调查报告内容翔实、数据充分、事例典型，而我的作品相比则显得空洞乏味，原想引起同学们心灵的震撼，却得来哈欠连连，带给我的震动可想而知。现将我作品的缺点总结以下几点：①内容较空洞。在这篇调查报告中，多的就是材料堆积，缺少归类整理分析。高二五班吕卓山同学的作品《中学生上网调查报告》中有大量的实际拍摄的图片，采用问卷调查的方法统计数据，并将收集的数据制成条形统计图或图表，这两点都是我的作品缺少的。②范围太广。在这篇调查报告中，单从题目中就可以看出文章范围太广。我应该针对东沙窝地区荒漠化情况进行分析。熊彦同学的作品《中学生早晨到校时间调查报告》，作品的取材针对几所学校的到校时间，同时还列出国外大学的到校时间进行对比。③缺乏对比数据及图片。在调查报告中缺少过去五十年内荒漠化与现在荒漠化的对比数据，以及人口的数据变化等。

与刘老师的谈话令我明白了兴趣小组活动的目的所在。行动上的保护环境是一种表象，我们做的是通过我们的实践活动，使我们自己及身边的人都能有环保的行为，都能树立起可持续发展的观念，更重要的是一种自主获取知识的探究体验活动，是在他人总结的基础上通过实践活动，对荒漠化有更深刻的理解，加深印象。这正像是做化学实验，我们遵循科学家总结出的实验器材和步骤做实验，但是仍然会出错，需要我们向科学家们学习的不仅仅是知识。

参加了“环境兴趣小组”使我感到非常荣耀、高兴，因为我在活动中受益匪浅。

（高雨宁　指导教师安君梅）

学生考察感悟2

通过几个月以来的学习，以及身临其境的考察，使我对身处的环境有了更进一步的了解。

原先，只有从书本、网页上认识地理以及从老师的讲述上学习地理，而那只是前人研究了的内容让我们一味地机械地学习，忽视了学生的能动性和创新意识。其次，书本、网页中的内容只是一个较笼统的概念，涉及面太广、太概括、太浓缩，没有针对性。而我们的学习和考察研究则很具体，就针对武威的环境，找出武威环境的特色。

感想一：走进沙漠，听到老师的回忆，他们讲述在前些年，沙漠真正是“沙漠”，都是些细软微小的沙粒，玩一天，坐一天，在沙子上爬着、躺着，起来拍拍身上，不留一点痕迹，真可谓“一尘不染”。而如今，走几步，鞋脏了；抓一把“沙”，手脏了；玩一圈，我们快成“土猴”了，是不是在不久的未来，沙漠该改名为“土漠”了？这都是因为土地不固定，风吹土飞，蔓延扩大化，以至于破坏了沙漠，土尘将一步步“侵蚀”沙漠。

感想二：在资源短缺的现实社会里，人们为了达到自己的利益和目的，在现有资源中，疯狂地抢夺。前年航校在拓宽马路，将路旁的白杨树、沙枣树砍伐下来，未等木材场等再加工人员搬运，从附近农村蜂拥而来的“乡亲们”已经迫不及待地“偕老提幼”“齐心协力”往自家搬运。高大的树木，本可以再加工成家具等用途较广的物品，可如今却已成农民们烧水做饭的燃料了，不仅“粉身碎骨”，而且浓浓的烟雾又污染了大气。

感想三：自然界存在生物链。比如说，土地荒漠化，寸草不生，低等小动物比如食草的羊、兔子等就会饿死以至绝种；当小动物们消失，稍微高等的动物如狼、虎等就失去了食物从而消失。一切植物、动物消失，人类就受到威胁，还能生存吗？这个空荡荡的世界又将改写。所以，一草一木，一事一物，从哲学的角度来看，万事万物都存在着必然的联系，部分的变化会对整体产生影响，甚至影响改变整体的功能。我们不能忽视任一事物，要注意“牵一发而动全身”。

在路途中，路过荣华公司附近一所桥，明显可以看出曾经这里有过河，还有沿途有很多处都可以看出林、水的痕迹，可是它们去哪里了？一方面有自然原因，而更多的则是人为原因，“杀死”了人类的许多“朋友”。如果再不加重视，再不加保护，那么会不会有一天哺育我们的石羊河也会消失呢？

这次的探究活动，让我们看到了很多发人深省的现象，让我感到认识地理，治理家乡迫在眉睫。这是一条艰辛长久的道路，虽然我们每个人的力量很渺小，但是“江河将成海洋”“滴水石穿”，我会继续努力，继续研究，和老师、同学们一起向目标靠近！

（马雯）

（三）学生笔记摘录

表4-10-6　学生笔记摘录

1.荒漠植物	
梭梭:是温带荒漠中生物产量最高的植被类型之一。它既能耐旱、耐寒、抗盐碱、防风固沙、遏制土地沙化、改良土壤、恢复植被,又能使周边沙化草原得到保护,在维护生态平衡上起着不可比拟的作用。	图略
……	
2.荒漠动物	
野骆驼:大型偶蹄类。体躯高大,和家养双峰驼十分相似。头小,耳短,上唇中央有裂,鼻孔内有瓣膜可防风沙。背具双驼峰,可储存盐分和水分,尾较短。四肢细长,脚掌下有宽厚的肉垫。全身被以细密而柔软的绒毛,毛色多为淡棕黄色,吻部毛色稍灰,肘关节处的毛尖棕黑色,尾毛棕黄色。生活于戈壁荒漠地带。骆驼性情温顺,机警顽强,反应灵敏,奔跑速度较快且有持久性,能耐饥渴及冷热,故有“沙漠之舟”的称号。野骆驼有季节性迁移及昼夜游移现象。主要采食红柳、骆驼刺、芨芨草、白刺等植物,吃饱后找一个比较安静的地方卧息反刍。	图略
……	
3.防治措施	
塑料隔网沙障:将专用塑料沙障网用竹板在网格网角处固定,网面垂直于沙面,基部紧贴沙面。方格中有一边垂直于主风向,能较好地防风固沙。	图略
……	

五、总结反思

（一）教学效果

教学的目的不仅仅是让学生学到知识，更重要的是培养能力，形成正确的价值观。因此，考察活动一定要让学生对于我们生活的地区有一个全面的认识。此次活动，我们不仅从不同的角度去观察荒漠地区，引导学生探究和分析荒漠地区自然地理环境下动物、植物所呈现的特点，也从不同的视角去欣赏荒漠地区独特的自然风光，但最重要的是引导学生深入思考荒漠不断扩展所带来的问题，进而去寻找解决问题的办法。在本次研究性学习活动中，我们看到了学生对野外考察活动的极大兴趣以及所表现出来的从不同渠道收集、处理和分析信息的能力。这种学习兴趣与学习能力将进一步激发学生的潜力，促进学生的全面发展。

（二）教学改进

此次活动的核心在于野外考察阶段，该怎么去目的地、具体做怎样的准备及去了之后如何对学生进行组织和安排等，这些都是需要细致考虑的问题。从实际情况来看，此次活动仍然有许多需要改进的问题。

一方面是线路规划不合理。荒漠化主题之下有许多小的问题，所以考察的地点分布比较分散，但是在规划的时候没有做好设计，导致在路上花费的时间比较多，真正考察的时间比较少。

另一方面是考察任务不够明确。每一个考察地点所需要探究的问题是不一样的，每一个学生必须要明确自己的任务是什么，但是此次考察未能具体说明考察任务，导致考察过程中学生的考察记录不够细致，学习效果不够理想。

该案例由甘肃省武威一中刘志杰老师提供，张海、刘永香修改了部分内容。

案例3　地理野外综合学习案例

——银杏河考察学习活动

一、设计思路

地理教育日益重视学生地理实践能力的培养，近年来高考也侧重联系生活、重视对地理问题的探究和地理实践力的考察。教师在实际教学中，发现学生运用地理知识和原理解决实际问题的能力还有很大欠缺。为了提升学生地理知识的迁移应用能力，很多中学纷纷开展了地理实验和野外考察活动。徽县一中成立了“青泥岭地理社”，开展了一系列丰富多彩的活动，不仅激发了学生的兴趣，提升了学生的地理实践能力，也为教师组织开展野外考察实践活动积累了宝贵经验。在此基础上，西北师范大学教育学院与徽县一中合作，依据《普通高中地理课程标准（实验）》中“根据本地条件，进行地质、地貌、水文等野外观察”的活动建议，结合系统化教学设计理论，借鉴“研学旅行”理念，采用地理学科野外综合实习的方法，以徽县丰富独特的自然和人文资源为基础，设计了“银杏河考察学习活动”。

为保证考察活动的顺利开展，在实地调研之前做了学情分析问卷调查，在回收整理中我们发现，虽然学生已经较好地掌握与河流、交通、聚落相关的基础知识，但是对于当地的地形地貌与气候的知识了解甚少，收集资料的途径几乎来自网络，鉴于此，我们设计了相对较多的教师讲解环节。同时，我们还设计了4个实验活动：在讲解岩层产状的过程中指导学生用手机指南针APP测量岩层大致倾角；在污水处理厂进行水质检测；在田河村指导学生运用样方法进行植物种类及其用途调查；在火焰山指导学生制作山地模型，模拟山前冲积扇和河漫滩地貌（由于天气原因取消了火焰山行程，此实验未做）。

综上，本次考察活动的目标为：将见到的独特地形、地貌和水文等地理现象与教科书中的内容相联系，准确说出该地理事物的专业名称，解释相应地理现象的成因。通过实地观测、调查访问和采集样品等方法，学生能够获取访谈交流和野外生存的技能，能够运用现代信息技术手段（如手机APP等）收集地理信息，最终提升学生野外考察与合作探究的能力。此外，希望通过此次野外考察活动，能够增进师生之间、同学之间的情感，培养学生的地理审美情趣和科学探索精神，提高节约用水、保护环境的生态意识，树立正确的可持续发展观念。

二、活动设计

1.考察区域

根据前两期的活动经验和教师的实地考察，确定考察区域为县城周边的银杏河流域。银杏河位于徽县一中附近的河谷中，南岸地形地貌复杂、沟壑纵横，河流发育属于初期，多为“V”形河谷；北部山地岩层倾向较小，坡面平缓，断层两侧相对高差较小，河谷浅切，山间开阔且河床较平。同时，河谷地带的人文地理教学资源丰富。很多乡村聚落沿河流两岸呈带状分布，既有发展传统种植业的石峡村，也有完成产业结构调整，以发展旅游业为主的田河村等。该流域蕴含了诸多与地理相关的知识，是进行地理野外学习的良好场所。

2.学情分析

确定考察区域和大致路线后，结合相关教材知识，特设计以下问题进行学情分析，以便设计详细教学活动。

（1）在你准备及搜集资料的过程中，你对考察区域感兴趣的内容有哪些？

（2）什么是褶皱？它包括了哪两种基本的形态？

（3）什么是断层？它可能会形成什么地貌？

（4）山地对交通运输会产生什么影响？

（5）河流地貌包括哪两种地貌类型？河流地貌对聚落形态和规模有什么影响？

（6）尝试描述徽县的自然地理环境特征。如地形地貌、气候水文。

（7）对于开展此次考察活动你还有什么想法或建议？

3.考察路线

因为考察区域山地环境的限制，考察路线只能沿河谷延伸。且该考察区域内正在建设快捷通道还未通车，也能保证学生的人身安全。结合学情分析结果、当地实际情况以及地理课程标准上的具体内容要求，我们确定的考察点顺序为：泰湖公园→周家庄大桥→石峡村→徽县污水处理厂→快捷通道→田河村。徒步考察路线约10km，考察结束后由田河村乘车返回。

表4-10-7 考察顺序

考察点名称	相关教材知识	学习主题
1.泰湖公园		岩层的产状
2.周家庄大桥	山地的形成	褶皱、山脊地貌的形态
3.石峡村	聚落形态和规模	聚落 城郊农业类型及产业发展变化
4.银杏河(石峡河坝)	水系与水文,环境保护	水系特征,水污染,环境问题 人类活动对地理环境的影响
5.污水处理厂	环境保护—环境污染	污水处理厂的选址,作用
6.快捷通道	区际联系与区域发展	选线特点,现代交通区位因素的变化
7.田河村	区际联系与区域发展	田河村聚落区位因素,产业特点和变化

4.学习任务与实施步骤

在对考察地点进行具体分析的基础上，我们确立了以下学习任务和具体的实施步骤。

表4-10-8 学习任务与实施步骤

考察点	活动内容	实施步骤	设计意图	注意事项
泰湖公园	A1 测量岩层产状与岩层倾角 (30min)	1.教师讲解关于岩层产状的相关知识。 2.教师向学生介绍测量岩层倾角的方法。 3.学生实际测量岩层倾角。	1.通过实地考察,学习有关岩层产状的知识。 2.学习测量岩层倾角的方法。 3.培养学生的动手能力。	1.注意安全,避免落石砸伤。 2.实际测量应该分组进行。
周家庄大桥	A2 地质考察 (10min)	1.观察沿线地区的褶皱和山脊形态。 2.手绘所看到的构造简图。(附表Ⅰ中A2) 3.回忆学过的褶皱知识,结合实例分析背斜和向斜的判断依据。 a.根据岩层弯曲形态 b.根据岩层新老关系	观察实地构造与课本示意图的差异,更清楚地理解地貌的形成。	实地判断时应对学生进行适当引导。

续表4-10-8

考察点	活动内容	实施步骤	设计意图	注意事项
石峡村	B1 聚落考察 (20min)	1.手绘聚落形态。 2.总结农村聚落分布的一般特点。 3.对比农村聚落和城镇聚落的区别。	通过实地观察,提高学生发现并解决地理问题的能力。	在学生观察的过程中教师要注意引导。
	B2 社会经济活动调查 (20min)	1.两个小组进行访谈活动,访谈的主要内容包括: a.农业生产结构的变化 b.家庭收入来源的变化 2.访谈活动结束后,各小组向教师反馈访谈结果。活动结束,各小组将访谈记录单(附表Ⅰ中B2)进行整理,并以小组为单位统一提交。	1.通过实地考察,直观认识河流地貌与聚落分布的关系。 2.培养学生从生活中提取地理信息的能力。	1.强调安全事项。 2.组织考察时让学生按照任务分配在对应的考察记录单上及时记录所得信息。
银杏河	A3 水文调查 (20min)	1.教师在徒步过程中讲解该河流水系特征的有关内容。 2.调查附近村民饮用水的来源,访谈村民对于近年来河流水质、水量变化的直观感受。(因时间限制,该活动在实施阶段调整到考察点7进行) 3.分析变化原因,尝试提出治理措施。	1.通过实地调查、访谈等方式,自己分析得出人类活动对地理环境的影响。 2.锻炼了学生的自学和解决问题的能力。	督促学生做好记录。及时对访谈和分析进行指导。
	A4 水质检测实验 (20min)	1.将全班同学分为2组,带队教师对检测流程进行讲解。 2.为各组选定安全的取水点(在河流交汇处的支流和干流上各取一个采样点)采集水样。 3.每组分派2~3名同学对各项指标逐样进行检测,完成实验记录表(附表Ⅰ A4)。 具体的水质检测步骤如下: pH检测:用滴管将待测水样滴在pH试纸上1~2滴,静置片刻后与标准色板比较,观察比较得到pH值。 锌离子检测:打开试剂瓶,往水样滴入2~3滴试剂,摇匀后静置观察颜色变化,与比色卡比对。 酚酞检测:打开试剂瓶,往水样滴入2~3滴试剂,摇匀后静置观察颜色变化,若变色则水为强碱性,若不变色,则不是强碱性。 碘酒检测:打开试剂瓶,往水样滴入2~3滴试剂,摇匀后静置观察颜色变化,若水样变为黄色,则水无抗氧化功能,若无色,则水具有抗氧化功能。	通过亲手实验,分析河流各段水质,培养学生动手操作的能力、解决问题的科学态度,以及关心生态问题和爱护环境的意识。	在实验前查阅资料,了解水质检测的相关知识。

续表4-10-8

考察点	活动内容	实施步骤	设计意图	注意事项
污水处理厂	B3 1.对比净化前后水质。 2.分析选址的合理性。 (30min)	1.请工作人员带领学生参观污水处理厂,并了解其处理流程及工艺。 2.学生对比进水口与出水口的水质检测数据,比较是否达到排放标准。 3.结合当地实际分析总结该污水处理厂的选址是否合理? 从以下几个方面进行分析: a.厂址必须位于水源地的下游,夏季主风向的下风向。 b.距离适宜。同城镇、工业区、生活区以及农村居民点保持一定的距离,但又不宜太远,以免增加管道的长度。 c.厂址应尽可能与处理后出水的主要去向(如灌溉农田)或受纳水体靠近。 d.充分利用地形,选择有适当坡度的地区,以满足污水处理构筑物和设备高程布置的需要,节省能源和动力。 e.尽可能少占和不占农田,并考虑后续建设发展的可能性。	通过参观充分了解污水来源、净化的环节及其处理后的去向。实地观察便于分析其选址的合理性。	如果可以,请工作人员当场对水样进行检测,学生对比检测结果。
快捷通道	B4 “快捷通道”线路考察 (30min)	1.调查“快捷通道”的特征,并填表记录(附表Ⅰ中B4)。 2.分析“快捷通道”设计大量桥梁、隧道的原因。 3.用彩笔在局部等高线地形图上绘制周家庄至石峡村段的“快捷通道”,分析其分布与等高线的关系。 4.在田河村观察山区道路的延伸方向。 5.考察活动结束后将考察记录单整理,并以小组为单位统一提交。	1.培养学生从生活中提取地理信息的能力。 2.培养学生的综合思维能力。 3.培养学生的创新性思维。	考察时让学生按照任务分配方案在对应的考察记录单上及时记录所得信息。

续表 4-10-8

考察点	活动内容	实施步骤	设计意图	注意事项
田河村	A5 植物种类及其用途调查 （30min）	1. 寻找适合调查的区域，圈出5m×5m的样方，可使用“形色”APP识别植物种类，简单调查其数量。（因条件限制，活动中只给学生简单介绍了样方法） （注：根据实际情况确定，如条件不充分，可取消此步骤。） 2. 学生分组，每组从银杏、生漆（漆树）、狼牙密（狼牙刺）和金银花中任选一种植物进行调查。 3. 当时上网搜索查阅、请教村民及教师，了解所调查的植物习性和特点，完成记录（附表Ⅰ中A5）。 4. 小组可选择一种植物，合作设计特色产业发展规划，最终进行成果汇报展示。	培养学生的实践、交流和合作探究的能力。	选取植物种类时可咨询教师和村民，选取当地较为特色的植物。
	B5 产业转型调查 （30min）	1. 教师向学生大概介绍田河村的产业状况。 2. 教师就访谈内容向学生做简单要求，主要围绕以下三方面进行： a. 田河村人口规模 b. 田河村用地规模 c. 田河村接待游客数量变化等方面 d. 游客对田河村旅游服务的评价 3. 学生分组进行访谈，时间为30分钟。 （注：尽量记录访谈对象的原话，附表Ⅰ中B5） 4. 各小组交流访谈结果。 5. 教师总结访谈活动结果。		为了保证学生访谈结果的多样性，因此不制定访谈提纲。
注：活动内容一列的英文字母和数字表示附件中对应的学习记录表的编号； A类为自然地理类考察活动，B类为人文地理考察类活动； A3、A4活动同时进行，A5、B5活动同时进行。				

学习任务以任务单的形式陈列，双面打印在A3纸上，每人一份，供同学们考察过程中进行记录。返校后，每个小组将记录内容进行整理，提交一份完整的考察活动记录单。

此外，我们设计了如下拓展任务，这些拓展任务具有一定的难度，同学们难以独立完成，因此要求同学们以小组为单位，通过组内分工合作学习共同完成拓展任务。七个组在下列七项任务中任选一项，先到先得，每项任务不能被重复选择。

表 4-10-9　拓展任务

（1）利用百度地图作为底图，手绘考察路线图（标明每个考察点的考察任务）。
（2）制作褶皱模型，并撰写实验报告（实验报告应包括实验材料、制作过程、模型应用、组内分工等）。
（3）做一份污水处理厂的介绍及后期发展规划，形式不限（可以是小论文，也可以是手抄报）。
（4）石峡村位于距县城7～8公里的近郊区，但却没有发展蔬菜、花卉、乳畜等城市近郊农业类型，根据访谈及观察结果，分析其原因并形成一份调查报告（调查报告中可对该地今后的发展方向提出建议）。
（5）结合本地河流、降水的实际情况，制作一份水资源合理利用的手抄报。
（6）根据访谈及调查结果，做一份田河村的旅游发展规划。
（7）田河村拥有甘肃省最大的银杏群落。请为当地银杏特色产业的发展提供建议，形式不限（可以是手抄报，也可以是小论文、发展规划）。

5.学生分组

参与学生来自高二文科班，共49人。按照“组内异质，组间同质”的原则分为七组，每组有一位带队教师全程随队指导，并负责学生安全问题。

6.评价设计

（1）个人评价：主要分析学情分析问卷、学生提前搜集准备的银杏河流域资料、学习记录单、访谈记录单（或实验记录单，依照分组任务而定）。

（2）小组评价：小组成果的总体评价和小组成员的互相评价。前者由教师和其他小组共同完成，后者由小组长根据成员的表现评定。

具体评价方法参见附表Ⅱ。

三、实施过程

周六早上7:50在泰湖公园门口集结。教师再次强调了活动过程中的注意事项和安全问题，随后开启了野外学习之旅。

1.泰湖公园

教师简要介绍了泰湖公园概况。随后在从泰湖公园前往石峡村的路上，教师结合沿途地貌给大家讲解了有关岩石产状（岩石的倾向、倾角和走向）的知识，并教大家如何用手机中的指南针测量岩石的倾角。讲解结束后，同学们实际测量了岩层的倾角。

图4-10-1 泰湖公园

图4-10-2 利用手机指南针APP测量岩层倾角

2.周家庄大桥

顺着考察路线，通过周家庄大桥后继续前进200m，有一较为典型的缓倾单斜构造，作为此次活动中褶皱构造的主要观察点。因为是高二文科班的学生，在此处教师只是简单回顾了褶皱的相关知识，根据学生的反应来看，这部分知识的掌握情况较好。同学们观察发现这里的褶皱跟课本上的示意图并不一致，教师引导学生思考并讲解了同学们看到的褶皱形态，说明此处看到的并非是一段完整的褶皱，仅仅是背斜的左翼，且倾斜角度不大，故称为缓倾单斜。同学们对教师的讲解做了认真记录，并将褶皱构造手绘在活动记录单上（附表Ⅰ中A2）。通过教师的讲解与学生自己的观察，培养其观察自然地理现象，善于发现并解决地理问题的能力。

随后，教师结合等高线给同学们讲解了山脊、山谷、脊线、槽线的相关知识，帮助同学们将学到的理论知识与实际的地理事物对应起来，培养学生的地理空间想象能力。

图4-10-3　褶皱地貌

图4-10-4　山脊、山谷

3.石峡村

到达石峡村后，同学们分组考察。

五个小组的同学参与聚落的研究。为了比较城镇聚落和乡村聚落的区别，教师首先要求同学们手绘了石峡村及其周围事物的地图，标记了河流、公路及石峡村的相对位置。同学们根据手绘的地图总结乡村聚落分布的特点，其一般是沿河谷呈带状分布。之后，教师对聚落的相关知识做了补充讲解。

剩下的两个组去找村民进行访谈。在访谈前，教师先给同学们讲解了访谈的内容及访谈过程中的注意事项。访谈的内容主要是石峡村产业发展的情况。每个组分别访谈了5位村民。通过访谈，同学们发现距离城镇很近的石峡村并没有发展蔬菜、花卉等城市近郊农业，而是继续发展传统的种植业，学生对此问题产生了较高的研究兴趣。

同学们在访谈结束的路上对于石峡村的产业发展情况进行了讨论。有同学通过与县城北部乡镇的对比认为，石峡村位于县城南部，受地形条件限制，修建公路较为困难，交通闭塞，因此导致当地经济发展较为落后；也有同学注意到访谈中的细节，有村民说每逢收割时节，收割机很难找，同学们认为当地受地形因素的限制，种植业机械化水平较低。对于同学们得出的结论，教师给予了肯定，并鼓励同学们通过查阅其他资料等进行进一步的研究。

在活动实施过程中也发现了一些问题，比如，由于时间关系，受访者数量较少；访谈的学生太多，部分同学没有进行访谈活动，因此以后的活动中应适当控制访谈的人数。

图4-10-5　讲解关于聚落的知识

图4-10-6　入户调查

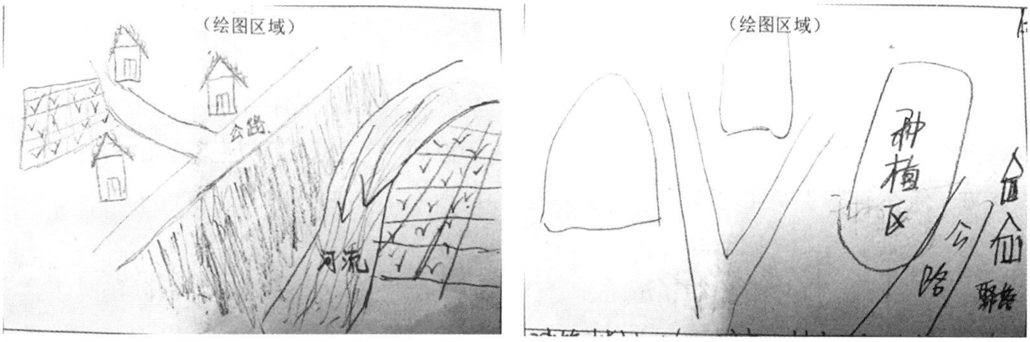

图4-10-7　学生手绘的聚落分布示意图

4.银杏河

在沿银杏河徒步的过程中，教师结合自己实地考察的经历，讲解了当地河流的水系特征和支流的源头和汇入等水文相关知识。

银杏河虽然长度只有40多公里，但在上游、中游和下游的名称却不一样，这个问题引发了同学们对河流命名的讨论。教师说，河流命名的方法有很多，可以根据它的源头命名，也可以根据它流经的地区命名。同时，河流不同河段名称也不尽相同，有的是因为流经不同地区而有不同的名称，比如澜沧江、湄公河等，有的是因为汇流等因素，比如青尼罗河和白尼罗河汇流后称尼罗河，同学们返校后可以继续研究这个问题。

在选定的观察点，有一条支流汇入银杏河，在此交汇处，两个组的同学分别到支流和干流采集水样，并进行观察和检测。通过测试水样的pH值、锌离子等，发现两个水样的差别不大；但直接观察可以看出，干流的水质较浑浊，支流的水质较清澈。同学们分析认为，可能由于干流流经了城区，水质受到了污染，所以水质比支流差。

由于该考察点附近居民点较少，因此关于银杏河水质、水量的访谈活动在考察点7田河村进行。

图4-10-8　教师讲解银杏河水系

图4-10-9　对采集的水样进行检测

5.污水处理厂

在污水处理厂外，教师带着同学们观察了厂区所处的地理位置、地形条件和周边环境，探讨了其布局的相关区位因素（包括距县城距离、农田占用情况以及是否位于河流下游等）。

进入厂区后，工作人员先对学生进行了安全教育，告知了注意事项。然后带领学生参观整个污水处理厂，并对污水处理的流程进行说明。在同学们参观了解之后，工作人员又做了统一讲解。在此过程中学生简单对比了曝气沉砂池、CASS生物池和出水口的水质区别（包括颜色、气味和浑浊度），并进行了记录。

讲解结束后，学生提出想了解进水、出水的水质检测数据。鉴于空间限制，工作人员带四位学生去监测间记录了相关的在线水质检测指标数据，包括COD（化学需氧量）、氨氮等实时数值。同学们对比数据后发现，进水口的各项指标都不符合国家污水排放的标准，而经过污水处理厂的处理后，已经达到排放标准。污水处理厂的工作人员说，这些污水处理后将直接排入附近的河流，且可以用于下游的农业灌溉。同学们对此反响强烈，感触很深，充分理解科技进步给我们实际生产生活带来的影响，也更加意识到节约用水和保护水资源的重要性。

图4-10-10　曝气沉砂池

图4-10-11　讲解污水处理厂污水处理工艺流程

6.快捷通道

在该考察点，教师主要引导学生探讨了山地对交通运输的影响。“快捷通道”的建设颠覆了学生对山区交通运输线路分布的认知。"快捷通道"分布在狭窄的河谷区域，地质条件复杂，修建技术要求高，工程量大，桥梁、隧道设计的数量和长度远远超过了原有公路。同时，公路的延伸方向也较原有公路平直。在考察过程中，为了让学生更深刻地体会和认识"快捷通道"和原有公路的区别，教师要求学生现场完成考察任务单（附表Ⅰ中B4）。

学生通过以上考察任务认为，快捷通道的建成极大地改善了当地的交通条件，不仅可以方便人们的出行，而且可以带动当地经济的发展。与传统的交通区位因素相比，山地对现代交通道路修建的限制越来越小。但是，当教师问及在这里修建快捷通道有没有不好的地方的时候，同学们都能想到建桥成本太高，不划算；有的同学还想到在这里修桥会不会破坏当地的生态系统等。通过对上述问题的思考，不仅帮助同学们将课本上的知识与实际生活联系起来，而且也教会了同学们如何辩证地看待问题。

图4-10-12　"快捷通道"分布在狭长的河谷中

图4-10-13　设计建造了大量的桥梁和隧道

图4-10-14　"快捷通道"地质条件较为复杂

7.田河村

时至中午，同学们在田河村的一个农家乐吃了午饭。饭后稍作休息，随即继续考察活动。

田河村有甘肃省最大的银杏群落，当地现已发展了以田园观光、农家乐和农产品加工销售为代表的旅游业。考察期间正是银杏树的最佳观赏时节，村里有许多游客。按照学习任务，两组同学对田河村的村民和游客进行了访谈。访谈的内容包括：田河村的人口规模和耕地面积（村民）、田河村农业生产结构的变化（村民）、游客来源地和游客对此地的评价（游客）。

访谈结束后，各小组成员整理访谈结果，并向教师反馈了访谈过程中遇见的问题：不同村民给出的人口规模和耕地面积数据差异较大，还有部分游客不乐意接受访谈。对此，教师做了补充讲解：访谈过程中要注意提问的方式方法，要根据被访谈者的回答进行适当追问。学生通过参与访谈活动，不仅学到了知识，而且锻炼了与人交往和获取信息的能力。

其余四组的任务为调查典型植物的用途。当地常见的植物有银杏、生漆（漆树）、狼牙密（狼牙刺）和金银花，每组各选其中一种植物观察。观察植物要眼观其形、鼻嗅其香、手感其质，并将本次观察到的情况进行记录。通过请教村民及教师，或回校后上网搜索查阅，了解所调查的植物习性和特点，完成记录表（附表Ⅰ中A5）。

此外，同学们还尝试利用手机APP“形色”辨别了一些植物。通过植物种类及其用途的调查，学生初步掌握了运用现代科技调查植物种类及其用途的科学方法，既提高了学生的地理实践能力，又拓宽了学生的视野，认识了身边更多的具有不同利用价值的植物。

在该考察点还准备利用样方法统计植株类型和数量，但因为村里多为农田，山坡上又不安全，没有找到合适的调查区域，加之时间有限，最后只能在农户院里圈出的小花园进行简单的解释说明，让学生了解样方法的原理及具体的操作方法。

样方法调查由于条件限制没有开展，因此这组同学利用剩余时间在田河村进行了水质调查。通过同学们的访谈可以发现，银杏河的水量近年来一直在减小，水质也在变差。同学们也尝试总结了其原因：人类农业生产中不合理的灌溉使河流水量减小；生活范围的不断扩大使银杏河污染严重，河中有生活垃圾。教师鼓励小组返校后可以继续探讨如何改善银杏河水质。这不仅帮助学生增加了知识，拓展了能力，也帮助学生树立了热爱家乡、关心环保的意识。

8.返程

下午三点，考察结束。在返程的公交车上，有的同学在交流今天的收获；还有一部分同学可能因为今天走了很远的路，在车上睡着了。经过三十分钟左右的车程回到出发地点。下车后，教师就活动记录单的提交做了要求，同学们就地解散。一天的考察活动到这里告一段落。

四、总结反馈

1.学生反馈

考察活动结束回到学校后，每个小组要根据考察点及考察内容，选择要完成的任务，用一至两周的时间去完成，要求小组内分工合作，组长要对组员进行评价。

在各小组的成果都完成后，组织召开“银杏河考察学习成果汇报交流会”。要求各小组汇报展示自己的最终成果，教师及班里的其他小组对成果进行评价。同学们就此次活动的收获、感悟和存在的问题进行分享和交流，总结此次活动的经验，为以后更好地开展考察活动奠定基础。

在活动结束后，教师对学生进行了访谈交流。大部分学生都表示通过此次活动，能将课本知识与实际生活联系起来，更好地理解和应用所学的知识。例如，有学生说到，以前学过褶皱的知识但是也不知道褶皱具体是什么样子，通过这次野外考察，才真正地理解了褶皱的相关知识。还有学生说，这是以前从来都没有参加过的活动，以前的社会实践活动都是走马观花的参观，也没有具体的学习任务，而这次的野外考察对于地理学习有很大的帮助。

同学们关于本次活动的意见和建议主要集中在两个方面。一是由于天气的影响，当天考察路线泥泞，同学们都建议下次可以选择一个路况较好的地方；二是由于活动人数较多，队伍较长，教师讲解的过程中有的学生没有听到。这些问题就需要教师在以后的活动中更合理地安排，一方面要随时关注天气状况，另一方面也要控制野外考察活动的学生人数。

2.学生评价

（1）考察活动评价

该阶段主要评价的是学生考察活动过程中的表现。评价方法参见附表Ⅱ。

在活动结束后，共回收考察活动记录单40份，9个人没有提交。综合考察活动的表现，最终评价的结果为：6名同学获得A等级，13人为B，10人为C，8人为D，3人为E，没有人为F。可以看出，大部分人在考察过程中态度认真，记录详细。任课教师认为，很多学生第一次参加此类活动，兴趣比较高，而活动内容具有很大的吸引力，另外该班级学生自觉性和求知欲较强。

（2）小组成果评价

小组评价依据是各小组完成的最终成果。评价包括两部分：教师及其他小组对小组成果的评价，组长对小组组员的评价。

小组成果先由其他小组进行评价，再由教师进行最终的评价。在小组互评环节，各小组都能客观评价其他小组的成果。小组评价的最终的评级结果为：3个组获得A，3个组获得B，1个组获得C。

各小组组长也可制定评价标准对组员的表现做出客观的评价。

3.教师反思

通过组织开展此次研学考察活动，任课教师认识到野外考察作为一种地理学科独特的学习方法，对于中学生提高地理学习兴趣、理解课本知识、掌握必备的野外生存技能具有重要意义。

同时，教师也意识到组织一次有效的、完整的考察活动也并非易事。首先，从活动的筹备阶段开始，教师不仅要确定考察路线及设计考察活动，还要组织进行学情分析，准备考察活动中要讲解的内容等。教师要提前进行考察，例如此次活动中的样方法调查因为条件限制没有开展，这种情况在以后的活动中要尽量避免。其次，在考察活动中，要保证学生的安全。这些仅仅靠一个教师的力量是远远不够的，需要根据参与活动的学生数量找其他教师进行协助。此外，要保证学生的野外学习效果，就要对参加野外考察活动的学生数量进行控制，尽量控制在20人以内。再次，评价环节的设计虽然保证了此次活动的有效性，但是评价工作量较大，使教师负担过重。最后，建议以后的活动中应该尽量让学生自带食物，既可以降低活动成本，也可以享受野餐的乐趣，还可借此机会培养学生的野外生存能力。

附表Ⅰ 活动记录单

考察点1 泰湖公园

A1活动记录单

相关活动	记录 （可以记录教师讲解的知识，也可以记录自己观察到的现象和问题）
岩层产状	
如何测量岩层的倾角	

考察点2 周家庄大桥

A2活动记录单

相关内容	绘图区域	记录 （可以记录教师讲解的知识，也可以记录自己观察到的现象和问题）
褶皱		
山脊		
山谷		

考察点3　石峡村

B1活动记录单

相关内容	记录 (可以记录教师讲解的知识,也可以记录自己观察到的现象和问题)	
聚落的形态与规模	绘图区域	备注
城镇聚落与乡村聚落	区别	原因

B2访谈记录单

访谈对象	访谈主题	访谈记录(尽量记录被访谈的原话)	访谈人

考察点4　银杏河

A3活动记录单

相关内容	记录 (可以记录教师讲解的知识,也可以记录自己观察到的现象和问题)
河流的水系、水文特征	
河流水质水量的变化(访谈)	

A4水质检测记录单

水样	pH值	锌含量	酚酞测试	矿物质检测	碘酒测试
水样1					
水样2					

考察点5　污水处理厂

B3活动记录表

相关内容	记录 (可以记录教师讲解的知识,也可以记录自己观察到的现象和问题)
污水处理厂的区位特点	
进水与出水的对比	
污水处理厂怎样更好发挥作用	

考察点6　快捷通道

B4活动记录表

<table>
<tr><td colspan="4">1.“快捷通道”的特征</td></tr>
<tr><td>桥梁数</td><td>隧道数</td><td>连接的居民点</td><td>其他</td></tr>
<tr><td></td><td></td><td></td><td></td></tr>
<tr><td colspan="4">2.分析“快捷通道”设计大量桥梁、隧道的原因。
3.图中粗线为河流,请用彩笔在下图中绘制周家庄至石峡村段的“快捷通道”,分析“快捷通道”分布与等高线的关系。
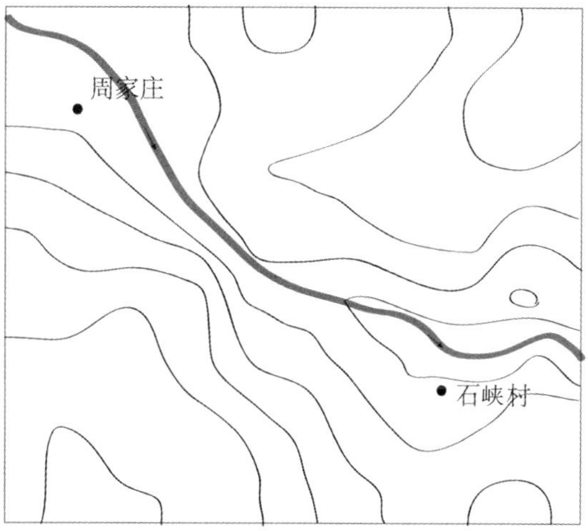</td></tr>
<tr><td colspan="4">4.在田河村观察山区道路的延伸方向。</td></tr>
</table>

考察点7 田河村

A5活动记录表

植物种类及其用途调查表

编号	名称	生长习性分布	生态价值	药用价值	食用价值	用途用法	注意事项（有害/濒危）

B5活动记录表

访谈对象	访谈主题	访谈记录（尽量记录被访谈的原话）	访谈人

附表Ⅱ 学生评价量表

野外考察活动学生评价表

姓名__________ 组别____________ 组长____________

1.实施阶段评价

阶段	评价标准	学生表现水平	教师评价
实施阶段	1.活动记录单记录完整详细。 2.访谈提纲记录完整详细。 3.实验记录完整详细。 4.积极参与访谈、实验过程。 5.活动中遵守纪律，服从管理。	水平一：符合5项标准	
		水平二：符合4项标准	
		水平三：符合3项标准	
		水平四：符合2项标准	
		水平五：符合1项标准	
		水平六：不符合标准	

2.小组结果评级

阶段	评价标准	学生表现水平	小组自评	小组互评	教师评价
总结阶段	1.小组成果丰富。 2.小组成果符合要求。 3.组内分工明确，配合良好。 4.按要求进行成果汇报。	水平A：符合4项标准			
		水平B：符合3项标准			
		水平C：符合2项标准			
		水平D：符合1项标准			
		水平E：不符合标准			

实验设计索引